AF533206

POMMERN

Land am Meer

Gefördert von:

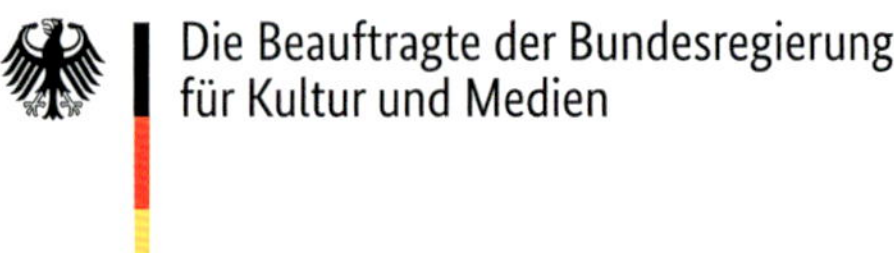

Das Projekt wird durch die Europäische Union aus Mitteln des Fonds für Regionale Entwicklung (EFRE) kofinanziert.

POMMERN
Land am Meer

KATALOG ZUR LANDESGESCHICHTLICHEN DAUERAUSSTELLUNG
DES POMMERSCHEN LANDESMUSEUMS, GREIFSWALD

Herausgegeben im Auftrag
des Pommerschen Landesmuseums

von
Gunter Dehnert und Joachim Krüger

MICHAEL IMHOF VERLAG

IMPRESSUM

Katalog zur landesgeschichtlichen Dauerausstellung
des Pommerschen Landesmuseums 2005–2021

AUSSTELLUNG

Gesamtleitung: Dr. Uwe Schröder
Ausstellungsleitung: Gunter Dehnert, Dr. Stefan Fassbinder
Kuratoren: Gunter Dehnert, Dr. Stefan Fassbinder, Dr. Andrzej Hoja, Bettina Pfaff, Dr. Tomasz Ślepowroński, Heiko Wartenberg, Wolfgang Itzigehl, Arndt Müller
Bildung und Vermittlung: Ines Darr, Tina Ehlers, Bettina Harz, Isabelle Klaus, Lisa Sarachman, Sandrine Teuber, Melanie Wilkens, Leonie Winterstetter
Copyrightmanagement: Kai Kornow, Heiko Wartenberg
Wissenschaftlicher Beirat: Dr. Helmut Backhaus, Prof. Dr. Kilian Heck, Dr. Eugeniusz Kus, Prof. Dr. Rafał Makała, Prof. Dr. Werner Müller, Prof. Dr. Mathias Niendorf, Prof. Dr. Jens E. Olesen, Prof. Dr. Martin Onnasch, Prof. Dr. Thomas Stamm-Kuhlmann, Prof. Dr. Konrad Vanja, Prof. Dr. Horst Wernicke, Dr. Ingrid Ziehe
Zeitzeugeninterviews: Michał Majerski, Arkonafilm, Berlin/Stettin; Ośrodek Karta, Warschau
Übersetzungen: Marcel Krueger (eng), Arkadiusz Szczepański (pl), Federica Salomon Lume Pereira (esp)
Kommunikation: Jenni Klingenberg, Julia Kruse
Controlling: Kathrin Bandemer
Ausstellungsgestaltung, Grafik und künstlerische Gesamtleitung: Bertron Schwarz Frey, Ulm und Berlin
Ausführungsplanung: studio 211, Stuttgart
Ausstellungsgrafik Umsetzung: Büro für Visuelles, Stuttgart
Illustrationen: Flemming Bau, Christian Meyer zu Ermgassen (Lebensbilder), Dietmar Burger, Joachim Schreiber, Matthias Reinicke (Wissenschaftliche Darstellungen), Juliane Radike (Kartenzeichnungen), Ralph Kaiser (Comics)
Mediengestaltung und Medientechnik: White Void, Berlin; gemelo GmbH, Hamburg; Stefan Helling, Berlin; Markus Lerner, Berlin; Markus Müller, Berlin; Sylvia Steinhäuser und Jeff McGrory (Ton), Berlin: Raumprojektion „Pommern – Pomorze – Land am Meer"; Till Beckmann, Berlin: Raumprojektion „Strand auf Hiddensee"; Walter Giers, Schwäbisch Gmünd: „Untergang Vineta"
Restaurierung: Cordula Kohl, Andreas Kusch, Renate Kühnen, Reinhard Labs, Wolfgang Hofmann / Cora Zimmermann, Erik Seidel, Ulrich Duckwitz
Objektmontage: Abrell & van den Berg – Ausstellungsservice, Berlin; Fissler & Kollegen, Leipzig; Kai Kornow
Licht: Jan Dinnebier; Ringo Fischer
Ausstellungsbau: Arthur Jaschek – Glasvitrinenbau, Esslingen; Schreiber – Innenausbau und Museumseinrichtungen, Geyer

KATALOG

Herausgeber: Gunter Dehnert und Joachim Krüger
Redaktion: Heiko Wartenberg, Ingvar Lindqvist
Bildredaktion: Gunter Dehnert
Übersetzung: Uli Nickel (eng), Arkadiusz Szczepański (pl)
Gestaltung und Reproduktion: Margarita Licht (Michael Imhof Verlag)
Druck: Gutenberg Beuys Feindruckerei GmbH, Langenhagen

© 2024, 2. überarbeitete und erweiterte Auflage
Michael Imhof Verlag GmbH & Co. KG
Stettiner Straße 25
D-36100 Petersberg
Tel.: 0661/2919166-0; Fax: 0661/2919166-9
www.imhof-verlag.de| info@imhof-verlag.de

ISBN 978-3-00-072914-0 (Museumsausgabe)
ISBN 978-3-7319-1395-5 (Buchhandelsausgabe)

INHALTSVERZEICHNIS

KATALOG

VORWORT

Pommern liegt an der nordöstlichen Peripherie unseres Landes – von hier sind alle Wege weit. Wer keine verwandtschaftlichen Wurzeln in Pommern hat, hat selten eine klare Vorstellung von seiner geografischer Verortung und Ausdehnung oder gar von der pommerschen Geschichte. Denn Pommerns über die Region hinausragende, „nationale Bedeutung" ist auf den ersten Blick vergleichsweise gering: Die Christianisierung kam spät; als Bischof Otto von Bamberg vor 900 Jahren seine Missionsreisen durch Pommern unternahm, hatte das Christentum in den Kernlanden des Reichs schon viele Jahrhunderte Geschichte hinter sich. Das Greifengeschlecht spielte in der mittelalterlichen Reichsgeschichte eine eher marginale Rolle. Und auch nach dem Ende des Mittelalters ging es mit Pommern nur scheinbar bergauf: Das sogenannte Goldene Zeitalter, an dessen Beginn mit dem Croyteppichs von 1554 eines der berühmtesten Exponate in unserem Museum steht, endete bereits 1637 mit dem Aussterben der Greifendynastie. Damit endete mitten im 30jährigen Krieg auch die Selbständigkeit Pommerns.

Warum braucht eine solch periphere Region ein Landesmuseum?

Drei Gründe sind hier in erster Linie zu nennen:

1. Im Brennglas der pommerschen Geschichte lassen sich aktuelle Themen der Menschheitsgeschichte nachzeichnen und so sichtbar und begreifbar machen. Dazu zählen z.B. die verheerenden Folgen von Kriegen für die betroffenen Regionen, Chancen und Schwierigkeiten von Zuwanderungsprozessen oder die gesellschaftsverändernde Rolle der Religion.
2. Pommerns Geschichte ist durch seine Randlage Teil der größeren Geschichte des europäischen Ostseeraums. Und so lässt sich im Spiegel der Pommerschen Geschichte nachvollziehen, wie der Ostseeraum wirtschaftlich und kulturell zusammenwuchs und zugleich durch Kriege und Grenzverschiebungen in sich verändernden Machtverhältnissen immer wieder auseinanderbrach.
3. Pommern ist eine europäische Region, die sich heute auf zwei Staaten erstreckt – mit Vorpommern liegt der kleinere Teil in Deutschland, mit Hinterpommern der größere in Polen. In dieser deutsch-polnischen Teilung Pommerns steckt zugleich eine große Chance für die grenzüberschreitende Zusammenarbeit. Denn was *historisch* verbindet, kann durch die gemeinsame Erforschung und museale Aufarbeitung auch *gegenwärtig* verbinden und den Zusammenhalt und die Versöhnung zwischen den benachbarten Ländern stärken.

Der vorliegende Katalog und die ihm zugrunde liegenden Ausstellungen sind Zeugnisse für das Gelingen einer solchen grenzüberschreitenden Zusammenarbeit, die im Blick auf die Zukunft zuversichtlich machen: Bereits 2008 begann die partnerschaftliche Zusammenarbeit zwischen dem Pommerschen Landesmuseum und dem Nationalmuseum Stettin, den Museen beiderseits der Grenze, die auf Kultur und Geschichte der

Region Pommern spezialisiert sind. Im Rahmen mehrerer von der Europäischen Union geförderten Projekten konnten beide Museen ständige Ausstellungen konzipieren und realisieren, die einander ergänzen. Zugleich entwickelte sich ein intensiver Austausch über das kulturelle Erbe der gemeinsamen Region. Unterschiedliche Narrative, Perspektiven und Bewertungen kamen dabei miteinander ins Gespräch. Eigene Überzeugungen wurden relativiert und gegenseitiges Vertrauen und Verständnis wuchsen. Über die Jahre entstanden enge kollegiale Beziehungen zwischen deutschen und polnischen Fachleuten, die beispielsweise dazu führten, dass die 2021 im Pommerschen Landesmuseum eröffnete Ausstellung zum 20. Jahrhundert von einem Kuratorenteam aus deutschen und polnischen Kollegen erarbeitet wurde.

Der Katalog zum landeshistorischen Rundgang im Pommerschen Landesmuseum, der im Rahmen des Projekts „Gemeinsames Erbe, gemeinsame Zukunft. Die pommerschen Zentralmuseen präsentieren die Geschichte und Kultur Pommerns" entstand, war sehr erfolgreich: Kaum ein Jahr nach seinem Erscheinen geht er hiermit bereits in die zweite Auflage. Für das Pommersche Landesmuseum ist dies nicht nur eine Bestätigung für die eigene Arbeit, sondern zugleich für den gemeinsam mit dem Muzeum Narodowe Szczecin eingeschlagenen Weg.

All denen, die daran mitgewirkt haben gilt großer Dank: Meinem Vorgänger Dr. Uwe Schröder, der durch den Aufbau des Pommerschen Landesmuseums mit seinen ständigen Ausstellungen das Fundament gelegt hat, sowie den Kuratoren des landeshistorischen Rundgangs, der in einzelnen Etappen 2005, 2010 und 20021 eröffnet wurde: Gunter Dehnert, Dr. Stefan Fassbinder, Dr. Andrzej Hoja, Bettina Pfaff, Dr. Tomasz Ślepowroński, Heiko Wartenberg, Wolfgang Itzigehl und Arndt Müller. Über die Jahre stand ihnen in wechselnden Besetzungen ein wissenschaftlicher Beirat begleitend und beratend zur Seite, dessen Mitgliedern auch herzlich gedankt sei.

Seinen Erfolg verdankt der Katalog jedoch vor allem denjenigen, die an seiner Entstehung unmittelbar beteiligt waren. Und so danke ich den Herausgebern Gunter Dehnert und Joachim Krüger, die das Buch in enger Anlehnung an die Ausstellungen konzipiert, durch eigene Beiträge bereichert und in der ersten Auflage redaktionell betreut haben. Großer Dank gilt darüber hinaus und vor allem den Autoren und ihrem selbstlosen Engagement für das Lebendighalten der pommerschen Landesgeschichte. Sie stehen für die wissenschaftliche Qualität des Katalogs.
Gedankt sei ferner den Mitarbeitern des Pommerschen Landesmuseums, die das Projekt im Hintergrund befördert haben, namentlich Heiko Wartenberg, der die zweite Auflage mit mir zusammen zum Druck vorbereitet hat, sowie den Übersetzern, die eine länderübergreifende Rezeption des Katalogs ermöglichen. Zu danken ist schließlich dem Imhof-Verlag, der die Zusammenarbeit in bewährter Weise zur Freude gemacht hat.
Und last but not least gilt mein Dank den Förderern, ohne die das Projekt nicht möglich gewesen wäre: Den institutionellen Förderern des Pommerschen Landesmuseums – der Beauftragten der Bundesregierung für Kultur und Medien, dem Ministerium für Wissenschaft, Kultur, Bundes- und Europaangelegenheiten, der Universitäts- und Hansestadt Greifswald – sowie der Europäischen Union, die das Projekt aus Mitteln des Fonds für Regionale Entwicklung (EFRE) kofinanziert hat.

Allen Lesern wünsche ich bei der Lektüre neue Einblicke, vertiefende Erkenntnisse und viele Entdeckungen! Besuchen Sie das Pommersche Landesmuseum und lassen Sie sich für das kulturelle Erbe Pommerns begeistern, das mit den großen Themen der Menschheitsgeschichte, der europäische Geschichte des Ostseeraums und der deutsch-polnischen Nachbarschaft auf das Engste verwoben ist und damit unsere Gegenwart formt.

Ruth Slenczka,
Direktorin des Pommerschen Landesmuseums

Pommersches Landesmuseum in Greifswald

EINLEITUNG

Gunter Dehnert, Joachim Krüger

EIN NEUES MUSEUM IM OSTSEERAUM

Als sich im Herbst 1989 auch in Greifswald und Stralsund die Menschen zu Friedensgebeten in den Kirchen versammelten und anschließend auf die Straße gingen, waren neben Forderungen nach einer Demokratisierung des Staatswesens auch Rufe nach einer Wiederherstellung (Vor-)Pommerns weithin zu vernehmen. Der Name der ehemaligen preußischen Provinz war auf dem Gebiet der DDR seit 1947 verboten, im Bewusstsein der Einwohner aber weiterhin präsent.

Offen erinnern an die Geschichte Pommerns konnte man vor 1989 nur in der Bundesrepublik. So verwundert es nicht, dass zunächst in der Bundesrepublik, genauer gesagt in Schleswig-Holstein, in den 1980er Jahren Ideen für ein pommersches Landesmuseum reiften. Ähnliche Einrichtungen, wie das Ostpreußische Landesmuseum in Lüneburg, wurden ebenfalls in dieser Zeit konzipiert. Mit der friedlichen Revolution und damit der Möglichkeit, das Museum in Pommern selbst zu errichten, war der vorgesehene Standort in Lübeck-Travemünde aber schnell überholt. Es war dem gemeinsamen Engagement unterschiedlichster Akteure zu verdanken, dass die Wahl schließlich auf das Areal des ehemaligen Franziskanerklosters in Greifswald fiel. Die Hansestadt stellte dafür die auf dem Areal befindlichen Gebäude der 1996 gegründeten Stiftung zur Verfügung und war bereit, das Stadtmuseum Greifswald mit seinen Beständen in die Stiftung einzubringen. Die Bundesrepublik Deutschland, die das Landesmuseum nach § 96 Bundesvertriebenengesetz maßgeblich fördert, das Land Mecklenburg-Vorpommern sowie die Hansestadt Greifswald zogen in den folgenden Jahren an einem Strang. Das Land Schleswig-Holstein wiederum, in dem sich die Bestände der 1966 ins Leben gerufenen Stiftung Pommern Kiel befanden, unterstützte das Vorhaben ebenfalls maßgeblich, indem es bereit war, die zuvor im Rantzaubau des Kieler Schlosses befindliche Sammlung, etwa die bedeutende Gemäldesammlung des Städtischen Museums Stettin, nach Greifswald abzugeben. Die Stiftung selbst ging in das Pommersche Landesmuseum ein. Dieser Grundstock an Sammlungen wurde schließlich durch die zur Verfügung gestellten Schätze aus der Sammlung der Universität Greifswald wesentlich bereichert. Der aus dieser Sammlung stammende monumentale Croy-Teppich, ein zentrales Objekt zur pommerschen Geschichte, bildet heute das Herzstück der landesgeschichtlichen Dauerausstellung. Als Neugründung war und ist das Pommersche Landesmuseum darüber hinaus auf zahlreiche weitere öffentliche wie private Leihgeber und Schenker aus u. a. Deutschland, Schweden, Polen bis in die USA angewiesen.

VOM KLOSTER ZUM MUSEUM

Seit 1996 trieb ein kleiner, aber motivierter Aufbaustab um Dr. Uwe Schröder den Umbau des Gebäudekomplexes und den Ausbau der Ausstellungen unermüdlich voran. Ursprünglich bestand der Ort des Museums aus vier unterschiedlichen Häusern, die teilweise nach der Auflösung des 1262 gegründeten Franziskanerklosters im Jahr 1557 entstanden. Im 18. Jahrhundert war das Kirchengebäude so verfallen, dass es zugunsten eines im klassizistischen Stil errichteten Schulneubaus, des sogenannten Quistorp-Baus, abgerissen wurde. Der schon zuvor als Armenhaus genutzte Westflügel des Klosters musste 1845 für einen spätklassizistischen Neubau weichen, in dem wieder ein Armen- bzw. Altenheim einzog, das in Anlehnung an die ehemals dort lebenden Franziskaner „Graues Kloster" genannt wird. Vom ehemaligen Kloster blieben nur die heute für die Verwaltung genutzte Bibliothek und in Fragmenten (Kellergewölbe) das Konventsgebäude, in denen sich von 1929 bis 1999 das Stadtmuseum befand, erhalten. Für die Umgestaltung des Gebäudeensembles konnte das aus Kappeln an der Schlei stammende Architekturbüro Sunder & Plassmann in einem Wettbewerb gewonnen werden. In überzeugender und preisgekrönter Weise gelang es den Architekten, die unterschiedlichen Gebäude mit einer lichten Glashalle, der sogenannten Museumsstraße zu verbinden. Wo sich bis in die 1990er Jahre der graue Wäscheplatz der Altenheimbewohner befand, begrüßt heute der Lichthof die Museumsbesucher. Die Ausstellungsgestaltung besorgte das Berliner Büro Bertron, Schwarz, Frey, das der Ausstellung sein prägendes Gesicht verlieh. Bereits im Jahr 2000 konnte die Gemäldegalerie im Quistorp-Bau eröffnen. Im „Grauen Kloster" konnte schließlich 2005 der erste Teil der Dauerausstellung im Unter- und Erdgeschoss einziehen, die von der Erdgeschichte der Region bis zum „Goldenen Zeitalter" des pommerschen Herzoghauses im 16. und 17. Jahrhundert reicht. Fünf Jahre danach war die Abteilung zur schwedischen und brandenburgisch-preußischen Geschichte Pommerns im Obergeschoss für die Öffentlichkeit zugänglich. Im April 2021 eröffnete schließlich die Ausstellung „Pommern im 20. Jahrhundert". Chronologisch ist die landesgeschichtliche Dauerausstellung damit komplett. Die einzelnen Ausstellungsinhalte wurden durch die Mitarbeiter und Mitarbeiterinnen des Pommerschen Landesmuseums mit unzähligen Akteuren aus Kultur und Wissenschaft erarbeitet, die alle bereit waren, ihre Expertise einzubringen. An dieser Stelle sind insbesondere die Mitglieder des Wissenschaftlichen Bereites zu erwähnen. Von Anfang an spielte zudem die Zusammenarbeit mit polnischen Fachkollegen eine herausragende Rolle. Die letzten Abteilungen der Ausstellung entstanden in enger Zusammenarbeit mit der Stettiner Partnereinrichtung, dem Muzeum Narodowe w Szczecinie. Wie sich die Bestände beider Museen ergänzen, wird im vorliegenden Katalog im Beitrag von Monika Frankowska-Makała und Rafał Makała deutlich.

ZUM AUFBAU DES KATALOGS

Die Fertigstellung der Dauerausstellung bietet nun erstmals die Möglichkeit, die vielfältigen Themen der pommerschen Geschichte in der Ausstellung im vorliegenden Ausstellungskatalog zu beleuchten. Der Katalog kann und soll keine landesgeschichtlichen Darstellungen ersetzen. Vielmehr ergänzt er diese, ausgehend von der landesgeschichtlichen Dauerausstellung und einer repräsentativen Auswahl von Exponaten. Die Anordnung der Kapitel mit den gewählten Objekten folgt dem Rundgang im Museum. Zur historischen und kulturhistorischen Einordnung der Exponate wurde jedem Kapitel ein Essay vorangestellt. Für die Texte konnten ausgewiesene Spezialisten als Autorinnen und Autoren gewonnen werden. Das Gebiet des historischen Pommern erstreckt sich heute über zwei Staaten dies- und jenseits der Oder. Nicht zuletzt deshalb gibt es unterschiedliche Perspektiven und Sichtweisen in der pommerschen landesgeschichtlichen Forschung, weshalb polnische und deutsche Wissenschaftlerinnen und Wissenschaftler zur Mitarbeit angeregt wurden. Ihnen allen sei herzlich gedankt.

Der Name Pommern bedeutet *Land am Meer*. Dieses Meer, die Ostsee, ist erdgeschichtlich sehr jung. Sie ist ein Produkt der letzten Eiszeit. Erst in der Nacheiszeit entwickelte sich die Ostsee zu dem Gewässer, das wir heute kennen. Die erdgeschichtliche Entwicklung Pommerns skizzieren Stefan Meng und Sebastian Lorenz in ihrem Beitrag *Land am Meer – Erdgeschichte*. Den abschmelzenden Gletschern folgte der Mensch auf der Suche nach Nahrung. Erste gesicherte Spuren einer menschlichen Besiedlung auf dem Gebiet des späteren Pommern datieren in die Zeit um 11.000–12.000 v. Chr. Seit dieser Zeit wurde Pommern kontinuierlich besiedelt, zunächst von umherstreifenden Jägern und Sammlern und spätestens ab dem Neolithikum von sesshaften Gruppen. Der wichtigste Rohstoff war der anstehende Feuerstein, der später durch Bronze und Eisen ersetzt wurde. Diese Spuren einer frühen Besiedlung fasst Thomas Terberger in seinem Beitrag *Von der Eiszeit bis zur Eisenzeit* zusammen.

Die Ostsee und der Odermündungsraum bestimmten seit dem frühen Mittelalter wesentlich die Geschicke des pommerschen Gebietes. In das Vakuum, das durch den Abzug germanischer Stämme entstand, stießen slawische Gruppen vor, die ab dem 7. Jahrhundert aus südöstlicher Richtung kamen. Sie entwickelten sich zur vorherrschenden Ethnie im pommerschen Raum. Relativ schnell wurden die slawischen Stämme in den skandinavisch dominierten Ostseehandel integriert und es entstanden erste Emporien. Unter dem Eindruck der Christianisierung bildete sich im 12. Jahrhundert schließlich das Herzogtum Pommern heraus. Diesen Prozess beschreibt Felix Biermann (*Slawen und Wikinger in Pommern*).

Erst nachdem sich im 12. Jahrhundert die Pomoranen als Zentralmacht unter den Stämmen im Küstengebiet zwischen Mecklenburg, Brandenburg, Polen und dem Ordensstaat durchgesetzt hatten, entstand beiderseits der Oder ein zusammengehöriger Herrschaftsraum unter dem Namen Pommern. Bis zum Aussterben des Greifenhauses im 30jährigen Krieg blieb er kontinuierlich unter der Herrschaft der Greifenherzöge, denen schließlich auch der Aufstieg in die Reichsstandschaft gelang. Ruth Slenczka zeigt in ihrem Beitrag *Pommern im Mittelalter*, wie sich die Region im Verlauf des hohen und späten Mittelalters im Zuge der kulturellen Vernetzung des Ostseeraums, der Christianisierung und des Landesausbaus grundlegend veränderte. Das historische Pommern dies- und jenseits der Oder entwickelte sich im Spätmittelalter zu einem Kernraum der Hanse. Von den 57 damals existierenden Städten gehörten immerhin 17 dem mächtigen Städtebund an. Wie sehr die Entwicklungen der Hanse das Herzogtum prägten, beschreibt Oliver Auge in seinem Beitrag *Pommern und die Hanse*.

Für die pommersche Geistes- und Landesgeschichte war die von Wittenberg ausgehende Reformation eine besondere Zäsur, wie Irmfried Garbe in seinem Beitrag *Reformation in Pommern* beschreibt. Die von Martin Luther geäußerte Kritik an bestehenden kirchlichen Zuständen fiel im Herzogtum auf fruchtbaren Boden. Mit Johannes Bugenhagen stammt ein prominentes Mitglied der Wittenberger Reformatoren-Trias aus Pommern. Trotz allem war es ein langer und steiniger Weg, bis sich die lutherische Konfession vollständig durchsetzen konnte.

Wenn auch die pommerschen Herzöge nicht zu den politisch einflussreichsten Herrschaftsträgern im Alten Reich gehörten, tat das der herrschaftlichen Repräsentation keinen Abbruch. Auch wenn vieles später den zahlreichen Kriegen zum Opfer gefallen ist, lässt sich doch belegen, dass Kunst und Kultur an den pommerschen Höfen einen hohen Stellenwert hatten, wie der Beitrag von Rafał Makała und Monika Frankowska-Makała *Die Kunst des goldenen Zeitalters in Pommern* zeigt.

Allerdings fand diese Blütezeit ein jähes Ende. In den ersten Jahrzehnten des 17. Jahrhunderts starb die Greifen-Dynastie im Mannesstamme aus, mitten in den Wirren des Dreißigjährigen Krieges. Das Herzogtum wurde zum Spielball konkurrierender Mächte, vor allem Schwedens und Brandenburgs. Die schwedische Vormachtstellung im Ostseeraum trug mit dazu bei, dass das pommersche Gebiet zum Schauplatz zahlreicher militärischer Auseinandersetzungen wurde, wie Joachim Krüger in dem Beitrag *Pommernland ist abgebrannt. Vom Dreißigjährigen Krieg bis zur Übergabe Schwedisch-Pommerns 1815* zeigt.

Die mehr als anderthalb Jahrhunderte dauernde Trennung der beiden Landesteile hinterließ deutliche Spuren, das schwedische und das brandenburgische Pommern entwickelten sich äußerst unterschiedlich: politisch, wirtschaftlich und konfessionell. Beide Landesteile werden jeweils gesondert in den Beiträgen von Nils Jörn (*Fast 200 Jahre Schweden?!*) und Ludwig Biewer (*Unter dem preußischen Adler, 1648–1815*) beleuchtet.

1815 wurde das ehemalige Herzogtum vereinigt. Im Rahmen der Neugliederung der zu Preußen gehörenden Länder wurde Pommern in eine preußische Provinz umgewandelt. Der Betrag von Thomas Stamm-Kuhlmann (*Pommern 1815–1913*) widmet sich dem administrativen und wirtschaftlichen Ausbau der neuen preußischen Provinz.

Auch wenn sich der Erste Weltkrieg nicht auf pommerschem Boden abspielte, hatte er doch gravierende Auswirkungen auf die dortige Bevölkerung, einerseits durch den Fronteinsatz der dort in Friedenszeiten stationierten Einheiten, dann zunehmend durch die Belastungen der Kriegswirtschaft. Am Ende des weltweiten Blutvergießens herrschten auch in Pommern Kriegsmüdigkeit und Erschöpfung, Verelendung und Demoralisierung. So nahm man in der Provinz weitgehend passiv die Umwandlung der Monarchie in eine Republik hin. Diesen Komplex beschreibt Bert Becker in zwei Beiträgen, *Pommern im Ersten Weltkrieg* und *Pommern in der Weimarer Republik*.

Die Zeit nach dem Ende der Weimarer Republik nimmt Joachim Krüger mit seinem Beitrag *Pommern im Nationalsozialismus (1933–1939)* in den Blick. Die NSDAP, die bereits in der Zeit der Weimarer Republik einen Ableger in Pommern hatte, stieg während der Weltwirtschaftskrise zur Massenpartei auf. Bei den Reichstagswahlen am 5. März 1933 erzielte sie in Pommern ein Ergebnis, das weit über dem Reichsdurchschnitt lag.

Mit dem Ausbruch des Zweiten Weltkrieges änderte sich erneut das gesamte Leben in Pommern. Diesmal wurde die Provinz voll von der Wucht des Krieges getroffen, zunächst in Form verheerender Luftangriffe, dann durch das Vorrücken der Roten Armee und unterstützender polnischer Verbände. Das verursachte die bisher größte Flüchtlingswelle in Pommern. Diesem dramatischen Kapitel der pommerschen Geschichte ist der Beitrag von Heiko Wartenberg *Der Krieg kommt nach Pommern. Flucht und Vertreibung* gewidmet.

Das Ende des Krieges hatte gravierende Auswirkungen. Pommern bestand jetzt aus drei Teilen: aus der polnisch gewordenen Region östlich der neuen polnisch-deutschen Grenze, dann aus dem verbliebenen Teil Vorpommerns in der SBZ/DDR, der allerdings 1947 den Namen verlor, und drittens aus einem exterritorialen, erinnerten, räumlich nicht gebundenen Pommern als Bezugspunkt für die aus Pommern vertriebene Bevölkerung in der Bundesrepublik. Daraus resultieren unterschiedliche Sichtweisen und ein unterschiedlicher Umgang mit dem historischen Erbe. Diesem nach wie vor sensiblen Thema sind drei Beiträge gewidmet: Gunter Dehnert behandelt in zwei Beiträgen den Umgang mit der pommerschen Geschichte in der DDR (*Ostmecklenburg – Ein Name verschwindet*) und in der Bundesrepublik (*Neubeginn im Westen*). Tomasz Ślepowroński fügt in seinem Beitrag *Das polnische Westpommern* eine dritte Perspektive hinzu. Er erläutert den Begriff *Westpommern*, der auf der polnischen Seite vollkommen selbsterklärend ist. Die Themen Vertreibung und Umsiedlung sind auch für die polnische Bevölkerung Pommerns relevant, denn Polen erlebte ebenfalls in Folge des Krieges eine Verschiebung seiner Grenzen in Richtung Westen.

Der letzte Beitrag *Pommern grenzenlos? Pommernrenaissance am Beginn des 21. Jahrhunderts* stammt von Jörg Hackmann. Dieser Beitrag beschreibt Entwicklungen nach der politischen Wende 1989 und zeigt Ansätze, Möglichkeiten und Wege auf, ein neues regionales Selbstverständnis zu entwickeln, das sich aus seinem transnationalen Charakter speist.

KATALOG

I LAND AM MEER - ERDGESCHICHTE

Stefan Meng und Sebastian Lorenz

EINLEITUNG

Das Bundesland Mecklenburg-Vorpommern ist am Nordrand des mitteleuropäischen Tieflandes gelegen. Regionalgeologisch vermittelt dieser Raum zwischen Mittel- und Nordeuropa und zugleich zwischen den wechselvollen geologischen Entwicklungen von Festland und Meer.

Im Ergebnis mehrerer Inlandeisvorstöße aus Skandinavien während des Quartärs (Eiszeitalter) ist die Region fast vollständig von deren Gletscherablagerungen bedeckt. Die Mächtigkeiten der quartären Deckschichten aus Lockergesteinen betragen in der Regel bis zu 150 m, können aber in NO-SW verlaufenden Rinnen auch 500 m erreichen. Ältere geologische Ablagerungen finden sich deshalb im tieferen Untergrund und können nur durch Bohrungen erschlossen werden. Nur an ganz wenigen Stellen sind Gesteine des tieferen Untergrundes an der Oberfläche präsent, zum Beispiel mit den Kreidefelsen von Rügen (Oberkreide) oder mit den Tongruben (Lias) von Grimmen. Hier gewähren Steilküsten und Tagebaue natürliche und künstliche Aufschlüsse und somit erdgeschichtliche Einblicke.

Die weit verbreiteten Geschiebe – Steine in allen Größen, die von den Gletschern aus Skandinavien und dem Ostseegrund in unsere Region transportiert wurden – können jedoch schon auf einem Quadratmeter Strandgeröll mitunter die gesamte Erdgeschichte von mehreren Milliarden Jahren repräsentieren. Das Festgestein Skandinaviens wurde durch die Gletscher erodiert und als Geschiebefracht durch die Inlandgletscher im Ostseeraum verbreitet. Interessante Beispiele von großen Geschieben können in Vorpommern beispielsweise in den Gesteinsgärten des Pommerschen Landesmuseums, am Forstamt Neu Pudagla (Usedom) oder an der Universität Greifswald besichtigt werden. Letztere beherbergt das im Jahr 1936 von Serge von Bubnoff gegründete Deutsche Archiv für Geschiebeforschung. Die Geschiebekunde beschäftigt sich vor allem mit dem Leitcharakter und der Herkunft der Geschiebe, mit der zum Beispiel die Bewegungsrichtungen der skandinavischen Gletscher rekonstruiert werden können.

Der klimabedingte eustatische Meeresspiegelanstieg durch Gletscherschmelze in den Warmzeiten und in der Nacheiszeit sowie die isostatische Hebung Nordostdeutschlands im Zuge der Druckentlastung Skandinaviens nach dem Zerfall der aufliegenden Gletscher, beeinflussen bis heute die Entwicklung unserer Küstenlinien.

▶ Schreibkreide – Blick in die erdgeschichtliche Ausstellung

Schreibkreide

Vor rund 70 Millionen Jahren herrschte tropisches Klima in Pommern. Das Land war vom Meer bedeckt und am Grunde des Meeres setzte sich feiner weißer Schlamm ab. Er verfestigte sich zur sogenannten „Schreibkreide". Der Name „Schreibkreide" bezeichnet einen Abschnitt der Kreidezeit. Die Rügener Kreide eignet sich jedoch nicht zum Schreiben, denn sie ist hart und spröde. Die in der Schule verwendete Kreide besteht deshalb größtenteils aus Gips.

Verbreitung der Schreibkreide

Nicht nur auf Rügen gibt es Schreibkreide, sondern auch in anderen Gebieten Pommerns und Europas. An den Küsten Frankreichs, Englands und Dänemarks bildet sie ebenso beeindruckende Felsen wie auf Rügen. Gebietsweise reicht sie in mächtigen Schichten tief in den Untergrund. Nördlich von Kopenhagen hat die Schreibkreide gar eine Stärke von 2000 Metern.

Eine der bekanntesten Sehenswürdigkeiten Pommerns sind die Kreidefelsen der Insel Rügen. Besonders die hohen Felsen Jasmunds sind seit über 100 Jahren touristischer und wissenschaftlicher Anziehungspunkt.

Kreideküste im Südosten Englands zwischen Brighton und Dover

Schreibkreide an der französischen Küste bei Ault nahe Calais

Kreidefelsen auf der dänischen Insel Møn

Fossilien aus der Schreibkreide Rügens

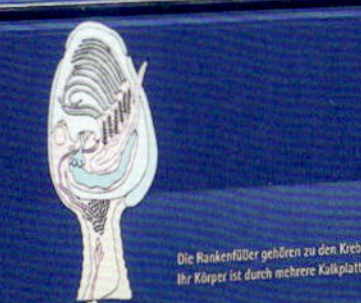

Die Rankenfüßer gehören zu den Krebsen. Ihr Körper ist durch mehrere Kalkplatten geschützt.

Armfüßer Brachiopoden

Schnitt durch einen „Klapperstein"

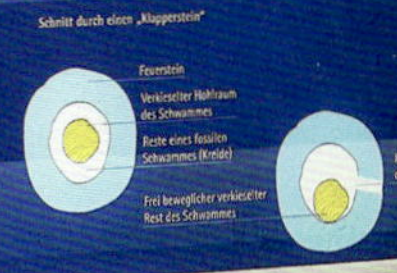

Schwämme

Diese tierischen Lebewesen erreichen eine große Formenvielfalt. Sie sind zwar einfach gebaut, bestehen aber aus ganz verschiedenen Zellen. Dazu gehören zum Beispiel die Fresszellen, die Nahrung aus dem umgebenden Wasser aufnehmen. Andere Zellen produzieren Skelettnadeln oder dienen der Fortpflanzung.

Muscheln

Seeigel

TIEFERER UNTERGRUND – DIE ÄLTERE ERDGESCHICHTE

Die wichtigsten geologischen Informationen aus dem tieferen Untergrund liefern Bohrkerne. In Mecklenburg-Vorpommern gibt es weit mehr als 100.000 Bohrungen, die zumeist die oberen 100 m der Erdkruste erschließen. In den 1960–1980er Jahren wurden zudem aufwendige Tiefbohrprogramme durchgeführt. Die größte Tiefe erreichte die Bohrung Mirow 1 mit ca. 8.009 m, die 1974 südlich der Müritz abgeteuft wurde. Damals war diese Bohrung sogar der europäische Tiefenrekordhalter. Die Bohrung Loissin 1 von 1970, etwa 10 km östlich von Greifswald abgeteuft, erreichte immerhin 7.105 m Endtiefe. Diese aufwendigen Bohrungen dienten vor allem der Suche und Erkundung von Erdöl- oder Erdgaslagerstätten.

Die ältesten erbohrten Gesteine des sogenannten Ur-Europa in Mecklenburg-Vorpommern sind kristalline Gesteine aus dem **Neoproterozoikum** (ca. 600 Mio. Jahre alt) vom Basement des südwestlichen Randes des Osteuropäischen Kratons (Baltika), die zum Beispiel bei Loissin in ca. 7.000 m Tiefe und auf Rügen in ca. 4000 m Tiefe erbohrt wurden. Darüber folgen marine Ablagerungen mit Grauwacken, Sand- und Tonsteinen des **Ordoviziums** (488–444 Mio. Jahre), die vor allem im Umfeld von Rügen erbohrt wurden. Diese Gesteine wurden während der Kaledonischen Gebirgsbildung überprägt, deren Deformationsfront sich im Untergrund nördlich bei Rügen befindet. Die Hauptphase der Gebirgsbildung fand während des **Silurs** (444–420 Mio. Jahre) statt. Die Kaledoniden erstreckten sich von Norwegen, Schottland bis Nordamerika und entstanden in Folge der Kollision der Ur-Kontinente Baltika mit Laurentia. In unserer Region kollidierten der kontinentale Krustenblock Baltica mit dem Mikrokontinent Avalonia und schloss damit den Tornquist-Ozean. Diese Deformation führte ebenfalls zu einer mächtigen Gebirgsbildung, die man auch als Rügen-Kaledoniden bezeichnet.

Im **Devon** (411–358 Mio. Jahre) und **Karbon** (358–296 Mio. Jahre) folgen dann Ablagerungen flacher Schelfmeere, die an der südlichen Ostseeküste mit mehreren tausend Metern Mächtigkeit weit verbreitet sind. Erst zum oberen Karbon dominieren limnisch-fluviatile Sedimente vom Festland, sogenannte Molasse-Ablagerungen des nördlichen Vorlandes des Variszischen Gebirges, einem mächtigen Gebirge, das sich während des Permokarbons quer durch Europa zog.

Dieser Folge schließen sich dann auch die Beckensedimente des **Perms** (298–252 Mio. Jahre) an, das sich in Mitteleuropa in das festländische Rotliegende und das marin-lagunäre Zechstein unterteilt.

Für das **Rotliegende** besteht in Mecklenburg-Vorpommern eine für die Mitteleuropäische Senke charakteristische Zweiteilung, in eine untere, von Vulkaniten (Laven, Ingnimbriten und Tuffen) dominierte Abfolge und eine obere Abfolge terrestrischer Sedimente (Konglomerate, Sandsteine und Tonsteine) darüber. Den Ablagerungsraum bildete ebenfalls das nördliche Vorland des Variszischen Gebirges. Die Mächtigkeiten können in unserer Region 3.000 m überschreiten. Die Oberfläche der Rotliegenden-Sedimente reicht von 1.500 m bis unter 5.000 m Teufe. Die porösen Sandsteine des Rotliegenden sind wichtige Speichergesteine für Erdöl und Erdgas und waren somit häufig Gegenstand für Bohrkampagnen. In Vorpommern wurden beispielsweise in Reinkenhagen und auf der Insel Usedom Öl und Erdgas gefördert, wenn auch nur aus relativ kleinen Lagerstätten.

Ablagerungen des **Zechsteins** sind im Untergrund von Mecklenburg-Vorpommern weitestgehend überall vorhanden. Die Oberfläche des Zechsteins ist in einer Tiefe zwischen -800 und mehr als -3.000 m NN anzutreffen und die Gesamtmächtigkeit schwankt zwischen wenigen hundert und einigen tausend Metern. In Mecklenburg-Vorpommern lässt sich der Zechstein in die für Mitteleuropa charakteristischen Folgen beziehungsweise Zyklen von Evaporiten (Eindampfungsgesteine) gliedern. An der Basis finden sich Konglomerate, Kupferschiefer und Kalke. Darüber dominieren dann die Evaporite, die durch die Verdunstung flacher abgeriegelter Meeresbecken entstanden. Dabei setzten sich in den jeweiligen Zyklen in der Reihenfolge ihrer Löslichkeit Anhydrit, Gips, mächtige Steinsalze und Edelsalz, wie zum Beispiel Kalisalz, ab. Der besondere Ablauf der Sedimentation im epikontinentalen Zechstein-Meer lässt sich mit der damaligen Nähe zum Äquator begründen (Plattentektonik). Steinsalz wird durch die immense Auflast von überlagernden Gesteinsschichten ab mehr als 1000 m Mächtigkeit plastisch und strebt wegen seiner geringen Dichte nach oben. Dabei entstehen diapirförmige Salzstöcke oder Salzkissen mit zum Teil mehreren tausend Metern Höhe, die bis nah an die Erdoberfläche reichen können. Sie bewirken durch das Eindringen in jüngere Gesteinsschichten eine beträchtliche morphologische Gliederung des Untergrundes. Die Scheitel von Salzstrukturen können als Fallen für Erdöl- und Erdgas auch bedeutende Lagerstätten bilden. Gewonnen wurde das Steinsalz in Vorpommern auch über Solequellen, zum Beispiel in Greifswald bis 1872 (Salinenstraße), wo das Salz dann in Salinen durch Eindampfen der Sole produziert wurde. Die zahlreichen Salzstrukturen im südlichen Ostseeraum bieten auch das Potential der Speicherung für Erdgas, Erdöl und CO_2 in Salzkavernen an.

Die **Trias** (251,9–201,3 Mio. Jahre) zeigt in Mecklenburg-Vorpommern die klassische mitteleuropäische Gliederung in Buntsandstein, Muschelkalk und Keuper. Die älteste der drei Perioden, der Buntsandstein, besteht hauptsächlich aus unter ariden Bedingungen abgelagerten bunten Sanden, Silt und Tonsteine, mit Mächtigkeiten von bis zu 1.300 Metern. Während des folgenden Muschelkalkes drang vor etwa 243 Mio. Jahren von Süden ein flaches Randmeer in das Becken und hinterließ mehrere hundert Meter mächtige marine Ablagerungen. Im jüngsten Abschnitt, dem Keuper, hatte sich das Meer wieder zurückgezogen. In Flüssen und Seen, entstanden überwiegend Sand- und Tonsteine, Sedimente, die aus dem Norden vom Baltischen Schild nach Süden transportiert wurden, mit Mächtigkeiten von 600–650 Metern im Beckenzentrum.

Die Ablagerungen des **Juras** (200–142 Mio. Jahre) sind fast im gesamten Untergrund von Mecklenburg-Vorpommern verbreitet. Dabei handelt es sich um mehrere hundert Meter mächtige marine Sedimente, hauptsächlich aus dem Lias und Dogger (Unter- und Mitteljura). Nach einer kurzen Regressionsphase in Norddeutschland am Übergang von Jura und Kreide stößt das Meer in der **Kreidezeit** (142–65 Mio. Jahre) weiter vor. Während Südwestmecklenburg während der Unterkreide ein Teil der Prignitz-Altmark-Brandenburg-Senke war, lag der Nordosten Mecklenburg-Vorpommerns im Randbereich der Dänisch-Polnischen-Senke. Die Mächtigkeit der kreidezeitlichen Ablagerungen kann in unserer Region mehr als tausend Meter erreichen. Jura und Kreide sollen hier exemplarisch an den Beispielen der Lias-Ton-Vorkommen von Grimmen und der Rügener Schreibkreide näher vorgestellt werden.

LIAS (UNTERJURA) VON GRIMMEN

Die Lias-Tone von Grimmen sind Ablagerungen eines flachen Epikontinentalmeeres des höheren Unterjura (ca. 180 Mio. Jahre). Während der Eiszeiten wurden die Tonschichten durch Gletscherauflast und -bewegung sehr stark deformiert und in große Schollen gepresst. Bereits 1873 wurden die Tonvorkommen im Zuge des Eisenbahnbaus entdeckt und Ende der 1950er Jahre begann dann ihr Abbau bei Grimmen. Die Tone wurden vor allem für die Keramikproduktion genutzt. Bekannt geworden sind die Tone wegen ihrer zahlreichen Fossilfunde, die meist an Karbonatkonkretionen ($CaCO_3$) gebunden sind. Hierzu gehören Ammoniten, Skelettelemente von Meeresreptilien, wie Fischsaurier, Krokodile und Plateosaurier, gut erhaltene Fische oder auch vom nahen Festland eingespülte Reste von Dinosauriern, Insekten und Pflanzen. Der Ablagerungszeitraum sowie die enthaltenen Fossilien sind mit den Ölschiefern von Holzmaden (Süddeutschland) vergleichbar, der für seine zahlreichen Fischsaurier weltbekannt geworden ist. Funde von diesen Lokalitäten können auch in der Geologischen Landessammlung der Universität Greifswald besichtigt werden.

Der Dinosaurier *Emausaurus ernsti* Haubold, 1990 ist der bedeutendste Fund von Grimmen (Abb. 1 und 2). Von ihm fanden sich etwa fünfzig isolierte Knochen in einer nur 16 cm großen Geode, die durch chemische Präparation in den 1960er Jahren herausgelöst wurden. Es handelt sich um einen basalen Vertreter der Ornithischer (Vogelbecken-Dinosaurier), der weltweit bisher einmalig ist. Er war Pflanzenfresser und besaß sogenannte Osteodermen (Hautknochen). Evolutionsgeschichtlich ist der kleine Dinosaurier von etwa zwei Meter Körperlänge ein Vorfahre der späteren gepanzerten Dinosaurier, wie Ankylosauria oder Stegosauria. Sein Namensgeber war die ehemalige **E**rnst-**M**oritz-**A**rndt-**U**niversität (**Emau**saurus) und der Finder Werner Ernst (ernsti). Wegen des sich beständig verschlechternden Erhaltungszustandes und des teilweisen Zerfalls der Knochen führte die Universität Greifswald von 2010–2013 ein umfangreiches Präparationsprojekt zur Neukonservierung der Knochenreste durch. Während sich die Originale heute in der Geologischen Sammlung der Universität Greifswald befinden, werden hier in der Ausstellung Abgüsse der Knochen gezeigt.

DIE SCHREIBKREIDE VON RÜGEN

Die Rügener Schreibkreide (Abb. S. 15) hat sich vor etwa 70 Millionen Jahren in der Oberkreide (oberes Unter-Maastrichtium) in einem Meer gebildet, welches sich von England bis zur Ukraine und vom nördlichen Schonen bis zum Harz erstreckte. Im Raum von Rügen war das Meer zwischen 100–150 m tief. Dessen Ablagerungen finden sich als große Schollen vor allem auf der Insel Rügen. Im Bereich der Halbinsel Jasmund werden sie durch Küstenerosion angeschnitten und bilden die berühmten Kreidefelsen. Es handelt sich bei der Rügener Schreibkreide um Ablagerungen eines tieferen Schelfmeeres. Die Kreide besteht fast ausschließlich aus Kalziumkarbonat, genauer um winzigste Kalkplättchen von Coccolithen (pelagische Kalkalgen). Die Rügener Kreide enthält zudem charakteristische Lagen aus Feuersteinen (Flint, SiO_2-Konkretionen), sogenannte Feuersteinbänder (siehe Wandprofil). Häufig sind kugelige Schwefeleisen-Konkretionen, oft aus strahligem Pyrit (Katzengold), die durch bakterielle Tätigkeit an abgestorbenen Organismenresten entstanden sind, zu finden. Die vielgestaltigen Feuerstein-Konkretionen dominieren heute die Geröllstrände im gesamten südlichen Ostseegebiet und sind auch in unseren Kiesgruben sehr häufig anzutreffen.

Die majestätischen Felsen der Schreibkreide an der Küste von Rügen, haben schon viele Reisende, Künstler wie Caspar David Friedrich (1774–1840) und Wissenschaftler begeistert. Die Erforschung der Rügener Schreibkreide reicht bis in das 18. Jahrhundert zurück. Einer der großen Pioniere war Friedrich von Hagenow (1797–1865), der vor allem die Lebewelt des Kreidemeeres erforschte. Er betrieb zum Beispiel in Greifswald eine Kreideschlämmerei und konnte somit entsprechend reichlich Fossilien gewinnen.

Die Schreibkreide ist für ihren Fossilreichtum an Seeigeln, Belemniten (im Volksmund Donnerkeile), Austern, Schwämmen u. a. sehr bekannt. Die Körperfossilien liegen oft in Kalzit-Erhaltung vor. Das sind vor allem Stachelhäuter, Brachiopoden oder dickschalige Austern. Dagegen sind Ammoniten, Schnecken und viele Muscheln Aragonit-Schaler. Von ihnen sind nur Kerne aus Kreide oder Feuerstein erhalten. Die dickschalige Auster *Pygnodonte* wurde sogar von der deutschen Paläontologischen Gesellschaft 2017 zum Fossil des Jahres gewählt. Ebenfalls beliebt bei den Sammlern an unseren Stränden sind die sogenannten Hühnergötter bzw. in größer die sogenannten „Saßnitzer Blumentöpfe" (Feuersteine mit Löchern). Eine industrielle Verwendung findet die Rügener Kreide zum Beispiel für die Rauchgasentschwefelung, die Zementproduktion oder als Düngekalk. Empfehlenswert ist in diesem Zusammenhang für weitere Informationen auch ein Besuch des Kreidemuseums Gummanz (Rügen) oder der Geologischen Landessammlung der Universität Greifswald.

Bernsteinexponate in der erdgeschichtlichen Ausstellung

TERTIÄR (PALÄOGEN / NEOGEN) – DIE JÜNGERE ERDGESCHICHTE

Exemplarisch für das Tertiär (Paläogen/ Neogen) in unserer Region soll der Bernstein stehen, ein beliebtes Sammlerobjekt unserer Küsten. Der Bernstein ist fossiles Harz von Koniferen, die während des **Alttertiärs (Eozän)** vor ca. 54 bis ca. 40 Mio. Jahren in riesigen Urwäldern im nördlichen und zentralen Europa vorkamen. Anschließend begann eine komplexe Umlagerungsgeschichte, die bis heute kaum verstanden ist.

Das verfestigte Harz wurde dann während des Tertiärs durch Flüsse und Meeresströmungen ausgewaschen und oft in der sogenannten „Blauen Erde" verlagert. Dieser schluffige Feinsand datiert ebenfalls in das Eozän und verdankt seine bläuliche Farbe dem Mineral Glaukonit. Nachfolgend wurde der Bernstein oft von eiszeitlichen Gletschern ausgeschürft oder später von der Ostsee selbst ausgewaschen. Heute findet man Bernstein an den Ostseeküsten als Seebernstein (besonders im östlichen Baltikum), umgelagert als Geschiebe (zum Beispiel in Kiesgruben) oder in Tagebauen, wo sich die bernsteinführende „Blaue Erde" im Abbau befindet (zum Beispiel Samland, Kaliningrader Bezirk, Russland). Weitere Bernstein-Vorkommen wie das in Bitterfeld (Sachsen-Anhalt) – hier wurde sehr viel sogenannter Ostseebernstein produziert – sowie auch die Bernstein-Region um Riwne (West-Ukraine) sind vermutlich ursprünglich altersgleiche Bildungen zum baltischen Bernstein eines zusammenhängenden „Bernstein-Waldes". Auch in Vorpommern gab es ver-

schiedene Abbauversuche von bernsteinführenden Sanden, zum Beispiel bei Stubbenfelde an der Usedomer Außenküste sowie am Kleinen Haff, die allerdings nur wenig ertragreich waren.
Der größte Seebernstein von Vorpommern wurde bei Thiessow (Rügen) gefunden und wiegt 1.753 g. Ein eindrucksvoller Fund aus Greifswald, Obstbausiedlung, bringt immerhin noch 278 g auf die Waage. Einer der größten baltischen Seebernsteine stammt von Leba (*Łeba*) und bringt es auf 3.210 g. Diese prächtigen Exemplare können in der Geologischen Landessammlung der Universität Greifswald besichtigt werden. Häufig finden sich im Bernstein sogenannte Inklusen, Einschlüssen zum Beispiel von Insekten, Spinnen oder Pflanzen, die oft phantastisch erhalten und deshalb für die Wissenschaft von besonderer Bedeutung sind.

QUARTÄR – DAS EISZEITALTER

Der südliche Ostseeraum verdankt sein Relief mit einer Vielfalt an Gewässern und Küsten dem Eiszeitalter (Pleistozän), welches vor rund 2,6 Millionen Jahren begann. Dieser Zeitraum ist in mehrere Warm- (Interglaziale) und Kaltzeiten (Glaziale) gegliedert, von denen nur einige Kaltzeiten ausgesprochene Eiszeiten mit großen Inlandvereisungen waren. Die drei wichtigsten sind die Elster-, Saale- und Weichsel-Eiszeit. Die größten Mächtigkeiten der Lockergesteine (Sedimente) wurden hauptsächlich von skandinavischen Inlandeismassen während der Glaziale der letzten 0,5 Mio. Jahre gebildet. An der Oberfläche wird der größere Teil des Landes allerdings von Ablagerungen der letzten Vereisung, des Weichsel-Glazials, dominiert. Die während eines Eisvorstoßes im, unter und vor dem Eis ablaufenden Prozesse hinterließen typische Ablagerungen und Oberflächenformen, die allgemein als „Glaziale Serie" (Abb. 3) bezeichnet werden. Die Weichsel-Vereisung ist durch drei markante Eisvorstoß- bzw. Stillstands- und nachfolgenden Eisrückzugsphasen gekennzeichnet, die in Nordostdeutschland regional als Brandenburg/Frankfurt-Phase, Pommern-Phase und Mecklenburg-Phase bezeichnet werden.
Durch Frostverwitterung und die ausschürfende Wirkung des langsam fließenden Eises (Exaration) wurde viel Material aus dem Untergrund in den vorstoßenden Eiskörper als Gletscherfracht eingearbeitet. Beim Vordringen bzw. Rückschmelzen des Eises wurde diese Fracht als unsortiertes Sediment, welches von feinem Ton bis zu großen Blöcken alle Korngrößen umfasst und als Geschiebemergel oder Till bezeichnet wird, in den Grundmoränen abgelagert. Auflast und Bewegung des Eises bewirkten lokal Deformationen des Untergrundes (Glazitektonik), wobei Gesteinspakete aus dem Untergrund vom Eis aufgestaucht, aufgenommen und als Schollen auch über größere Entfernungen transportiert wurden.
Kam das Inlandeis zum Stillstand, wurden die austauenden Sedimente in Form von breiten Rücken entlang des Eisrandes akkumuliert. Durch geringe Oszillationen des Eisrandes können auch mehrere Moränenwälle hintereinander angeordnet sein. Diese Endmoränen sind die wichtigsten Indikatoren der ehemaligen Gletscherstände während der oben genannten Vereisungsphasen. Die Brohmer Berge im Südosten Vorpommerns stellen den auffälligsten Endmoränenkomplex dar und werden der Rosenthaler Randlage zugeordnet. Einen ebenfalls endmoränenartigen Charakter besitzen die Höhenzüge der Velgaster Randlage, welche westlich von Stralsund und im Südosten der Insel Usedom verlaufen. Die markanten Höhenzüge Ost-Rügens sowie der Nordspitze Hiddensees werden als stark aufgeschobene Endmoränen ausgehalten.
Unter dem Inlandeis existierten verzweigte Abflusssysteme, in deren Kanälen Schmelzwasser in großen Mengen und unter hohem Druck zum eisfreien Vorland transportiert wurde. Teilweise wurden dabei extrem tiefe Rinnen ausgespült. Die tiefste, im Untergrund Mecklenburg-Vorpommerns nachgewiesene Rinne aus dem Elster-Glazial wurde bei Hagenow mit einer Rinnenbasis bei -554 m NN erbohrt.

Auch mit dem Wasser wurden Sedimente aller Kornklassen in Richtung Gletscherfront verlagert. Die Ablagerung erfolgte im Vorfeld des Gletschers in Form großer Schwemmfächer, die sich zu ausgedehnten Sanderflächen vereinten. Dabei wurden ältere Grundmoränen übersandet. Die verbliebenen Schmelzwässer flossen gemeinsam mit von Süden zufließenden Flüssen durch sogenannte Urstromtäler in die eisfreien Gebiete des Nordseebeckens ab.

Dort, wo beim Rückschmelzen des Gletschers Eisreste im Untergrund verblieben, wurden diese als Toteis vor dem allgemeinen Abschmelzen bewahrt und tauten erst verzögert während der allgemeinen Klimaerwärmung im ausgehenden Spätglazial endgültig ab. Dadurch entstanden Becken und Rinnen unterschiedlichster Größe, in denen sich heute meist Seen oder Moore befinden. Die besonders zahlreichen kleinen Hohlformen werden als Sölle bezeichnet und sind vor allem im Bereich der Grundmoräne zu finden.

Während des Eiszeitalters wurde das eisfreie Europa durch eine reiche Säugetierfauna besiedelt, zu denen beispielsweise Riesenhirsche, Wollnashörner, Höhlenlöwen und die besser bekannten Mammuts gehörten. Spuren der reichen Tierwelt des Eiszeitalters können auch in der Geologischen Landessammlung der Universität Greifswald besichtigt werden. In der Abteilung Archäologie des Pommerschen Landesmuseums wird zudem das Geweih eines Riesenhirsches von Endingen (Landkreis Vorpommern-Rügen), einem Siedlungsplatz aus dem Alleröd (ca. vor 14.000 Jahren) präsentiert (Vgl. Abb. 1, S. 38).

GESCHIEBE

Gletscher transportieren und formen Sedimente ganz unterschiedlicher Eigenschaften. Dabei spielen aufgrund der immensen Kräfte, die bei der Bewegung von Gletschern wirken, die Größen von Steinen, deren Dichte oder Verbund in felsigem Untergrund nur eine untergeordnete Rolle. Eindrucksvoller Ausdruck dessen sind die als Geschiebe bezeichneten gröbsten Bestandteile der vom Gletscher gebildeten Sedimente, dem Geschiebemergel. Geschiebe sind Steine oder Felsbrocken, die im Zuge des Gletschertransportes ihre ehemals scharfkantige Form aufgrund der Reibung im Sediment oder durch Eiskontakt verloren haben. Im regionalen Sprachgebrauch werden die Geschiebe als Findlinge bezeichnet (Abb. 4). In der Geologie werden die steinigen Bestandteile des Geschiebemergels ab 4 mm Durchmesser als Kleingeschiebe bezeichnet, Steine ab 1 m^3 Volumen (mindestens 1,5 m Kantenlänge) als Großgeschiebe. Während sich aus der großen Vielzahl an unterschiedlichen Kleingeschieben Rückschlüsse auf die Herkunft bzw. Bewegungsrichtungen von Gletschern schließen lassen, liefern die Großgeschiebe beeindruckende Anblicke und stellen bildhafte Zeugen für die eiszeitliche Formung der Landschaft dar. Eine unbekannte Vielzahl an Großgeschieben und Findlingen wurde seit dem 18. Jahrhundert für die Gewinnung von Baumaterial durch Steinschläger verarbeitet. Vorpommern und Mecklenburg waren in noch stärkerem Maße „steinreich". Zu den größten Findlingen gehören zum Beispiel der Buskam (206 m^3) und Schwanenstein (60 m^3) vor der Insel Rügen oder auch der Große Stein von Altentreptow (133 m^3).

OSTSEE- UND KÜSTENENTWICKLUNG

Die Ostsee ist ein halboffenes und vergleichsweise flaches, intrakontinentales Meer, welches aufgrund seiner vielen Süßwasserzuflüsse und den nur schmalen und flachen Verbindungen zur Nordsee einen erheblich niedrigeren Salzgehalt als das Weltmeer hat. Es ist durch Brackwasser gekennzeichnet. Das Ostseebecken entstand hauptsächlich durch die quartären Vereisungen, während derer Gletscher das Becken im Bereich kontinentaler Erdkruste erodierten. Bereits während des Eems (Warmzeit zwischen Saale- und Weichsel-Eiszeit, vor 126.000–115.000 Jahren) existierte im Bereich der heutigen Nord- und Ostsee ein Meer, dessen Küstenlinie ungefähr mit den heutigen Südküsten von Nord- und Ostsee übereinstimmte. Allerdings existierte das deutsch-dänische Festland noch nicht. In einigen Buchten (heutige Flussmündungen von Trave, Warnow und Oder) reichte das Eem-Meer weiter nach Süden. Fossilienführende Ablagerungen dieses Meeres wurden durch Bohrungen und Kliffaufschlüsse nachgewiesen.

Die vielfältigen Küstentypen rund um die Ostsee spiegeln den geologischen Untergrund wider. Während im nördlichen Ostseeraum Festgesteine aus den nur dünnen eiszeitlichen Decksedimenten aufragen und die Küsten bilden (z. B. Schären), ist der südliche Ostseeraum durch mächtige quartäre Ablagerungen gekennzeichnet. Hier führen leicht erodierbare Sedimente und küstennahe Strömungen zu einer permanenten Umgestaltung der Küstenlinie. Steilküsten entstehen dort, wo langfristig Sedimente abgetragen werden, Haken und Nehrungen dort, wo Kiese und Sande von der Strömung abgelagert werden.

Die nacheiszeitliche Entwicklung der Ostsee, ihres Wasserspiegels und ihrer Küstengestalt ist eng mit den Entwicklungsstadien der Ostsee verknüpft (Abb. 5). Der Baltische Eisstausee, das Yoldia-Meer und der Ancylus-See als die drei ersten Stadien waren durch starke Salinitäts- und Wasserspiegelschwankungen auf einem Niveau tiefer als -20 m NN gekennzeichnet, welche durch die Landhebung im Zuge der Entlastung beim Gletscherabbau und die Zuflüsse aus dem Einzugsgebiet gesteuert wurden. Daraus ergaben sich nur temporäre Verbindungen zum Ozean. Erst seit rund 8.000 Jahren ist von einer permanenten Verbindung auszugehen. Mit dem Nachweis erster mariner Sedimente vor 7.800 Jahren im hiesigen Küstenraum bei -15 m NN wird der Beginn des Littorina-Meeres (Abb. 6, 7) als viertem Entwicklungsstadium angesetzt. Als erste littorine Hauptphase ist die Transgression gekennzeichnet, welche vor rund 6.000 Jahren bei -1,5 bis -2 m NN im späten Atlantikum ihr Maximum erreicht und über die tiefliegenden Täler der Küstenflüsse Auswirkungen bis weit in das Binnenland hatte. In dieser Phase erfolgte durch Überflutung die Umwandlung der Moränenlandschaft in eine Insel-Halbinsel-Buchtenküste. Für die heutige Bodden-Ausgleichsküste sind die letzten 5.000 Jahre von besonderer Bedeutung. Der langsamere Meeresspiegelanstieg während der zweiten und dritten littorina Hauptphase (ca. 5.000–2.000 Jahre vor heute) ist durch kleinere, klimabedingte Schwankungen (Wechsel von Transgression und Regression) gekennzeichnet. Es setzen Küstenausgleichsprozesse mit der Bildung von Haken und Nehrungen, nachfolgend aber auch von großen Küstendünenarealen ein. Die Bodden werden zunehmend abgeriegelt. Die jüngsten zwei Jahrtausende umfassen die post-littorine Entwicklung mit Wechseln von Transgressions- und Regressionsphasen, während derer sich die Küstenausgleichsprozesse verstärkt fortsetzen. Etwa seit Mitte des 19. Jahrhunderts befinden wir uns in einer Transgressionsphase.

HOLOZÄN

Die jungglaziale Formung der Landschaft schuf eine Vielfalt an Ausgangssubstraten für Bodenbildungen. Dabei leiteten die Wechsel von Frost- und Tauprozessen die oberflächliche Verwitterung und Umlagerung von Sedimenten ein, welche eine Grundlage der Bodenbildung bilden. Sandige Gebiete der küstennahen Niederungen oder die Sander im Binnenland unterlagen am Ende der Weichseleiszeit einer umfassenden Überprägung durch Wind, wodurch Flugsanddecken und Dünenfelder entstanden. Für die heutige Vielfalt an Bodengesellschaften sind das Zusammenspiel und die räumliche Variation von Substrat, Klima und Wasserhaushalt, Reliefposition, der Vegetationsbedeckung und der menschlichen Nutzungsgeschichte verantwortlich. Im Bereich der lehmigen oder schwach übersandeten Grundmoränenplatten sind häufig Braunerden, Fahlerden und Parabraunerden sowie Gleye und Pseudogleye vergesellschaftet. Sandareale tragen vor allem Braunerden und Podsole, bei Grundwassereinfluss Gleye, Niedermoore und Übergangsformen. Seit dem Neolithikum ist die Landnutzungsgeschichte über Fundplätze und Vegetationsveränderungen (Pollenspektren in Sedimenten), aber auch bodenkundlich zum Beispiel über Kolluvien nachweisbar. Phasen der Entwaldung und ackerbaulichen Nutzung begünstigten seit mehreren Jahrtausenden die Erosion der Oberböden, wodurch im Bereich der Kuppen und Oberhänge die Böden gekappt wurden und dieses Material hangabwärts und in Senken zur Überdeckung und Bildung von mitunter sehr mächtigen Kolluvien (>2 m) führte. Es dominieren spätmittelalterliche und neuzeitliche Erosionsereignisse. Schätzungsweise 35 Prozent der landwirtschaftlichen Nutzfläche in Mecklenburg-Vorpommern, vor allem die ertragreichen Lehmstandorte, sind von Bodenerosion durch Wasser betroffen.

Literatur

Billwitz 1995, Janke 1996, Janke 2002, Katzung 2004, Lampe 2004, Meschede 2015, Reich / Frenzel 2002, Weischat / Wichard 2002.

■ 1 **Kopf des Emausaurus ernsti**

Der Dinosaurier wurde 1963 in der Lias-Tongrube von Grimmen gefunden.
C. Haubold Gemälde zeigt, wie er ausgesehen haben könnte.
(1989, Sammlung Universität Greifswald)

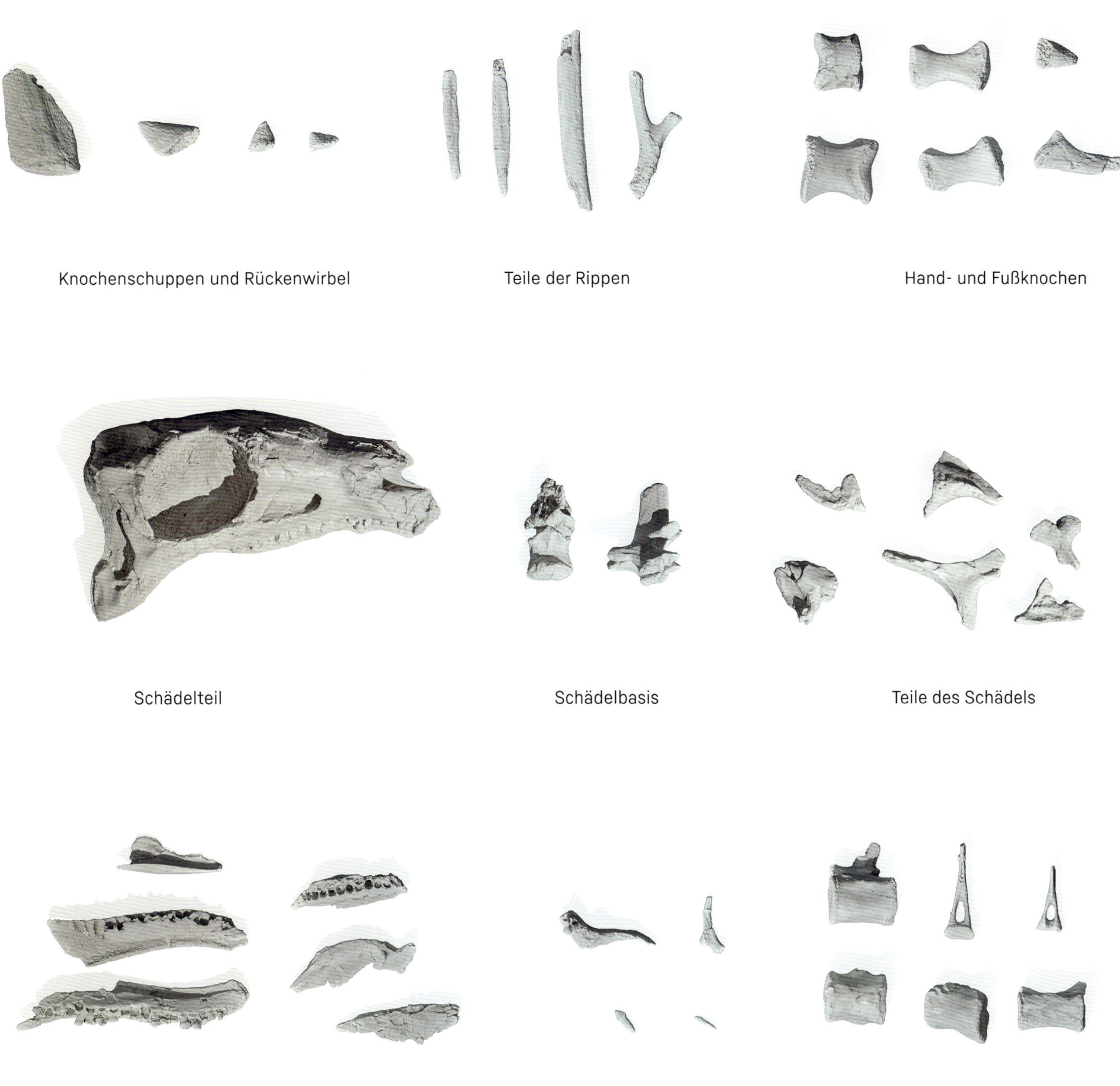

2 Abgüsse der Knochen von Emausaurus ernsti

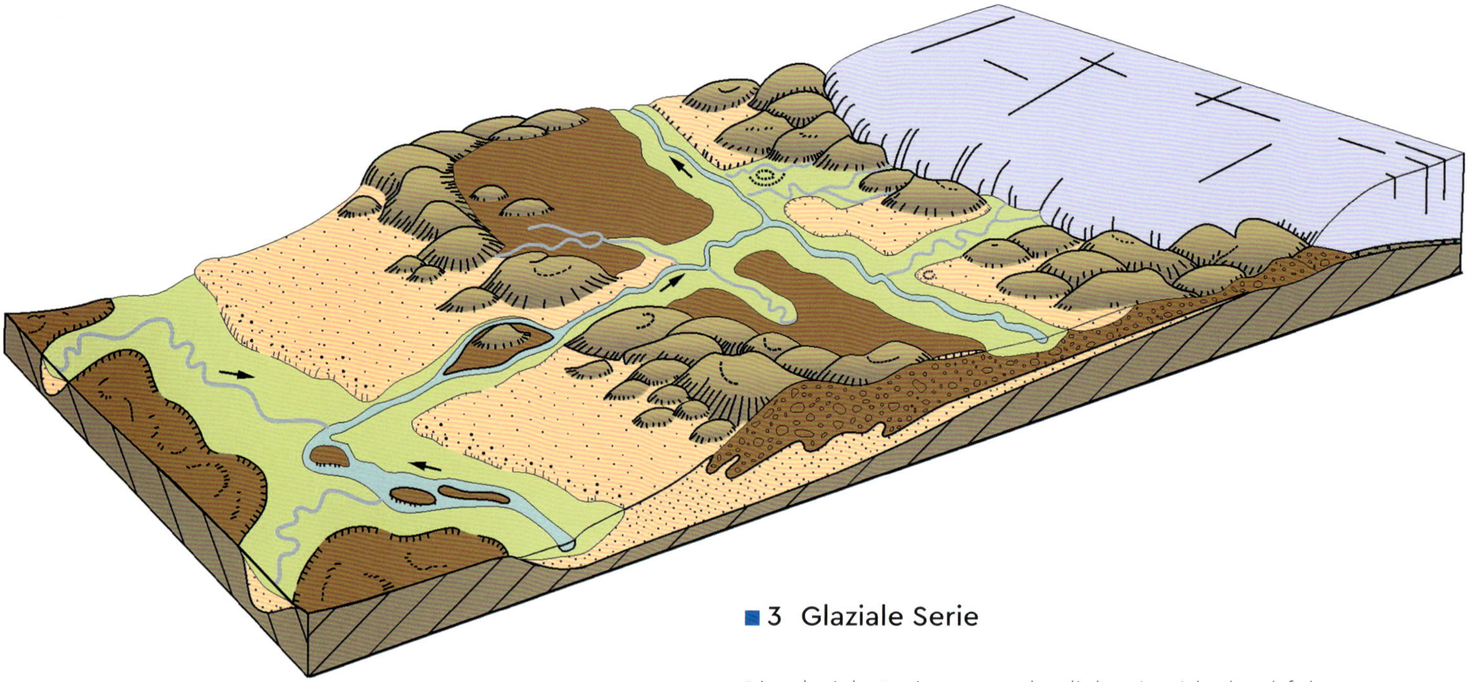

3 Glaziale Serie

Die glaziale Serie veranschaulicht eine ideale Abfolge von Bildungen unter und vor dem Eisrand, wie sie von Gletschern und ihren Schmelzwässern geformt wurden.

4 Findling

Fundort: Jarmen (Vorpommern-Greifswald)

Dieser Findling wurde bei Jarmen gefunden. Er ist aus Granit und wiegt 8,5 Tonnen. Aus Südostschweden stammend, „reiste" er 900 km weit innerhalb der Gletscher bis nach Vorpommern. Steine dieser Größe befanden sich an der Sohle des Gletschers. Die Reibung am Untergrund während der Eisbewegung schliff eine Seite regelrecht flach.

■ 5a Untersuchungen am Kliffprofil von Glowe

Das Kliff schneidet die Ablagerungen eines fossilen Sees an, die das Spät-Weichsel und das Holozän umfassen.

Profil eines
Seebeckens
Subatlantikum
vor 2000 Jahren
Subboreal
vor 4500 Jahren
Atlantikum
vor 7500 Jahren
Boreal
vor 9000 Jahren
Präboreal
Jüngste Tundrenzeit
vor 13000 Jahren
Alleröd
vor 13500 Jahren
Mittlere Tundrenzeit
vor 13900 Jahren
Bölling
vor 14300 Jahren
Manche
Vor 15 000 Jahren wurde
und Pflanzenwelt
Doch haben sich in
der Eiszeit gehalten. In
Mooren finden
Lebensbedingungen.

■ 5b Profil eines fossilen Seebeckens

Durch die Kraft des Meeres und des Windes wurden an der Küste bei Glowe auf Rügen die Reste eines verlandeten Sees freigelegt. Durch die Analyse von konserviertem Blütenstaub wurde das Alter des Sees bestimmt: Das Gewässer war am Ende der Eiszeit entstanden.

■ 6c Strandschnecke *Littorina littorea* (Littorina-Meer)

■ 6 Namensgebende Mollusken für die Entwicklungsstadien der Ostsee

6a Muschel *Pordlandia arctica* (Yoldia-Meer)

6b Napfschnecke *Ancylus fluviatilis* (Ancylus-See)

■ 6d Sandklaffmuschel *Littorina littoralis* (Mya-Meer)

II | POMMERN – VON DER EISZEIT ZUR EISENZEIT

Thomas Terberger

VOM EISE BEFREIT … – SPÄTE EISZEIT UND FRÜHE NACHEISZEIT

Vor mehr als 15.000 Jahren schmolzen die letzten Gletscher auf der Insel Rügen und Pommern war zu dieser Zeit ein spärlich bewachsenes Jungmoränengebiet. Erste Spuren einer menschlichen Besiedlung lassen sich erst im Allerød-Interstadial – einer milderen Klimaphase am Ende der letzten Eiszeit (ca. 12.000–10.800 v. Chr.) – fassen. Die „ersten Pommern" waren Elch- und Rothirschjäger in einer lichten Waldlandschaft. Bei Endingen in Vorpommern wurde bereits im späten 19. Jahrhundert ein bearbeitetes Geweihfragment vom Riesenhirsch (Abb. 1) entdeckt. Die in die Zeit um ca. 11.600 v. Chr. datierten Funde gehören zu den sogenannten Federmessergruppen, die ihren Namen kleinen Feuersteinspitzen verdanken, die auf Pfeil und Bogen als Jagdwaffe schließen lassen. Durch vereinzelte Funde aus südlichen Regionen wissen wir, dass der Hund bereits in dieser Zeit den Menschen auf seinen Streifzügen begleitete. Die anschließende Jüngere Dryaszeit (ca. 10.800–9.650 v. Chr.) führte zu einer letzten Rückkehr ausgeprägt kaltzeitlicher Verhältnisse mit Permafrostbedingungen und dem Rentier als typischem Faunenelement. Zeugnisse der Stielspitzengruppen – oder Ahrensburger Kultur – sind mit einigen Oberflächenfundstellen vor allem in Vorpommern zu finden, z. B. bei Verchen am Nordende des Kummerower Sees.

Die ältesten Menschenreste aus der beginnenden Nacheiszeit liegen von Rothenklempenow (Vorpommern) und Friesack (Brandenburg) vor. Isotopenanalysen an diesen über 11.000 Jahre alten Schädelfragmenten haben für diese Individuen einen deutlichen Fischkonsum nachgewiesen; die letzten Rentierjäger waren also auch erste Fischer!

Es muss uns daher nicht überraschen, dass in der Mittelsteinzeit, dem Mesolithikum ab ca. 9.650 v. Chr. neben der Jagd auf Standwild wie Ur, Rothirsch, Wildschwein und Reh auch aquatische Ressourcen für die Ernährung wichtig waren. Der zunehmend dichter werdende Wald bot auch vielfältige pflanzliche Nahrung. Vor allem die Haselnuss war eine bedeutende Nahrungsquelle, die in gerösteter Form bis in den Winter genutzt werden konnte. Gut erhaltene Abfallschichten mesolithischer Lagerplätze an See- und Flußufern wie in Hohen Viecheln (Mecklenburg), Friesack (Brandenburg), Rothenklempenow (Vorpommern) und Ostbahn im Netzetal wurden über Jahrhunderte immer wieder aufgesucht. Dort haben sich neben Feuersteinartefakten jeweils auch zahlreiche Jagdbeutereste, Knochen-

▸ Henkelkanne, 3.200 – 3.000 v. Chr.
Fundort: Treuen / Demmin

und Geweihwerkzeuge und gelegentlich Holzartefakte erhalten, die auch zur Rekonstruktion der Umweltbedingungen einen wichtigen Beitrag leisten. Die Funde zeugen vom wildbeuterischen Leben kleiner Gruppen, die mit Einbäumen und vielfältiger Fischfangausrüstung gut für das Leben am Wasser ausgestattet waren. Im Fundmaterial zeigen sich Gemeinsamkeiten mit der Maglemose-Kultur Südskandinaviens. Diese spiegeln sich auch in gelegentlich erhaltenen verzierten Objekten wie dem Geweihstab von Stettin-Podejuch wider. Mit seinem linearen Dekor ähnelt der polierte Lochstab Exemplaren von Friesack und Holmegård (Seeland). Auf dem um 7.100 v. Chr. dekorierten Geweihstab ist auch ein tanzender Mensch graviert. Wir wissen nicht, ob der fröhliche Eindruck der abstrakten Figur für ein „gutes Leben" in dieser Zeit steht. Aber die menschlichen Überreste aus Gräbern, insbesondere vom spätmesolithischen Gräberfeld Groß Fredenwalde in der Uckermark (ca. 6.400–5.900 v. Chr.) zeigen eine Population ohne Karies und nur mit wenigen Spuren von Erkrankungen am Skelett. Genetische Untersuchungen zeigen: Es handelt es sich um die typische „Urbevölkerung" mit dunkler Haut und blauen Augen.

STILLE REVOLUTION – DIE JUNGSTEINZEIT (NEOLITHIKUM)

Auch wenn wir davon ausgehen, dass schon der mittelsteinzeitliche Mensch durch Feuerlegen die Bildung von Lichtungen und das Wachstum der Haselnuss befördert hat, so setzt erst mit der Jungsteinzeit die Umgestaltung zu einer Kulturlandschaft ein. Paläogenetische Ergebnisse haben inzwischen zeigen können, dass die ersten Bauern der Linienbandkeramik, deren Wurzeln in Kleinasien liegen, Mitteleuropa weitgehend kolonisiert haben. Um 5.200 v. Chr. erreichten sie auch die untere Weichsel (Kujawien) und untere Oder (Uckermark und Pyritzer Weizacker). Sie gründeten ihre Weiler und bauten Getreide (Emmer und Einkorn) und Gemüse an und hielten Rinder, Schweine sowie Schafe und Ziegen. Die Küstengebiete Pommerns und ihr Hinterland blieben von diesen Neuerungen lange unbeeinflusst. Allerdings treten an spätmesolithischen Fundstellen wie Stralsund-Mischwasserspeicher, Parow am Strelasund, Saiser und Ralswiek-Augustenhof auf Rügen und Dąbki / Neuwasser nördlich von Köslin Funde auf, die von Kontakten zu den frühen Bauern zeugen. Aus der Zeit um 4.900 v. Chr. finden sich vereinzelte Scherben linienbandkeramischer Gefäße und im Laufe des 5. Jahrtausends v. Chr. gelangten vor allem einige Felsgesteingeräte der Bauern zu den letzten Wildbeutern an die Küste. Die Äxte waren vermutlich gefragte Holzbearbeitungsgeräte. Die Lebensweise der späten Mesolithiker wurde durch diese Kontakte kaum beeinflusst und Sammeltätigkeit, Jagd und Fischfang bildeten weiterhin die Nahrungsgrundlage. Dabei waren die späten Mesolithiker durchaus offen für Neuerungen: ab etwa 4.700 v. Chr. kommt im spätmesolithischen Fundgut der sogenannten Ertebølle-Kultur eine grobe Tonware auf. Die sparsam verzierten Töpfe und ovalen Lampen finden ihre Vorläufer im Baltikum und im oberen Wolgagebiet und dies spricht für eine Innovation unter östlichem Einfluss. Allerdings: auf der Insel Rügen konnten auf den spätmesolithischen Stationen bislang keine Scherben dieser frühen Tonware entdeckt werden.

Im späten 5. Jahrtausend v. Chr. waren es vermutlich „Protagonisten" aus dem Süden, die den Impuls zur Übernahme von Getreideanbau und Viehzucht in der nördlichen Tiefebene und Südskandinavien gaben. Dieser Transformationsprozess ist in einem größeren Zusammenhang zu verstehen: Bäuerliche Gemeinschaften der Michelsberger Kultur breiteten sich zu dieser Zeit im Westen nach Norden aus und im Osten machten sich kupferzeitliche Einflüsse bemerkbar. So gelangten erste Kupferobjekte aus dem Karpathenbecken bis nach Kujawien. Die südlich von Stralsund gefundene, kreuzschneidige Kupferaxt von Steinhagen dürfte um 4.000 v. Chr. über die Oder nach Vorpommern gelangt sein. Ein besonders eindrückliches Zeugnis dieser Fernkontakte verdanken wir der Seeuferstation Dąbki / Neuwasser: Einige Scherben reich verzierter Tonware aus dem Karpathenbecken wurden dort gefunden.

Über Jahrhunderte spielte die bäuerliche Wirtschaftsweise in der Trichterbecher-Kultur (ca. 4.200–2.900 v. Chr.) nur eine bescheidene Rolle und die alten Uferplätze wurden zum Teil weiter genutzt. Zusammen mit paläogenetischen Ergebnissen spricht dies für eine weitgehend autochthone Neolithisierung, die durch südliche Zuwanderer befördert wurde. Ab Mitte des 4. Jahrtausends v. Chr. erlebte die Trichterbechergesellschaft eine „Boomphase": Pflug und Wagen repräsentieren wichtige Neuerungen und die Bevölkerung sowie die Zahl der Siedlungen nimmt deutlich zu. Anschauliche Zeugnisse der neuen Zeit sind monumentale Gräber. Erste große Grabanlagen entstehen bereits ab ca. 3.800 v. Chr. Diese Anlagen zeigen unterschiedliche Konstruktionen und treten vor allem in Hinterpommern häufig in Gruppen auf. Ab ca. 3.600 v. Chr. werden sie vor allem westlich der Oder von Gräbern mit Kammern aus großen Findlingen, den Megalithgräbern, abgelöst. Allein auf der Insel Rügen können wir – Dank der *Specialcharte* von Friedrich von Hagenow aus den 1820er Jahren – ursprünglich von etwa 250 Großsteingräbern ausgehen, die in wenigen Generationen errichtet wurden.

Megalithgräber sind eine überregionale Erscheinung mit jeweils regionalen Merkmalen. Die großen Steinkammern Norddeutschlands wurden als Kollektivgräber angelegt. Die Aufsiedlung der Landschaft, monumentale Erdwerke als neue Plätze ritueller Zusammenkünfte und die Monumentalgräber zeugen von erheblichen wirtschaftlichen, sozio-politischen und rituellen Veränderungen der Trichterbechergesellschaft in der 2. Hälfte des 4. Jahrtausends v. Chr. Die in den Großsteingräbern gefundene Keramik gehört zur schönsten Tonware der Vorgeschichte. Feuersteinbeile und Bernsteinschmuck sind weitere typische Beigaben solcher Grabanlagen.

Im 3. Jahrtausend v. Chr. etablierten sich mit der Schnurkeramik in Mitteleuropa und der Einzelgrabkultur im Norden (ca. 2.900–2.200 v. Chr.) neue Gesellschaften. Die häufig mit Schnüren verzierten Becher, die Einzelgräber und Grabbeigaben wie Felsgesteinäxte haben schon früh in der Forschung Anlass gegeben, tiefgreifende gesellschaftliche Veränderungen zu postulieren. Paläogenetische Analysen haben dieser Hypothese neuen Auftrieb gegeben: Die alte DNA zeigt für Schnurkeramiker eine markante genetische Veränderung gegenüber den Individuen der vorangehenden Zeit, was als Folge der Zuwanderung eines Reitervolkes aus dem Osten, aus der Yamnaya-Kultur, interpretiert wird. Auch die Pest lässt sich als Krankheitserreger bereits in dieser Zeit nachweisen.

Geweih von Endingen, 11.500 v. Chr.
Bearbeitete Geweihstange eines Riesenhirsches,
Fundort: Endingen/Vorpommern-Rügen

Neben Veränderungen lassen sich aber auch Elemente der Kontinuität erkennen: So wird in manchem Großsteingrab im Norden weiter bestattet. Das Gebiet Pommerns wurde von diesen Entwicklungen nur peripher betroffen und die meisten Funde der Einzelgrabkultur gehen auf Grabfunde zurück. Lange Zeit waren nur wenige Siedlungen bekannt. Neufunde aus Mitteldeutschland erlauben inzwischen, die Siedlungen der Schnurkeramik besser zu fassen.

In der Mitte des 3. Jahrtausends v. Chr. kommt in Mitteleuropa mit den Glockenbechern ein weiteres neues kulturelles Phänomen auf, das gut durch Gräber dokumentiert ist. Neben den charakteristischen, horizontal verzierten Glockenbechern treten mitunter kleine Kupferdolche als Beigabe in den Bestattungen auf. Diese

Individuen gelten als Vorreiter der Metallnutzung und Wegbereiter der Bronzezeit. Sie werden heute eher als soziale Gruppe in der Zeit der Schnurkeramik- und Einzelgrabkultur angesehen. Das Gebiet Pommerns zeigt in dieser Zeit vor allem westliche Glockenbechereinflüsse in der Siedlungskeramik.

VON STEIN ZU BRONZE – ROHSTOFF, HANDEL UND MACHT

In der Bronzezeit führten Kupfer- und Zinnvorkommen im Erzgebirge zur Entwicklung eines frühen Machtzentrums im heutigen Mitteldeutschland. Die Verfügbarkeit beider Rohstoffe war ein Vorteil für die Bronzemetallurgie und reich ausgestattete Gräber wie Leubingen und Helmsdorf in Sachsen-Anhalt lassen vermuten, dass die Nutzung und Kontrolle der Rohstoffe und der Technologie bereits im frühen 2. Jahrtausend v. Chr. zur Entwicklung regionaler Mächte führte.

In der Folgezeit werden verstärkt Kupfervorkommen im slowakischen Erzgebirge und im Ostalpenraum genutzt. Zinnlagerstätten sind hingegen deutlich seltener und dieser Rohstoff wurde v.a. in Cornwall und der Bretagne gewonnen. Die ungleiche Rohstoffverteilung führte zu einer dynamischen Entwicklung des Handels, zumal im Norden diese Rohstoffe nicht verfügbar waren. Der Transport von Gütern über das Wasser war daher von wachsender Bedeutung. Bronzezeitliche Felsbilder aus Skandinavien lassen auf die Nutzung von Booten ähnlich dem eisenzeitlichen Hjortspring-Typ schließen, die allem Anschein nach auch für Fahrten über das offene Meer genutzt wurden.

Vor dem Hintergrund fehlender Rohstoffe ist die dynamische Entwicklung der Nordischen Bronzezeit im westlichen Ostseegebiet bemerkenswert. Bereits vor 2.000 v. Chr. wurden in Mecklenburg erste Bronzehorte wie in Melz oder Faulenrost wohl den Göttern in Gewässern geopfert und eigene Dolche hergestellt. Zu dieser Zeit erreichten Südskandinavien und Hinterpommern noch wenige Bronzeobjekte. Aus Flint gefertigte Dolche zeugen davon, wie die einheimischen Handwerker mit den neuen Metallprodukten konkurrierten. Feuersteindolche sind eine typische Grabbeigabe der älteren Bronzezeit. Um die Mitte des 2. Jahrtausends entwickelte sich zunehmend ein eigenständiges regionales Bronzehandwerk mit einer eigenen Form- und Verzierungssprache. Bronzedolche (Abb. 4) wurden von Schwertern (Abb. 5) abgelöst und neben Waffen gehörte auch Bronzeschmuck wie Halskragen, Fibeln, Tutuli und Nadeln zur persönlichen Ausstattung reicher Bestattungen. Wir kennen eine größere Zahl Gräber mit prunkvollen Bronzebeigaben aus der 2. Hälfte des 2. Jahrtausends v. Chr., u. a. die in Periode III der Nordischen Bronzezeit datierenden Gräber von Peckatel (Mecklenburg) mit dem bekannten Kesselwagen und von Sellin auf Rügen mit einer Bronzetasse. Es bleibt aber unklar, welche regionale Macht diese Elite ausübte und welche Gesellschaftsordnung wir für diese Zeit annehmen dürfen. Befestigte Wallanlagen, die als Herrschaftssitze anzusehen sind, sind aus der nordeuropäischen Tiefebene und Südskandinavien bislang nicht bekannt und auch die Siedlungen lassen keine hervorstechenden Häuser erkennen. In der jüngeren Bronzezeit entstanden monumentale Grabhügel, die auf eine machtvolle Oberschicht schließen lassen; ein bekanntes Beispiel ist das Königsgrab von Seddin in der Prignitz (Brandenburg). In der Spätbronzezeit wurden unter dem Einfluss der Lausitzer Kultur nun auch in der nördlichen Tiefebene größere Burgwälle errichtet, z. B. der Hengst in der Stubnitz auf Rügen.

Handelsverbindungen erlangten während der Bronzezeit eine neue Qualität und über die Oder dürfte manche Tonne Kupfer ihren Weg in den Norden genommen haben. Die Güter von der Ostseeküste bleiben in diesem Handel weitgehend unsichtbar. Sicher war Bernstein ein wichtiges Handelsgut, und neben Pelzen kommen auch Sklaven als Handelsware in Betracht. Auch wenn wir manche Grabausstattung und wichtige Bronzedeponierungen der älteren Bronzezeit kennen, so wird der östliche Teil Pommerns von dieser Entwicklung weniger beeinflusst. Kujawien spielte für den Handel hingegen eine wichtige Rolle auf dem Weg zu den bernsteinreichen Gebieten an der Küste.

Neben den großen Flüssen bestanden auch im Binnenland wichtige Handelsverbindungen. Im Tollensetal nördlich von Altentreptow konnte vor wenigen Jahren erstmals eine bronzezeitliche Straße nachgewiesen werden, die den Fluss vermutlich mit einer Brücke überquerte. Der um 1.830 v. Chr. gebaute befestigte Weg mit einer Breite von ca. 3,2 m erlaubte sicher die Querung mit Wagen, die möglicherweise von Pferden gezogen wurden. Der Weg scheint Teil einer Ost-West-Route gewesen zu sein, die u. a. zur mecklenburgischen Seenplatte führte. Über Tollense, Peene und Recknitz bestand aber auch eine gute Verbindung zur südlichen Ostseeküste und nach Skandinavien.

Die Talquerung existierte bereits über 500 Jahre, als im frühen 13. Jahrhundert v. Chr. ein großes Gewaltereignis stattfand. Erstmalig konnte ein größerer Konflikt mit den Überresten von über 140 Opfern, deren Knochen wiederholt deutliche Verletzungen zeigen, dokumentiert werden. Zahlreiche Radiokarbondatierungen sprechen zusammen mit der jeweils ähnlichen Fundsituation in einem über 2,5 km langen Abschnitt der Tollense für ein singuläres Ereignis. Als Distanzwaffe kam Pfeil und Bogen zum Einsatz, während im Nahkampf u. a. Bronzemesser, -lanzen und -beile sowie Holzkeulen verwendet wurden. Ein lokales Konfliktereignis erscheint wenig wahrscheinlich und die Auseinandersetzung könnte im Zusammenhang mit der Kontrolle eines Handelsweges bzw. der Talquerung stehen. Die Herkunft der beteiligten Kämpfer, es wurden nahezu ausschließlich junge Männer nachgewiesen, wird kontrovers diskutiert. Einige Waffen, aber auch Trachtbestandteile stammen aus weiter südlichen Gebieten, so dass Krieger aus entfernten Regionen teilgenommen haben dürften.

Das Ereignis im Tollensetal ist vielleicht im Zusammenhang mit den größeren Veränderungen am Übergang zur Urnenfelderzeit (1.200–800 v. Chr.) zu sehen. Im 13. Jahrhundert kommt in Mitteleuropa die Brandbestattung als neue Totenbehandlung auf und auch das Formengut und die Symbolsprache ändern sich; im Mittelmeerraum bricht etwa zu dieser Zeit die Palastkultur ab. Von diesen globalen Umwälzungen wird Pommern nur randlich erfasst. Hier ist vor allem der Einfluss der Lausitzer Kultur zu beobachten. Die Brandbestattung wird nach und nach eingeführt und das spricht für eine Kontinuität der Bevölkerung. Urnengräber sind deutlich fundärmer und liefern nur geringe Einblicke in die Ausstattung der Toten. Dafür geben große Hortfunde, die wohl von Gemeinschaften den Göttern geweiht wurden, bessere Einblicke. Hier ist z. B. der bedeutende Hortfund von Ückeritz, Insel Usedom, aus Periode V der Nordischen Bronzezeit (ca. 900–700 v. Chr.) zu nennen. Zahlreiche Schmuckscheiben (Faleren) gehen wahrscheinlich auf das prunkvolle Pferdegeschirr eines Zeremonialwagens zurück. Einen außergewöhnlichen Fund kennen wir aus Koppenow ganz im Osten Pommerns. Dort wurde bereits im 19. Jahrhundert ein Holzkasten entdeckt, der zahlreichen Bronzen enthielt. Neben einer Schwertklinge lagen u. a. eine Spiralplattenfibel, Beile, eine Sichel und Gussreste in der Kiste aus Eichenholz. Der ungewöhnliche Fund wurde 1882 von Rudolf Virchow als Reisekoffer interpretiert und später als Musterkoffer eines Händlers angesprochen. Aus heutiger Sicht ist eine rituelle Niederlegung anzunehmen.

Auch im Tollensetal wurde in der jüngeren Bronzezeit an der Talquerung ein außergewöhnliches Objekt deponiert. Es handelt sich um eine 14,7 cm lange Frauenfigur, die vermutlich in das 7. Jh. v. Chr. datiert und in Klein Zastrow (Abb. 7) sowie drei weiteren Statuetten von der Insel Seeland gute Parallelen findet. Die Seltenheit solcher Figuren spricht eher gegen eine Interpretation als Göttin, aber die Frauenfiguren wurden jeweils an wichtigen Kommunikationsrouten deponiert. Der Fund aus dem Tollensetal spricht dafür, dass die Talquerung auch über 1000 Jahre nach ihrem Bau noch von Bedeutung war, obwohl sich der Handel zu dieser Zeit zunehmend nach Westen entlang der Atlantikküsten verlagerte.

ENDLICH UNABHÄNGIG? EISENZEIT UND RÖMISCHE KAISERZEIT

In der älteren Literatur wird die Eisenzeit im Norden häufig mit den Germanen verknüpft. Die Rekonstruktionen von „germanischen" Männern mit Wollmänteln und Mützen gehen dabei auf bronzezeitliche Baumsargbestattungen in Jütland zurück. Da aussagekräftige Schriftquellen zu den Germanen erst aus der späten Eisenzeit bzw. Römischen Kaiserzeit vorliegen, sollte man erst ab dieser Zeit von Germanien sprechen.
Auch wenn erste Eisenobjekte schon in der späten Bronzezeit vorkommen und sich die Verwendung von Eisen im Süden bereits zu dieser Zeit durchsetzte, etablierte sich der neue Werkstoff im Norden erst ab der Mitte des 1. Jahrtausends v. Chr. In den letzten Jahren konnten u. a. in Pommern Belege für eine regionale Eisenproduktion ab der jüngeren vorrömischen Eisenzeit nachgewiesen werden. Der Zugriff auf einheimische Rohstoffe entfaltete eine neue wirtschaftliche Dynamik, denn der neue Werkstoff konnte vielfältig eingesetzt werden.
Das norddeutsche Tiefland war in der Eisenzeit agrarisch und von ländlichen Siedlungen geprägt. Die typische Beisetzungsform der Toten ist das Urnengrab und solche Gräberfelder können beachtliche Dimensionen annehmen. Das Gräberfeld von Mühlen-Eichsen nördlich von Schwerin (Mecklenburg) umfasst ca. 5.000 Urnenbestattungen und zeugt von einer ausgeprägten Siedlungskontinuität. Eine Besonderheit stellen die in Ostpommern und Westpreußen recht zahlreich vorkommenden früheisenzeitlichen Gesichtsurnen (Abb. 6) dar. Ihr Erscheinungsbild ist sehr variantenreich, von einfachen Darstellungen bis hin zu reich verzierten Gesichtern, während die Gefäßkörper mit Schmuck und Waffendarstellungen überzogen sind.
Auch wenn sich zunehmend eine regionale Handwerkstradition herausbildete, so sind im späten 1. Jahrtausend südliche Einflüsse aus dem Bereich der frühkeltischen Laténe-Gesellschaft (ca. 450 v. Chr.–0) nicht zu übersehen. So finden sich in den Urnengräbern neben den einheimischen Nadeln auch gelegentlich Fibeln (Abb. 9), die den Laténe-Einfluss zeigen. In dem bekannten Steinkreis von Netzeband bei Wolgast befand sich unter den Urnenbestattungen auch ein reich ausgestattetes Kriegergrab, in dem neben einem Reitersporn mit Vergoldung auch ein Schildbuckel und eine Schwertklinge aus dem Laténe-Gebiet aus der Zeit um 120 v. Chr. entdeckt wurde.
In der römischen Kaiserzeit sind in Pommern elb- und vor allem ostgermanische Einflüsse festzustellen. Typische Grabformen der älteren Kaiserzeit bilden Urnen- und Brandschüttungsgräber, wie sie u. a. in den Gräberfeldern von Latzow und Nonnendorf auftreten; aber auch Körpergräber kommen z. B. in Barth vor. Leider gehen die meisten Gräberfelder auf unsystematische Untersuchungen zurück und daher ist das Wissen über ihre Größe und Zusammensetzung bescheiden. Eine wichtige Rolle spielte die Kommunikation entlang der Küste. So lässt sich das Gebiet von Rügen bis Wollin mit dem küstennahen Festlandsstreifen kulturell abgrenzen. Die sogenannte Gustower Gruppe, die weitreichende Gemeinsamkeiten mit der Wielbark-Kultur im Osten zeigt, sondert sich u. a. durch das Fehlen von Waffengräbern von den westlichen, elbgermanischen Gebieten ab.
Zu den herausragenden Zeugnissen der römischen Kaiserzeit gehören sogenannte „Fürstengräber". Eine Reihe von Gräbern bei Lubieszewo / Lübsow nahe Gryfice / Greifenberg östlich der Rega wurden bereits ab 1908 entdeckt und untersucht, doch ihre besondere Bedeutung wurde erst durch Hans-Jürgen Eggers in den 1950er Jahren herausgestellt. Bereits durch die Anlage eines Grabhügels wurden diese Gräber herausgehoben. Sodann kennzeichnet die Gräber vom Lübsow-Typ ihre besondere Beigabenausstattung, zu der neben Metallgefäßen aus Bronze und Edelmetall u. a. Glasgefäße, Trinkhörner und vielfältiger Schmuck gehört. Die Ausstattung zeigt u. a. den Import römischer Metallgefäße, während die lange postulierte Übernahme römischer Trinksitten durch die germanischen „Fürsten" in jüngerer Zeit kritisch gesehen wird. Im 2. Jh. n. Chr. ist eine Machtverlagerung der Prunkgräber nach Groß

Grünow östlich von Dramburg (*Drawsko*) zu beobachten, wo eine weitere Gruppe bedeutender Grabhügel mit umfangreicher Ausstattung liegt. Insgesamt zeigen Gemeinsamkeiten der Prunkgräber enge Verbindungen der germanischen Elite im westlichen Ostseegebiet an, die vielleicht auch durch Eheallianzen gestärkt wurde.

Bei den Metall- und Glasgefäßen handelt es sich teilweise um singuläre Objekte, was gegen eine Herkunft aus dem gewöhnlichen Handel, sondern eher für Geschenke spricht. Damit spiegeln sich in den Prunkgräbern die Kontakte römischer Würdenträger zur germanischen Elite bis nach Hinterpommern wider. Dabei zeigen immer wieder einmal auftretende Funde z. B. von Terra sigillata in gewöhnlichen Siedlungen, dass solche Funde auch die Bevölkerung im ländlichen Raum erreichten. So muss es nicht verwundern, dass römische Importe in weniger aufwändigen Beisetzungen immer wieder einmal z. B. in Form von Metallgefäßen (Netzeband) oder Schnallen (Neuendorf) auftreten. Die Anziehungskraft der römischen Welt hatte damit weite Teile der germanischen Gesellschaft erfasst. Auch Goldberlocks, die inzwischen in beachtlicher Zahl vorliegen, weisen auf eine größere Zahl exponierter Persönlichkeiten in dieser Gesellschaft hin. Dabei scheinen gerade die Prunkgräber für eine starke Identität der germanischen Stämme zu sprechen: Es bleibt aus all den geäußerten Gründen nur der Schluss, dass die prunkhaften Körperbestattungen eine eigenständige Entwicklung der Gebiete des westlichen Baltikums sind.

Literatur

Eggers / Stary 2001, Jantzen / Lidke / Dräger / Krüger / Rassmann / Lorenz / Terberger 2017, Kabaciński / Hartz / Raemaekers / Terberger 2015, Kaiser / Terber 1996, Kersten 1958, Krüger / Lidke / Lorenz / Terberger 2020, La Baume 1963, Lübke / Terberger 2004 (2005), Terberger / Piek 1997 (1998), Terberger 1999.

1 Geweih von Endingen, 11.500 v. Chr.
Bearbeitete Geweihstange eines Riesenhirsches,
Fundort: Endingen / Vorpommern-Rügen

Aus diesem Geweih gewannen die Jäger Rohlinge, die sie zu Geschoßspitzen weiterverarbeiteten. Diese hatten eine Länge von 37 cm.
Der Riesenhirsch ist ein Rekordhalter. Er trug das größte Geweih aller Zeiten: Es konnte bis zu 45 kg wiegen und seine Spannbreite betrug bis zu 5 m.

2 Facettenaxt, 3. Jtsd. Chr.
Fundort: Greifswald

■ 3 **Henkelkanne, 3.200–3.000 v. Chr.**
Fundort: Treuen / Vorpommern-Greifswald

■ 4 **Bronzedolch, Typ ‚Malchin', 2.000–1.800 v. Chr.**
Fundort: Rügen

Dieser Dolchtyp ist fast ausschließlich in Mecklenburg-Vorpommern verbreitet. Vermutlich sind es die ältesten Erzeugnisse aus Bronze, die man in Pommern selbst herstellte. Vollgriffdolche zählen zu den qualitätvollsten Metallgegenständen der frühen Bronzezeit in unserer Region.

■ 5 **Dreiwulstschwert, 1.300–1.100 v. Chr.**
Fundort: Podejuch / Randow
Podjuchy / pow. szczeciński

■ 6 **Verschiedene Gesichtsurnen, Totenbrauch im Osten Pommerns zwischen 620 und 500 v. Chr.**

Urne eines Mannes mit Nadel- und Speerdarstellungen sowie einem eingeritzten Pferd.
Verzierte Frauenurne mit parallel angeordneten Nadeln.

7 Bronzestatuette (Kopie), um 700 v. Chr.
Fundort: Klein Zastrow / Vorpommern-Greifswald

Eine pommersche Göttin?
Die Figur gehört zu den äußerst seltenen plastischen Abbildungen einer Person in der Nordischen Bronzezeit. Ihre besondere Bedeutung wird durch den Halsring unterstrichen. Im Tollensetal wurde vor wenigen Jahren eine ähnliche Figur entdeckt. Die Parallelen weisen nach Seeland.
Das Original ist seit dem Zweiten Weltkrieg verschollen.

■ 8 Stierstatuette (Kopie), 700–300 v. Chr.
Fundort: Löcknitz / Vorpommern-Greifswald

Eine heilige Kuh
Für die Menschen entlang der Oder (Göritzer Gruppe) spielte die Rinderzucht eine wichtige Rolle. Eine Verehrung dieser Tiere verwundert deshalb nicht. Der Stier wurde nicht naturgetreu nachgebildet, sondern man betonte bestimmte Merkmale wie die überlangen Hörner und unterstrich damit seine imposante Erscheinung. Eine Verwendung des Figürchens im kultischen Bereich ist daher wahrscheinlich.

■ 9 Pommersche Fibel, 250–120 v. Chr.
Fundort: Pöglitz / Vorpommern-Rügen

‚Pommersche Fibel' – eine Fibel für Pommern?
Diese schwere Fibel aus bis zu 200 g Bronze war ein wertvolles Schmuckstück. Ihr sicherlich vermögender Besitzer trug sie als Paar, verbunden mit einem Kettengehänge, auf der Brust.
Fibeln dieser Art fand man zuerst in Vorpommern, daher der Name. Inzwischen gibt es jedoch auch zahlreiche Funde aus Mecklenburg und sogar aus Ungarn.
Doch der Name blieb.
Pommersche Fibel – auch im Ausland beliebt?
Oder gar nicht aus Pommern stammend?
Die Forschung geht weiter.

■ 10 Goldring von Peterfitz, 500–600 n. Chr.

Fundort: Peterfitz / Kolberg-Körlin
Piotrowice / pow. kołobrzeski

Dieser kostbare Ring gehört zu den größten und schönsten seiner Art. Für seine Herstellung verwendete ein Schmied 1,8 kg Gold, vermutlich in Form von über 400 römischen Goldmünzen. Die prächtige Verzierung endet rechts in einem Vogelkopf und links in einem Tierkopf mit Entenschnabel. Bei dem Vogel könnte es sich um einen Adler handeln – das Symboltier des Gottes Odin. Dessen Eigenschaften Stärke und Mut sollten wohl auf den Besitzer übergehen. Ob der Goldreif jemals einen Hals zierte, ist fraglich. Die meisten der 71 bekannten ähnlichen Ringe gelangten als Opfer für die Götter in den Boden, die Moore oder die Gewässer Nordeuropas. Möglicherweise diente er als Kultobjekt oder sollte seinen Besitzer im ewigen Leben schmücken und die standesgemäße Aufnahme in Walhall sichern.

III | SLAWEN UND WIKINGER IN POMMERN

Felix Biermann

Die Ostsee und die Odermündung mit ihren Möglichkeiten weiträumigen Austauschs bestimmten im frühen und hohen Mittelalter die Geschicke des pommerschen Gebietes, und während der gesamten Zeitspanne hatten Kontakte über das Meer nach Skandinavien eine besondere Bedeutung. Im Laufe des 7. Jahrhunderts war der in den großen Völkerwanderungen von den Germanen verlassene pommersche Raum von den Slawen besiedelt worden, die aus südöstlicher Richtung einwanderten. Es waren zunächst kleine, sich freilich bald vergrößernde Gruppen, die in dem wald- und sumpfreichen Gebiet erste Siedlungen gründeten, in denen sie in Block- und Flechtwandhäusern lebten und der Landwirtschaft nachgingen. Die archäologischen Beobachtungen – Wohnplätze geringer Größe, eine schlichte Keramik, Knochen- und Geweihgerät, wenig Metall, keine Münzen – sprechen für anfangs einfache wirtschaftliche und soziale Verhältnisse.

SKANDINAVISCH-SLAWISCHE EMPORIEN UND FRÜHE GLOBALISIERUNG

Diese entfalteten sich im 8. Jahrhundert jedoch in kraftvoller Weise, was mit der Integration der Slawen in die skandinavisch bestimmte Ostsee-Handelszone zu tun hatte, die alle Meeresküsten zu einem großen Kommunikationssystem verknüpfte. Daraus ergaben sich große Möglichkeiten für den überregionalen Austausch, die die Wirtschaft anregten und die Grundlagen für eine komplexere herrschaftlich-politische Organisation legten. An der Küste traten skandinavische Seefahrer und die Landesbewohner frühzeitig in Kontakt und tauschten Waren, woraus sich bald dauerhafte Hafen- und Handelsorte als feste Treffpunkte ergaben – die berühmten Seehandelsplätze oder *Emporien*, die als erste städtische Zentren im Nordosten Mitteleuropas gelten können: Ausgedehnte, dicht bebaute Siedlungen an Buchten oder Flussmündungen, die gute Anlegemöglichkeiten für seetaugliche Schiffe boten und in denen sich eine multikulturelle Bevölkerung niederließ.

Wir haben zu diesen frühen Zentralorten kaum schriftliche Nachrichten. Die archäologischen Funde zeigen aber, dass hier nicht nur mit allen möglichen Waren aus nah und fern gehandelt wurde, sondern auch Handwerker lebten, die vielerlei Bedarfsgüter mit großer Professionalität und in großen Zahlen für einen weiträumigen Markt erzeugten: Kämme aus Geweih, Perlen aus Glas, Schnitzereien aus Bernstein, diverse Schmucksachen aus Buntmetall, eiserne Gerätschaften und vieles andere mehr. Nicht nur diese Produkte waren Gegenstand des Fern- und Nahhandels, son-

▸ Maskenfibel von Menzlin, 890–900

dern auch land- und waldwirtschaftliche Erzeugnisse des Umlandes, Pferde, die im ganzen Ostseeraum beliebte slawische Keramik und leider wohl auch Menschen.

In Pommern kennen wir die Emporien von Ralswiek auf der Insel Rügen, Menzlin/Görke bei Anklam an der Peene, Wollin (*Wolin*) an der Dievenow und einen solchen Ort bei Kolberg-Altstadt (*Kołobrzeg-Budzistowo*) bzw. Bartin/Zwilipp (*Bardy/Świelubie*) an der Persantemündung. Besonders eindrucksvolle Relikte haben sich in Menzlin erhalten, wo schiffsförmige Steinsetzungen an die Gräber skandinavischer Bewohner Pommerns aus der Zeit um 800 erinnern. Zahlreiche Trachtsachen aus den Gräbern und aus dem Siedlungskomplex, z. B. eine schöne skandinavische Maskenfibel (Abb. 1), belegen Kontakte in den Norden und die Präsenz von Wikingern. Tatsächlich spielten Skandinavier in den Emporien eine wichtige Rolle, doch hatten von Anfang an auch Slawen großen Anteil an diesen Stätten. Ihre Anfänge lagen in der ersten Hälfte des 8. Jahrhunderts, die Hochzeit war das 9. Jahrhundert. Damals bildeten die Hafenorte Ziel- und Knotenpunkte eines pulsierenden, von den Wikingern getragenen Handelsnetzwerkes, das über die Ostsee hinaus ins Frankenreich, nach England und insbesondere über Osteuropa bis in die islamische Welt reichte.

Faszinierende Zeugen dieses nach damaligen Maßstäben globalisierten Austauschs sind Hunderttausende orientalischer Silbermünzen, die seit den 780er Jahren und bis in das 10. Jahrhundert in den Ostseeraum gelangten. Dass diese sog. Dirhams, geprägt im Nahen Osten, in Zentralasien und Nordafrika, den Norden wohl vorwiegend im Zuge eines lebhaften Sklavenhandels erreichten, ist die Schattenseite dieser ökonomischen Blüte. Aus Pommern kennen wir sie vor allem aus Schätzen, die oft in den Emporien oder in deren Umkreis versteckt worden waren. Der über 2200 Dirhams und orientalische Sassanidendrachmen umfassende Hort von Ralswiek, in den 840er Jahren dort unter einer häuslichen Herdstelle verborgen, lässt das Ausmaß der Geschäfte erahnen. Aufsehen erregte vor einigen Jahren die Entdeckung des Dirhamschatzes von Anklam, der nach 818/19 unfern des Emporiums von Menzlin in den Boden gelangt war (Abb. 2).

BURGWÄLLE, HERRSCHAFT UND STAMMESGEBIETE

Die Emporien als Wirtschaftszentren förderten eine frühe ökonomische Blüte im breiten Hinterland der Ostsee, die sich auch in gesellschaftlicher Entfaltung äußerte: Der in der zweiten Hälfte des 8. Jahrhunderts einsetzende Burgenbau zeigt die Entstehung großer Herrschaften an, die mit der Formierung von Stammeseinheiten einhergingen und die am Ende jenes Jahrhunderts auch erstmals in schriftlichen Quellen auftreten: 789 führte Karl der Große († 814) höchstselbst ein fränkisches Heer an die Peene, wo sich der Wilzenfürst Dragowit vor seinem als *Civitas* bezeichneten Sitz dem König unterwarf. Bei diesem Ort dürfte es sich um einen der Burgwälle zwischen Demmin und Anklam gehandelt haben. Solche Relikte mächtiger Holz-Erde-Befestigungen prägen als vielfach eindrucksvolle Monumente bis heute die Kulturlandschaft.

Die Größe und Vielzahl dieser in ganz Pommern verbreiteten Befestigungen, die Herrschaftsträgern als Residenzen und Machtstützpunkte dienten, lässt Schlüsse auf die politischen Verhältnisse und deren Entwicklung zu: Die gewaltigen Befestigungen der zweiten Hälfte des 8. und des 9. Jahrhunderts künden von mächtigen Stammesherrschaften; die in der zweiten Hälfte des 9. und im 10. Jahrhundert vermehrten, aber deutlich kleineren Ringwälle weisen hingegen auf Herren geringerer Reichweite und auf eine kleinteilige politische Gliederung des Landes am Meer hin.

Damals lebten verschiedene Stämme im heute pommerschen Raum, etwa die Wilzen auf dem vorpommerschen Festland und die Ranen oder Rujanen auf Rügen. Zu einer schrittweisen herrschaftlichen Vereinigung der pommerschen Gebiete kam es erst im Laufe des 11./12. Jahrhunderts, als sich die Herren eines hinterpommerschen, wohl zwischen Belgard (*Białogard*) und Kolberg siedelnden Stammes in kriegerischen Konflikten mit ihren Nachbarn durchsetzen und expandieren konnten. Der erste sicher historisch belegte Vertreter dieser nach ihrem Wappensymbol als Greifendynastie benannten Familie ist Wartislaw I. († vor 1148), der 1124 den Pommernmissionar Otto von Bamberg († 1139) bei Pyritz (*Pyrzice*) willkommen hieß. Wenig später, so erfahren wir aus den Lebensbeschreibungen des Bischofs, unterwarf sich Wartislaw in mehreren Feldzügen den vorpommerschen Raum, in dem damals noch unabhängige, lose im gentilreligiös-heidnischen „Lutizenbund" vereinte Stämme lebten.

FRIEDLICHE UND KRIEGERISCHE TRANSMARINE KONTAKTE

Solche Nachrichten, die vielen Burgwälle und massenhafte Waffenfunde insbesondere aus den vorpommerschen Flüssen bezeugen kriegerische Zeiten, in denen sich Kontakte nach Skandinavien unterschiedlich auswirkten. Zunächst stammten viele der Waffen, die im Slawenland getragen und eingesetzt wurden, aus Skandinavien oder waren über nördliche Vermittlung nach Pommern gelangt. Das gilt insbesondere für qualitätvolle, zweischneidige und mit kunstvoll gestalteten Handhaben versehene Schwerter, deren Teile z. B. im Svantevit-Heiligtum von Arkona als Opfergaben dargebracht wurden (Abb. 3). Aber auch einfachere Waffen können Objekte des Handels aus dem Norden und Westen gewesen sein (Abb. 4).

Überdies standen skandinavische Trachtsachen und im Norden erzeugte Schmuckstücke bei den pommerschen Eliten hoch im Kurs. Die Herren, die sich während der großen religiösen und politischen Umbrüche des späteren 11. und 12. Jahrhunderts mit ihren Schwertern, Buntmetallschalen und weiteren Beigaben in prunkhaften Grablegen bestatten ließen, folgten dabei offensichtlich Vorbildern insbesondere der dänischen Wikingerzeit. Solche Elitengräber kennen wir u. a. aus Usedom und Neppermin, Barvin (*Barwino*) bei Rummelsburg (*Miastko*) und Damsdorf (*Niezabyszewo*) bei Bütow (*Bytów*) in Hinterpommern.

Die Skandinavier waren aber auch selbst als Akteure beteiligt – Handel und Piraterie waren in jenen Zeiten zwei Seiten derselben Medaille. Fortwährend suchten sich Slawen und Skandinavier gegenseitig mit Raubzügen heim. Im 12. Jahrhundert vermochten die dänischen Könige zeitweise große Teile Pommerns unter ihre Herrschaft zu bringen, und es ist durchaus möglich, dass die berühmte nordische Saga von den Jomswikingern, die als elitärer Kriegerbund in der Jomsburg lebten, in Wollin zu verorten ist.

WOLLIN, VINETA UND DIE FRÜHEN STÄDTE POMMERNS

Wollin war überhaupt ein Brennpunkt der skandinavisch-slawischen Kontakte. Während die meisten Emporien im Süden der Ostsee verschiedene wirtschaftliche Krisen des späten 9. und 10. Jahrhunderts nicht oder nur mit starken Verlusten überstanden hatten, konnte sich Wollin weiterentwickeln und wuchs seit den Jahrzehnten um 1000 zu einem bedeutenden Handelszentrum an, das als halblegendäre Metropole Vineta seinen Weg in die Chroniken und den Sagenschatz gefunden hat – mit der „Vinetastadt" Barth, das sei am Rande bemerkt, hat diese Überlieferung mithin nichts zu tun. Wollin war eine riesige, dicht bevölkerte Siedlungsagglomeration mit mächtigen Befestigungen, bedeutendem Hafen und großer Wirtschaftsproduktion, in deren meterstarken Kulturschichten archäologische Ausgrabungen zahlreiche Zeugen skandinavischen Kunsthandwerks ans Tageslicht brachten; es ist durchaus denkbar, dass der berühmte, seit dem Zweiten Weltkrieg allerdings verlorene Cordulaschrein von Cammin (*Kamień Pomorski*, Abb. 5) in Wollin erzeugt worden ist. Ein Kiewer Tonei illustriert die weiten Handelsverbindungen der Dievenow-Metropole (Abb. 6): Die bunt glasierte Tonrassel, eigentlich ein Auferstehungssymbol der Ostkirche aus dem 11. Jahrhundert, war als Handelsobjekt, vielleicht auch als Mitbringsel eines Kaufmanns aus der Kiewer Rus an die Odermündung gelangt. Im 12. Jahrhundert erfahren wir aus den oben erwähnten Lebensbeschreibungen Ottos von Bamberg, dass Wollin politische Unabhängigkeit vom Pommernherzog genoss und als eine Art Stadtrepublik von einer Oligarchie aus Kaufleuten, reichen Grundbesitzern und heidnischen Priestern gesteuert wurde.

Solche protourbanen Siedlungszentren entstanden um 1000 verschiedentlich an der Ostseeküste sowie an der Mündung und am Unterlauf der Oder. Sie sind Zeichen der ungebrochenen Bedeutung des Ostsee-Kommunikationsraumes – große Siedlungsagglomerationen, die auch als „Burgstädte" bezeichnet werden, sind etwa von Usedom, Wolgast, Stettin (*Szczecin*) und Kolberg-Altstadt zu erwähnen. Die darin erkennbare ökonomische Hochkonjunktur des 11./12. Jahrhunderts darf aber nicht darüber hinwegtäuschen, dass es zeitgleich in Pommern zu enormen politischen und religiösen Umbrüchen kam, die wiederum mit viel Gewalt einhergingen. Die Einigung Pommerns unter den Greifenherzögen war kein friedlicher Prozess, wie oben bereits deutlich wurde. Im 12. Jahrhundert wurde auch die Christianisierung der bis dahin noch weitgehend heidnischen Slawen an der Ostsee vollendet, die im Jahre 1000 mit dem polnischen Versuch einer Bistumsgründung in Kolberg bereits einmal gescheitert war.

DER FALL ARKONAS UND DIE CHRISTIANISIERUNG

Schon im Laufe des 11. Jahrhunderts hatte sich der allmähliche Niedergang des alten paganen Glaubens angekündigt. Im archäologischen Fundstoff zeichnet sich das in der Zunahme christlicher Embleme ab, etwa kreuzförmiger Anhänger aus Bernstein (Abb. 7). Die Christianisierung war einerseits Überzeugungsarbeit, um welche sich Otto von Bamberg bei seinen Predigten und Massentaufen bemühte. Andererseits wandten sich Eliten wie die Greifen, die die Zeichen der Zeit erkannt hatten, aus politischer Erwägung und mehr oder weniger freiwillig dem Christentum zu; allerdings trennte sich Wartislaw 1125 in Cammin, obgleich nach eigener Aussage bereits Christ, erst auf Veranlassung des strengen Bamberger Gottesmanns von seinen 24 Nebenfrauen und beschränkte sich fortan auf eine Gemahlin.

Wo aber Überzeugungsarbeit und Eigeninitiative nicht fruchteten, kam Gewalt zum Einsatz. Die Slawen in Pommern sahen sich im 12. Jahrhundert mit einer Überzahl feindlicher Nachbarn konfrontiert, die aus der unentschiedenen religiösen Situation die Rechtfertigung für ihre Expansionsabsichten ableiteten – die Pommern zitterten in den 1120er Jahren vor den Angriffen des polnischen Herzogs Bolesław III. Schiefmund (1085–1138), sächsische Fürsten führten 1147 ihre Heere im Rahmen des sog. „Wendenkreuzzugs" an die südwestlichen Gestade der Ostsee, und seit den 1150er Jahren überzogen die Dänen Rügen und Pommern mit Krieg. Spätestens in den 1120er Jahren fiel Rethra, der in Ostmecklenburg gelegene religiöse Mittelpunkt des Lutizenbundes. Als 1168/69 die dänische Streitmacht unter König Waldemar I. (1131–1182) und Bischof Absalon von Roskilde (1128–1201) die Tempelburg Arkona eroberte, ging die gentilreligiöse Epoche im Südwesten der Ostsee endgültig zu Ende. Vergeblich, so berichtet der dänische Chronist Saxo Grammaticus († nach 1216), warteten die geschlagenen Slawen auf das Einschreiten ihres Gottes Svantevit, als die christlichen Sieger sein Kultbild auf dem rügischen Kreidefelsen fällten. Mit dem Holz des Götterbildes erwärmten die Dänen ihr Abendessen.

Der Fall Arkonas war ein Fanal, der Prozess der Christianisierung aber ein langfristiger. Bereits 1140 war in Wollin das pommersche Bistum gegründet worden, in den 1150er Jahren entstanden erste Klöster in Stolpe an der Peene und Grobe auf Usedom, denen bald weitere folgten. Auf Rügen, das erst im 14. Jahrhundert zum Teil Pommerns wurde, trieb das dänische Bistum Roskilde seit dem Untergang Arkonas die Mission voran. Die archäologischen Grabfunde des fortgeschrittenen 12. und 13. Jahrhunderts offenbaren in ihren rituellen Kennzeichen die christliche Durchdringung des Landes. Späte Grabbeigaben zeigen aber auch, dass alte Traditionen noch über Jahrzehnte nachlebten. Ein tiefgreifender Einschnitt war dann die massenhafte Zuwanderung deutscher Siedler seit dem ersten Viertel des 13. Jahrhunderts, die nicht nur die Wirtschafts- und Sozialstrukturen, sondern auch die Sprachverhältnisse nachhaltig veränderten. Ein Element der Kontinuität bei alldem waren die Greifenherzöge, die ihre Herrschaft über jeden Wandel hinweg aus frühgeschichtlicher Wurzel in die Neuzeit führen konnten und ihre Herkunft bis zu ihrem Aussterben im Dreißigjährigen Krieg immer wieder stolz mit ihren slawischen Namen zum Ausdruck brachten.

Im frühen und hohen Mittelalter erlebte der pommersche Raum große Blüte- und Krisenphasen, dramatische Ereignisse und drastische Umbrüche, in deren Zuge sich aus schlichten frühslawischen Anfängen und heidnischen Stammesgebieten ein christliches Herzogtum mit mächtigen Handelsstädten formte. Über die ganze Epoche hin begleiteten Kontakte mit den Skandinaviern die slawische Geschichte der Region in unterschiedlichem, aber oft erheblichem Ausmaß.

Literatur

Biermann 2014, Biermann / Ruchhöft 2017, Filipowiak / Gundlach 1992, Petersohn 1979, Rębkowski 2023, Ruchhöft 2008.

■ 1 Maskenfibel von Menzlin

890–900

Fundort: Menzlin / Vorpommern-Greifswald

Das 4,85 cm lange Fragment der gleicharmigen, anthropomorph verzierten Bronzefibel, 1931 als Oberflächenfund in Menzlin geborgen, ist ein Beleg für enge skandinavische Bezüge der Bewohner des Seehandelsplatzes. Die Gewandspange diente zum Verschluss der Kleidung und zugleich als Schmuckstück.

■ 2 Hacksilberhort von Anklam, nach 818/19

Fundort: Anklam / Vorpommern-Greifswald

Schmuck- und Münzhort mit insgesamt 82 Münzen bzw. Münzfragmenten, die vornehmlich aus dem Gebiet zwischen dem heutigen Iran und Irak sowie aus Nordafrika stammen. Auf den ältesten Münzen aus vorislamischer Zeit sind die Porträts der letzten Sassanidenherrscher abgebildet. Die jüngste Münze wurde 818/19 in Bagdad geprägt. Daneben finden sich ein Silberring des Permer Typs, Silberbarren sowie Keramikfragmente, die auf das Behältnis des Schatzes hinweisen.

3 Schwertfragment, 9./10. Jahrhundert
Arkona auf Rügen

Das 1933 in der Tempelburg Arkona geborgene, 14 cm lange Bruchstück eines Schwertes weist Silberdekor an der Parierstange und an der Knaufbasis auf, vorwiegend in der Form von Streifentauschierung. Da der Knauf fehlt, ist es nicht eindeutig zu datieren. Wahrscheinlich stammt sie aus Skandinavien und wurde in Arkona als Opfergabe niedergelegt.

4 Hiebschwert skandinavischer Herkunft (?), Frühmittelalter
Pommern, Demmin (L: 56,5 cm)

Das einschneidige Schwert von 56,5 cm Länge gelangte vermutlich als Opfergabe in einen der Flüsse bei Demmin. Auf diese Weise kamen viele Waffen in die Gewässer Vorpommerns. Hiebschwerter waren bei den Stämmen dieser Region verhältmäßig sellten.

5 Cordula-Schrein von Cammin (Kopie 1985)

Südskandinavien um 1000

Das Prunkstück des Camminer Domschatzes war ein hölzerner Kasten (H: 26 cm, B: 63 cm, T: 33 cm), belegt mit 22 Platten – wohl aus Elchgeweih –, zusammengehalten von vergoldeten Kuperbändern und verziert mit Wolfs- und Raubvögelköpfen. Die Platten zeigen Vögel, Masken und fabelhafte Tiermenschen. Der Schrein war vielleicht das Werk eines skandinavischen Wanderhandwerkers oder Raubgut slawischer Heereszüge in Schonen. Womöglich gelangte er als Geschenk eines dänischen Königs zu den pommerschen Herzögen.
Im Spätmittelalter vermutete man die Knochen der heiligen Märtyrerin Cordula in dem Schrein.
Im Zweiten Weltkrieg verliert sich seine Spur am 5. März 1945 in einem umgestürzten Treckwagen vor der gesprengten Brücke bei Parlowkrug / Cammin-Land.

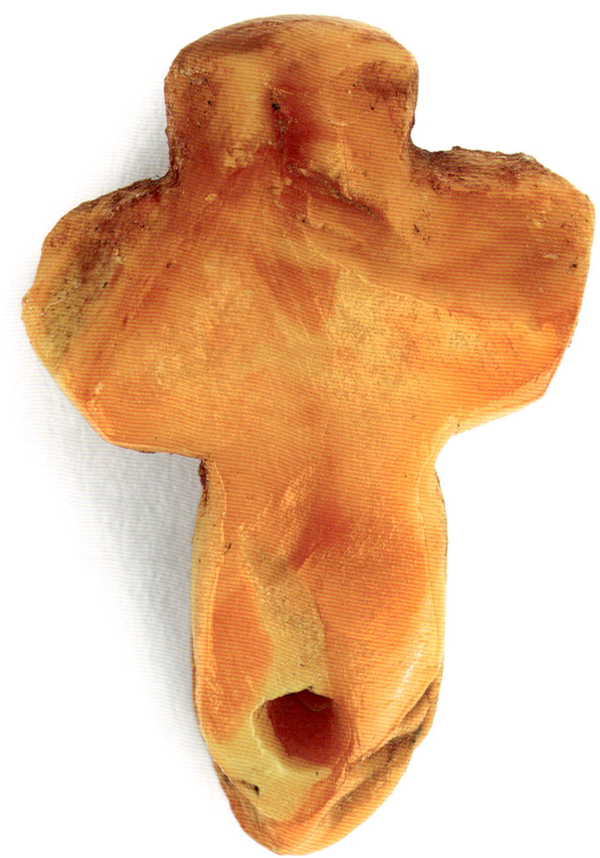

7 Kreuzanhänger, nach 1100
Fundort: Wollin / *Wolin*

Das Kreuz (L: 2,8 cm, B: 2 cm) aus Bernstein ist ein religiöses Symbol der ersten Christen in Pommern. In der zunehmenden Zahl solcher Funde zeigt sich die allmähliche Durchsetzung des christlichen Glaubens in der Region.

6 Glasiertes Tonei (Kopie), 970–1100
Fundort: Wollin / *Wolin*

Rasseln in Form von glasierten Toneiern waren in der Kiewer Rus Auferstehungssymbole. Sie gelangten vermutlich als Geschenke in pommersche Handelszentren wie Wollin und Usedom. Das Wolliner Stück ist 4 cm hoch.

IV | POMMERN IM MITTELALTER

Ruth Slenczka

Pommern entstand im Mittelalter. Natürlich existierte das Land schon viel früher, aber es war kein unter einem Namen zusammengehöriges Herrschaftsgebiet und wurde daher noch nicht als zusammengehörige Region wahrgenommen.

Erst nachdem sich im 12. Jahrhundert die Pomoranen als Zentralmacht unter den Stämmen im Küstengebiet beiderseits der Oder behauptet hatten, entstand zwischen Mecklenburg, Brandenburg, dem Deutschordensstaat sowie den Königreichen Polen und Dänemark ein eigenständiger Herrschafts- und Kulturraum, der politisch, religiös und wirtschaftlich zusammenwuchs. Fünf Jahrhunderte lang blieb er kontinuierlich unter der Herrschaft der Greifenherzöge, die ihn mal mehr, mal weniger erfolgreich gegen die rivalisierenden Machtansprüche der starken Nachbarn verteidigen konnten und schließlich in den Reichsstand aufstiegen. Zur Herrschaftsstabilisierung trugen Christianisierung, Kolonisation und Fernhandel entscheidend bei.

Im Folgenden sollen ausgehend von einzelnen Exponaten schlaglichtartig drei Prozesse beleuchtet werden, die Pommern im hohen und späten Mittelalter nachhaltig veränderten: Kulturelle Vernetzung, Christianisierung und die Intensivierung der Landwirtschaft.

KULTURELLE VERNETZUNG IM OSTSEERAUM - DIE ROLLE DER KLÖSTER IN POMMERN

Gotland-Kalkstein gehört im gesamten Ostseeraum zum kulturellen Erbe. Aus den mittelalterlichen Kirchen entlang der Küste sind die cremefarbenen behauenen Steine nicht wegzudenken. Da es vor Ort keine Sandstein-, Marmor-, oder Kalkstein-Vorkommen gab, mussten diese Baumaterialien eingeführt werden. Gotland war einer der wichtigsten Handelsumschlagplätze des Ostseeraums. Daher konnte der dort vorkommende Kalkstein auch gut verschifft und an die Küsten der Ostsee transportiert werden. Die hier abgebildeten Säulenbasen, die Säule und die Kapitelle mit den Blattornamenten und Reliefköpfen stammen aus dem Zisterzienserkloster Eldena, dessen Ruine Caspar David Friedrich durch seine Gemälde weltberühmt machte. Neben den Kalkstein-Säulen wurde in Eldena auch ein Kapitell aus Granit geborgen. Vermutlich hatte man den Findling, aus dem es gemacht ist, vor Ort gefunden. Aber der Gotland-Kalkstein war nicht ganz so hart und daher einfacher zu bearbeiten. Die Verwendung dieses Baumaterials zeigt, wie vernetzt der Ostseeraum bereits im ausgehenden 12. Jahrhundert war. Ob

▸ Baufragmente aus Kloster Eldena, Gotland-Kalkstein, 1240–1300

die Säulen mit den Basen und Kapitellen wohl von Gotländischen Steinmetzen gemacht und vielleicht sogar schon fertig behauen angeliefert wurden? Oder ob die Zisterzienser ordenseigene Steinmetze beschäftigten? Nicht nur das Baumaterial, sondern auch die Mönche selbst waren über die Ostsee nach Pommern gelangt. Sie stammten aus dem dänischen Zisterzienserkloster Esrom. Rügen und das gegenüberliegende Festland waren im 12. Jahrhundert von den Dänen erobert worden und fielen erst 1325 an Pommern. Daher wurden die Christianisierung und der Landesausbau dort von Dänemark aus betrieben. Klöster spielten dabei eine wichtige Rolle. Die dänischen Zisterzienser brachten neben vielen anderen kulturellen Fertigkeiten technisches Knowhow im Kirchenbau mit. Ihr erstes Kloster gründeten sie in Dargun. Nach dessen Zerstörung 1198 errichteten sie an der dänischen Wiek eine neue Niederlassung, das spätere Eldena.

Während Kalkstein aus Gotland importiert werden musste, konnten Backsteine aus Lehm hergestellt werden, der vor Ort zu finden war. Die Technik, aus Lehm künstliche Steine herzustellen, die in Holzkästen geformt, an der Luft getrocknet und anschließend gebrannt wurden, kam aus Italien. Die Klöster, allen voran die Zisterzienserklöster, führten diese Technik in Pommern ein, wo sie sich schnell verbreitete und den neu entstehenden Städten ihr charakteristisches Aussehen gab. Aus Millionen von Steinen entstanden seit dem 12. Jahrhundert im ganzen Ostseeraum Rathäuser, Kirchen, Wohnhäuser und Stadtmauern im Stil der Backsteingotik. Wie die Gründung Greifswalds auf Eldena zurückzuführen ist, gingen auch andernorts viele Stadtgründungen von Klöstern aus.

Das Kloster Eldena wurde mit großem Landbesitz auf Rügen (Mönchgut) und dem Festland ausgestattet. Die Laienbrüder (Konversen) rodeten Wälder, legten Sümpfe trocken und erschlossen den Besitz so für die landwirtschaftliche Nutzung.

Durch die Zisterzienser wurde Pommern in das ganz Europa umspannende Ordensnetzwerk eingebunden, das durch einheitliche Bauten, Riten und Tagesabläufe geprägt war.

Ebenso wie die Zisterzienser errichteten auch die Prämonstratenser ihre Klöster vornehmlich in kaum besiedelten ländlichen Gegenden, während die Bettelorden von den Stadtherren in den neu gegründeten Städten angesiedelt wurden. In größeren Städten wie Greifswald gab es mehrere Klöster. Auf dem Gelände des 1262 gegründeten Franziskanerklosters befindet sich heute das Pommersche Landesmuseum. Daneben ließen sich in einigen Städten auch die Ritterorden und die Kartäuser nieder. Die Zahl der Frauenklöster und Beginenhäuser war in Pommern gering. Neben den dänischen kamen vor allem deutsche Mönche nach Pommern. An den bis heute noch zu sehenden Überresten der mittelalterlichen Klöster lässt sich das jedoch nicht ablesen, denn der Baustil war länderübergreifend europäisch geprägt. Rings um die Ostsee verwendete man dabei dieselben Baumaterialien: Backsteine aus eigener Produktion und Kalkstein aus Gotland.

DIE ROLLE DER RELIGION – BISCHOF OTTO VON BAMBERG UND DIE CHRISTIANISIERUNG POMMERNS

Der Abendmahlskelch aus Naugard / Nowogard ist einer der ältesten und qualitätvollsten Kelche Pommerns. Er besteht aus vergoldetem Silber und ist wie die meisten Kelche seiner Zeit 16–17 cm hoch. Stilistisch lässt er sich auf die Zeit um 1300 datieren. Dafür spricht der runde Fuß sowie das figürliche Bildprogramm, das auf späteren Kelchen nicht mehr zu finden ist.

Am Fuß ist in sechs Rundmedaillons die Heilsgeschichte Jesu mit der Geburt, Passion, Kreuzigung und Auferstehung dargestellt. So erzählt das Bildprogramm, was in der Messliturgie vergegenwärtigt wird. Auch die roten Schmucksteine zwischen den Szenen schlagen eine Brücke zur Funktion des Kelchs, denn sie ste-

▸ Abendmahlskelch aus St. Marien in Naugard / Nowogard, frühes 14. Jahrhundert

Geburt Christi, Detail des Abendmahlskelchs aus St. Marien in Naugard / Nowogard, frühes 14. Jahrhundert

hen für Blutstropfen Christi und verweisen so auf den Messwein, der nach dem Glauben der damaligen Kirche im Kelch in das Blut Christi gewandelt wurde.
Der Name „Otto" auf dem Knauf ist ungewöhnlich: Wir kennen auf vergleichbaren Kelchen Stifterinschriften oder Gebetsinschriften, aber nicht die Nennung eines einzelnen Namens. Der Name verweist vor allem auf Bischof Otto von Bamberg, der durch seine Missionsreisen 1124 und 1128 die Grundlagen für den Ausbau Pommerns als christliches Herzogtum gelegt hatte. Dass der Heilige auf dem Kelch genannt wird, deutet auf den Beginn seiner Verehrung als Apostel Pommerns hin, die seit Anfang des 14. Jahrhunderts nachzuweisen ist und unter Herzog Barnim III. seit den 1330er Jahren fest etabliert wurde. Sie schlug sich auch in der Verbreitung des Namens Otto unter den Eliten nieder: Der zur Zeit der Entstehung des Kelchs in Pommern-Stettin regierende Greifenherzog hieß Otto, und der Name blieb in seiner Familie bis ins 15. Jahrhundert im Gebrauch. Auch bei den Grafen von Eberstein, die die Gegend um Naugard vom Camminer Bischof als Lehen erhalten und der Stadt 1309 die Stadtrechte verliehen hatten, war der Name gebräuchlich. Im Zusammenhang der Stadtgründung ließen sie auch die Pfarrkirche St. Marien errichten und waren möglicherweise die Stifter des Kelchs. Die Inschrift lässt sich insofern als Zeugnis dafür lesen, dass sich das Christentum in Pommern seit den damals 200 Jahre zurückliegenden Missionsreisen Bischof Ottos längst etabliert hatte.
Was hatte sich dadurch verändert?
Bischof Otto hatte an wichtigen Orten Pommerns die Eliten getauft und christliche Zentren installiert, an denen er auch einzelne Priester zurückließ, denen es mit Unterstützung des Herzogs offenbar gelang, das Kirchenwesen dauerhaft auszubauen. Woher die Priester kamen, die in der Folgezeit das ganze Land „durchtauften" und die Bewohner nach und nach für den neuen Glauben gewannen, wissen wir nicht. Eine wichtige Rolle bei der Verankerung des Christentums in der Region spielten vermutlich die Klöster. Der mit dem Christentum verbundene Zugang zur Schriftlichkeit war attraktiv, denn er eröffnete neue Möglichkeiten der Kommunikation und Teilhabe am Landesausbau sowie sozialen Aufstieg. Schriftkundige beschleunigten die Vernetzung innerhalb der nur spärlich besiedelten Region, den Aufbau und die Vereinheitlichung von Verwaltungsstrukturen in Kirche und Politik.
Bischof Otto hatte im Zuge seiner Missionsreisen in Pommern die Bamberger Ordnungen für Gottesdienste und kirchliche Handlungen eingeführt, die sich von denen der benachbarten Bistümer unterschieden, die im Osten zum polnischen Erzbistum Gnesen und im Westen zum Erzbistum Magdeburg gehörten. Den konkurrierenden Erzbistümern gelang nicht, Pommern in ihre jeweilige Erzdiözese einzugliedern und dadurch stärker an Polen bzw. stärker an das Reich zu binden. Vielmehr wurde das 1140 zunächst in Wollin gegründete und später nach Cammin verlegte Bistum dem Papst unmittelbar unterstellt und behielt auf diese Weise seine Eigenständigkeit. Auch wenn die Grenzen des Bistums und des Herzogtums aufgrund der Gebietsgewinne und -verluste an den Rändern im Laufe

des Mittelalters nicht deckungsgleich blieben, war das Bistum von Anfang an so etwas wie eine Landeskirche, in der Kirche und Landespolitik besonders eng miteinander verwoben waren. Während den Herzögen auf lange Sicht der Aufstieg in den Reichsfürstenstand gelang, blieb das Bistum bis zur Reformation exemt, so dass die Transformation in eine lutherische Landeskirche mit dem Landesherrn an der Spitze vergleichsweise unkompliziert war.

Mit der Christianisierung war die Errichtung von Kirchen verbunden, die zum Wahrzeichen der Ortschaften wurden. Die Holzkirchen der ersten Generation ersetzte man nach und nach durch Steinbauten, wobei häufig auf Feldsteinfundamente mit Backstein oder Fachwerk aufgebaut wurde. Die Kirchtürme waren für Händler und Reisende schon von Weitem sichtbar und halfen bei der Orientierung. Für Seefahrer waren sich wichtige Landmarken. Städte und Ortschaften konkurrierten um die höchsten Kirchtürme und Dachstühle. Frömmigkeit, aber auch Wohlstand und Weltläufigkeit kamen in den an europäischen Stilen und Moden ausgerichteten Bauwerken zum Ausdruck.

Die Glocken rhythmisierten mit ihrem weithin hörbaren Klang das durch und durch religiös geprägte Leben. Sie läuteten nicht nur zum Gottesdienst, sondern zu allen wichtigen Anlässen: Als Vorläufer der Sirenen warnten sie bei Feuer oder Angriffsgefahr. Ihr Geläut rief die Menschen zusammen, wenn der Einzug des Herzogs oder anderer hochrangiger Besucher nahte oder wenn in einer Stadt der neue Rat eingesetzt wurde. In den Klöstern wurde zum Stundengebet geläutet, in den übrigen Kirchen etablierte sich im 14. Jahrhundert das Gebetsläuten am Sonnenauf- und Untergang. Die Tage waren auch im Mittelalter in 12 Stunden eingeteilt, die Stunden waren jedoch im Sommer und Winter unterschiedlich lang, denn Sonnenauf- und Untergang gaben die Länge des Tages vor. So war eine „Stunde" in Pommern am 21. Juni 80 Minuten, am 21. Dezember jedoch nur 40 Minuten lang.

Der Abendmahlskelch entstand in der Zeit der Erbauung der Pfarrkirche St. Marien und markiert so den gleichzeitigen Beginn des städtischen und pfarrkirchlichen Lebens in Naugard / Nowogard. Über Jahrhunderte blieb das kostbare Ausstattungsstück am selben Ort im Gebrauch. Darin steht es für die Kontinuität des kirchlichen Lebens in unbeherrschbaren Veränderungen unterworfenen Zeiten. Seuchen und Kriege bedrohten die Stadt, aber der kostbare Kelch wurde bewahrt und verband die auf ihm abgebildete Heilsgeschichte mit der Heilsgeschichte Pommerns, die im Narrativ der Zeit mit Otto von Bamberg begann und über den Namen Otto mit den Landes- und Stadtherren und ihren Dynastien verbunden war. Als Herzog Barnim III. 1339 das Grab des Heiligen in Bamberg aufsuchte, ehrte er Otto als Apostel seines Herzogtums, für das er 1338 die Reichsunmittelbarkeit erlangt hatte.

MENSCH UND NATUR – DER LANDESAUSBAU UND SEINE FOLGEN FÜR DIE LANDSCHAFT

Zeitgleich mit der Christianisierung begann der Landesausbau, der von den Herzögen, den Klöstern und den Bischöfen gefördert und betrieben wurde. Die 57 Städte und viele Dörfer Pommerns entstanden im Hoch- und Spätmittelalter, die meisten im 13. und beginnenden 14. Jahrhundert. Siedler wurden angeworben, um durch Kriege und Überfälle verwüstete Gegenden wieder zu besiedeln oder bislang unbewohnte Flächen urbar zu machen. Deutsche Dörfer werden erstmals im letzten Drittel des 12. Jahrhunderts erwähnt, aber erst unter Herzog Barnim I. (1220–1278) setzte ein planmäßiger Landesausbau nach dem Vorbild anderer Länder ein, der mit dem Herrschaftsausbau eng verbunden war. Dazu wurden nun auch vermehrt deutsche Adelige an den herzoglichen Hof geholt und mit Grafschaften und Vogteien belehnt.

Unzählige Dörfer entstanden seit dieser Zeit. Ihre Bewohner hatten ihre Heimatorte am Niederrhein, in Westfalen, in Niedersachsen, in der Altmark und angrenzenden Gebieten verlassen, um im wenig besiedelten Nordosten ein neues Leben zu beginnen, von

Axt, 1400 / 1500, Fundort: Vorpommern

dem sie sich mehr Wohlstand und Perspektiven für ihre Nachkommen erhofften.

Die eiserne Rodungsaxt steht für diesen Landesausbau, der die Landschaften Pommerns nachhaltig veränderte. Sie stammt aus Vorpommern und wird auf 1400 bis 1500 datiert. Ähnliche Äxte wurden in Pommern jedoch auch schon in den Jahrhunderten zuvor zum Baumfällen verwendet.

Für die Anlage eines neuen Dorfes musste zunächst mit einer solchen Axt gerodet werden. Schon vorher hatte ein Siedlungsunternehmer (Lokator) im Auftrag des Herzogs, eines Klosters oder eines Adeligen neue Siedler angeworben und nach Pommern geführt. Sie errichteten in der zuvor abgegrenzten Feldmark Hofstellen und in der Regel auch Mühle und Wirtshaus, in den Kirchdörfern zusätzlich eine Kirche. Dank der neuen Mühlentechnik, die die Neupommern aus ihren Herkunftsregionen mitbrachten, ließen sich größere Mengen an Getreide mahlen. Die Intensivierung der Landwirtschaft begann. Oft wurde der Lokator zum Dorfschulzen ernannt, der die Abgaben festlegte und eintrieb.

Die slawische Bevölkerung wurde am Landesausbau beteiligt, aber die Neuankömmlinge waren zahlenmäßig überlegen, so dass sich nach und nach eine kulturelle und sprachliche Assimilation vollzog. Da die meisten Siedler aus Norddeutschland kamen, sprachen sie Niederdeutsch, das im 14. Jahrhundert auch zur Amtssprache wurde. Slawische Lebensformen, Sprachen und Dialekte blieben lediglich im Osten Pommerns bis ins 20. Jahrhundert erhalten, wo aufgrund der schlechten Böden weniger Neusiedler hingelangten.

Im Zuge des Landesausbaus wurden die Wälder Pommerns, die zuvor weite Flächen bedeckt hatten, nahezu vollständig abgeholzt: zum einen, um Siedlungs- und Ackerflächen zu gewinnen, zum andern für Brennholz und für den Schiffsbau. Hinzu kam die intensive Beweidung der Wälder, durch die Waldflächen verloren gingen: Die Tiere wurden in die sogenannten Hutewälder getrieben, wo sie sich von Eicheln, Bucheckern und jungen Trieben ernährten, so dass kein Unterholz nachwachsen konnte. Auf diese Weise entstanden die bis heute landschaftsprägenden Weiden mit einzelnen großen Bäumen. Auch die für die Boddenlandschaft charakteristischen Salzwiesen entstanden im Hoch- und Spätmittelalter, als die Küstenmoore, die zuvor von Wald und Röhrichten bewachsen waren, Weideland wurden.

Am Lebasee setzten sich nach der Abholzung und Überweidung der Wälder die Dünen in Bewegung, was dazu führte, dass die Bewohner von Alt Leba ihre Stadt um 1570 aufgeben mussten (Abb. 4).

Fast alle heutigen Wälder Pommerns sind das Ergebnis von Aufforstungen, die seit dem 18. Jahrhundert vorgenommen wurden und die Nachhaltigkeit als Grundprinzip im Umgang mit der Natur erstmals ins Blickfeld rückten.

Vom Einsetzen des Landesausbaus um 1230 an wuchs die Bevölkerung Pommerns. Erst das Zeitalter der Seuchen stoppte die Migrationsbewegung und den Landesausbau in der Mitte des 14. Jahrhunderts. Ganze Dörfer starben aus oder wurden aufgegeben. Oft wanderten die übrig Gebliebenen in die Städte ab. Die Siedlungsfläche schrumpfte wieder.

SCHLUSS

So fern uns das Mittelalter ist, so nah sind uns die Folgen der Veränderungsprozesse, die damals mit der Vernetzung des Ostseeraums, der Christianisierung und dem Landesausbau begannen und das Zeitalter prägten. Denn sie beschäftigen uns bis heute: Der kulturelle, wie auch der wirtschaftliche und politische Austausch über die Ostsee hat sich im Zeitalter der Globalisierung vervielfacht. Das Christentum ist gegenwärtig zwar stark rückläufig, aber Angehörige anderer Religionen wandern ein und prägen unsere Gesellschaft. Und die landwirtschaftliche Ausbeutung der Böden hat seit der Industrialisierung der Landwirtschaft bedrohliche Ausmaße angenommen.

Literatur

Auge / Hillebrand / Harlaß / Kieseler 2023, Biermann / Ruchhöft 2017, Landeszentrale für politische Bildung Mecklenburg-Vorpommern 1994, Petersohn 1979, Ruchhöft 2008.

Viel verdankt der Aufsatz zudem den von Stefan Fassbinder verfassten Ausstellungstexten.

POMMERN 1295 - 1478

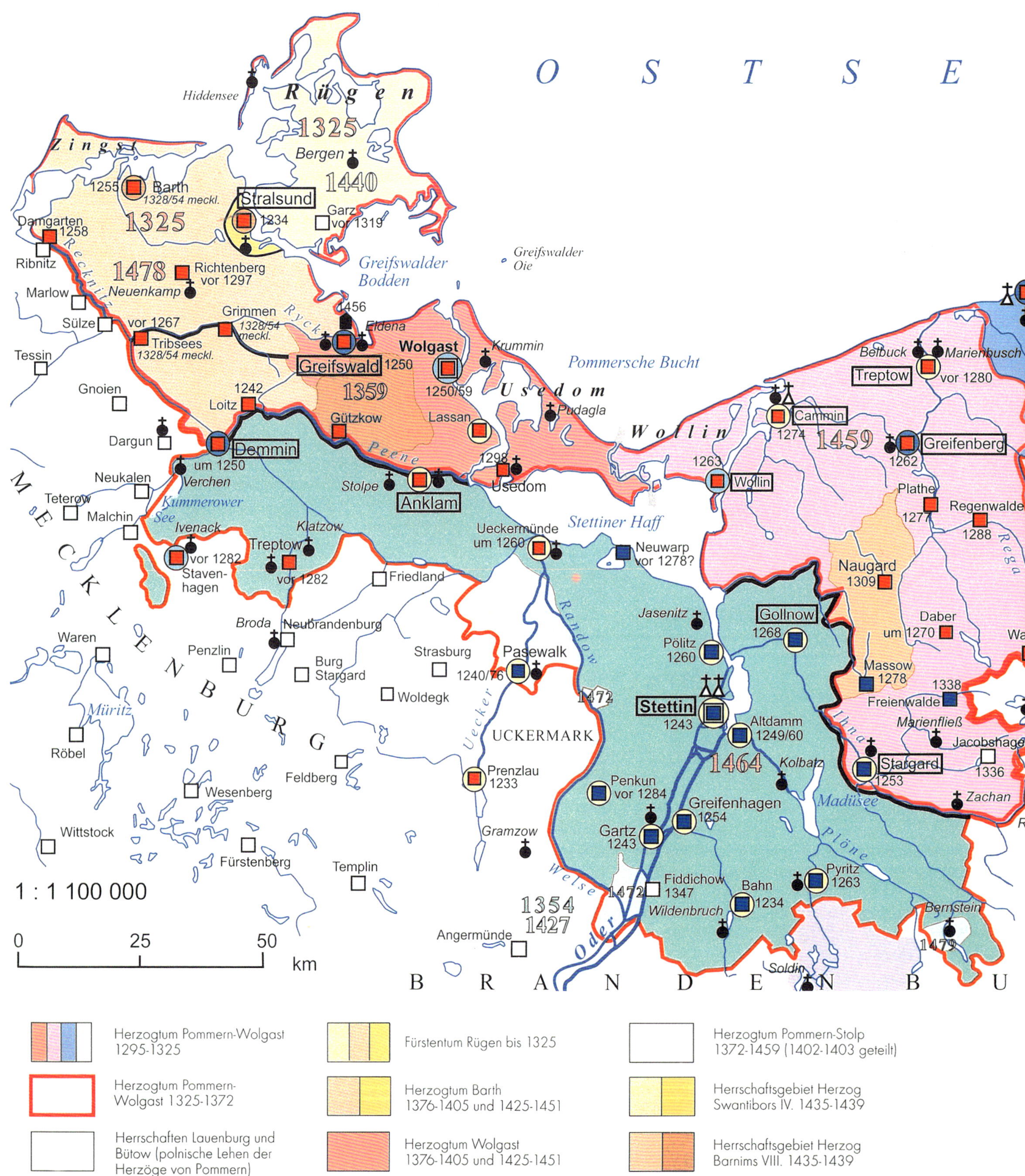

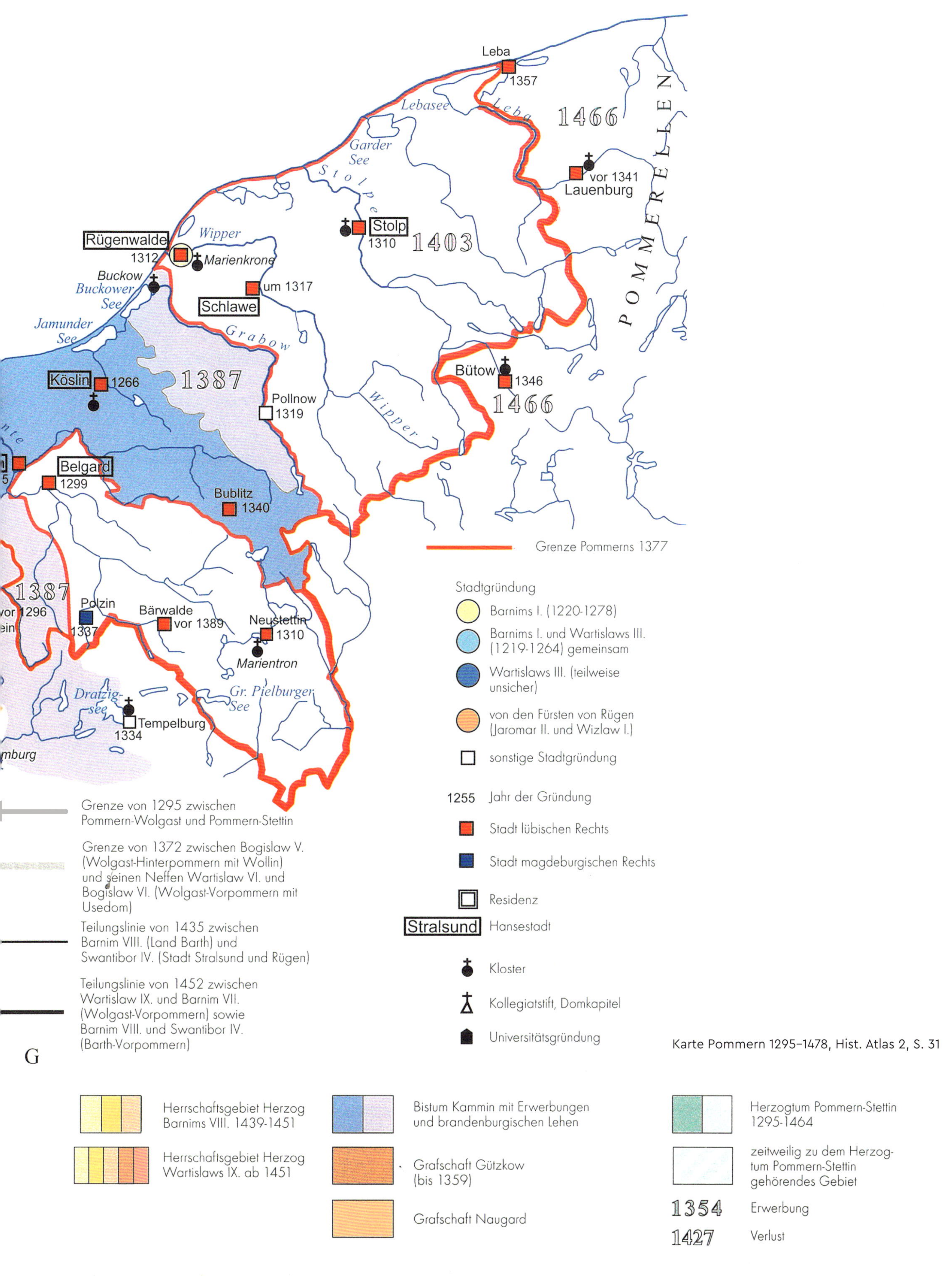

Karte Pommern 1295–1478, Hist. Atlas 2, S. 31

1 Modell des Zisterzienserklosters Eldena
um 1420, 1965

Kloster Eldena wurde 1199 von dänischen Mönchen gegründet. An der Kirche und den Klostergebäuden wurde rund 200 Jahre gebaut; das Modell zeigt den Zustand nach der Fertigstellung um 1420: Das Kloster ist rund um einen Innenhof angeordnet, um den der Kreuzgang führt, ein zum Hof geöffneter Verbindungsgang. Im Norden grenzt die Klosterkirche an den Kreuzgang, gegenüber befinden sich Küche und Speisesaal (Refektorium). Der Bereich der Mönche mit Versammlungsräumen (Kapitelsaal, Auditorium) und Schlafsaal (Dormitorium) liegt im Osten, der Bereich der Laienbrüder (Konversen), die für die Landwirtschaft zuständig waren, im Westen (im Modell vorne).

■ 2 Maria von Mützenow / Mozdanow bei Stolp / Słupsk
nach 1280

Eiche, H. 78 cm, B. 23 cm, T. 25 cm
Der Kompositionstypus der thronenden Madonna mit stehendem Kind entstand in Frankreich, verbreitete sich in der zweiten Hälfte des 13. Jahrhunderts in ganz Europa und erreichte auch den südlichen Ostseeraum. Dass auch Hinterpommern Teil des Kulturtransfers war, bezeugt die Madonna von Mützenow, die zu den ältesten erhaltenen Skulpturen dieser Region gehört. Dendrochronologisch konnte das Eichenholz auf um 1280 datiert und nach Hinterpommern lokalisiert werden. Es ist daher davon auszugehen, dass die Madonna aus einer örtlichen Werkstatt stammt. Eine Besonderheit besteht darin, dass das Kind geradeaus auf den Betrachter blickt.

3 Fragmente einer Folge von Terrakottafiguren
um 1300, Pommersches Landesmuseum, Treppenhaus der Klosterbibliothek

Nicht nur Backsteine, sondern auch Skulpturen wurden um 1300 in Ermangelung an Steinvorkommen aus Lehm hergestellt. Die kopflosen Heiligen- oder Apostelfiguren sind jedoch die einzigen überlieferten Zeugnisse ihrer Art. Sie stammen aus dem Greifswalder Franziskanerkloster, vermutlich aus der Klosterkirche. Wann und warum sie in ihre heutigen Nischen gelangten, ist ungewiss. Ob sie ihre Köpfe infolge der Reformation verloren?

Ostseebad Leba, den 10. 7. 07. 19
Ruine Alt-Leba

4 Ruine der in den Dünen von Leba versunkenen Stadt Alt Leba / Łeba
Postkarte 1907

Um 1570 mussten die Bewohner von Alt Leba ihre Stadt aufgeben. Unaufhaltsam rückten die Dünen über die Stadt hinweg. Die Dünenbildung begann schon vor 3.000 Jahren. Auslöser waren damals von Menschen gelegte Waldbrände. Im Mittelalter setzten sich die Dünen infolge von Rodung und Weidenutzung der Wälder zur Viehmast erneut in Bewegung.

5 Dreifaltigkeitsaltar aus der Jakobikirche in Stralsund
1490/1510

Nie wurden so viele Kirchen gebaut und erweitert wie kurz vor der Reformation, nie wurde so viel Kirchenausstattung gestiftet. Der Altar stammt aus einer Stralsunder Werkstatt, die ihre Heiligenfiguren und Altäre nicht nur für Vorpommern, sondern auch für den skandinavischen Markt produzierte. Im Zentrum thront Gottvater mit dem Leichnam seines Sohnes auf dem Schoß (die zugehörige Heilig-Geist-Taube fehlt); auf den Flügeln sind Szenen aus dem Leben der Eltern und legendären Großeltern Jesu dargestellt.

V | POMMERN UND DIE HANSE

Oliver Auge

Das historische Pommern dies- und jenseits der Oder ist als ein Kernraum der Hanse zu charakterisieren. Es wies einen Urbanisierungsgrad auf, der im mitteleuropäischen Durchschnitt lag. Hier gab es 57 Städte, in denen etwa 85.000 Menschen wohnten und arbeiteten. Das entsprach rund einem Viertel der damaligen Bevölkerung Pommerns. Zeitgleich lebten in Mecklenburg 22, in Schleswig-Holstein lediglich 20 und in Schweden gar nur 10 Prozent der Landeseinwohner in Städten. Von diesen 57 pommerschen Städten wiederum gehörten immerhin 17 der Hanse an, was einen Anteil von 30 Prozent ausmachte. In Vorpommern westlich der Oder waren dies die fünf Städte Stralsund, Greifswald, Anklam, Demmin und Stettin, im östlich der Oder gelegenen Hinterpommern handelte es sich um die zwölf Städte Belgard, Gollnow, Greifenberg, Cammin, Kolberg, Köslin, Rügenwalde, Schlawe, Stargard, Stolp, Treptow sowie Wollin. Sie alle waren Teil des sogenannten Wendischen Quartiers der Hanse. Unter seinem Dach regional besonders eng verbunden waren indes die sogenannten Vier(bund)-städte in Vorpommern: Stralsund, Greifswald, Anklam und Demmin. Seitdem sich die Stralsunder Bürger mit Unterstützung der Ritterschaft Rügens und des brandenburgischen Markgrafen im zweiten Jahrzehnt des 14. Jahrhunderts gegen die Versuche des Stadtherren, des rügischen Fürsten Wizlaws III. (1265/68–1325) und seiner Verbündeten, darunter König Erich VI. Menved von Dänemark (1274–1319), erfolgreich zur Wehr gesetzt hatten und ihre mittlerweile erlangte Autonomie erfolgreich verteidigen konnten, war Stralsund eine de facto von der Landesherrschaft unabhängige Stadt. In der Schlacht im Hainholz am 21. Juni 1316 errangen die Stralsunder und ihre Verbündeten einen glänzenden Sieg. Doch auch die anderen, kleineren pommerschen Hansestädte erlangten zeitweilig im Schatten der Hanse und gleichsam als Zugangsvoraussetzung zur selbigen ein beträchtliches Maß an Unabhängigkeit und Eigenständigkeit.

ANFÄNGE UND BLÜTEZEIT

Die Nähe zur bzw. die Mitgliedschaft in der Hanse erklärt sich bereits durch den Entstehungskontext der Städte. Die pommerschen Städte waren allesamt im Rahmen des hochmittelalterlichen Landesausbaus im ostmitteleuropäischen Raum („Ostsiedlung") entstanden; ihre Erhebung zur Stadt innerhalb der 1230er und 1260er Jahre erfolgte, beginnend mit Stralsund 1234 und Demmin 1236, entweder nach Lübischem oder nach Magdeburger Recht (z. B. Stettin 1243 oder Stargard 1243/53). Schon in rechtlicher Hinsicht war ein großer Teil der Städte damit an Lübeck, dem Quasi-

▸ Türbeschlag des Kolberger Doms (Nachbildung)
Johann Apengeter, 1320/1350 (1970/1985)

haupt der Hanse, als gerichtlichen Oberhof verwiesen. Magdeburg als zweiter Vorort einer sogenannten Stadtrechtsfamilie war indes ebenfalls Hansemitglied. Die Gründung der Städte und ihr ungemein rasches Wachstum – z. B. wurde nur 14 Jahre nach der Verleihung des lübischen Stadtrechts an Greifswald dessen Marien-Altstadt mit der St.-Jacobi-Neustadt zusammengeführt – war ohne die zahlreichen Neusiedler aus Niedersachen und Westfalen als weiteren hansischen Kernräumen und nicht zuletzt ohne deren Know-how und Kapital undenkbar. Diese Einbindung in gesamthansische Bezüge gewissermaßen von Anfang an spiegelt sich bis heute anschaulich in den relativ ähnlichen Stadtgrundrissen und Stadtbildern der pommerschen Städte wider. Wie auf einer Perlenkette aneinandergereiht präsentierten sich dieselben jedenfalls bald an der Ostseeküste und im näheren Hinterland.

Die Zugehörigkeit zur Hanse ergab auch deswegen Sinn, weil im fruchtbaren pommerschen Hinterland land- und forstwirtschaftliche Produkte erzeugt wurden, mit deren Export sich beträchtlicher Profit erwirtschaften ließ. Dieser Export erfolgte entweder über die hansischen Häfen, die, wenn nicht direkt an der lang gezogenen Ostseeküste gelegen, über das günstige Flusssystem von Oder, Peene, Warthe und Netze an die „weite Welt" angeschlossen waren, oder die maßgeblich von den Städten gesicherten, teils schon sehr alten Landverbindungen. Bei den Produkten handelte sich dabei schwerpunktmäßig um Getreide, Hopfen und Holz, aber auch Rinder, Schweine, Ziegen und nicht zuletzt Fisch, vor allem Hering, der in den reichen Fischgründen vor Rügen gefangen wurde. Diese Erzeugnisse wurden hauptsächlich, aber beileibe nicht ausschließlich mit Koggen (Abb. 3 / Abb. 5) transportiert. Der Schiffstyp der Kogge war ein bauchiges, einmastiges Frachtschiff mit einem Rahsegel, Heckruder und einem flachen Boden, der es ermöglichte, die vielen flachen Gewässer im Ostseeraum zu durchfahren. Im Gegensatz zu den nordischen Langbooten jedoch, die dies auch gut konnten, war ihr Einsatz wesentlich ökonomischer, denn eine Kogge benötigte lediglich eine kleine Besatzung, konnte dabei aber eine relativ große Frachtmenge von bis zu 100 Tonnen transportieren. Auf ihrer Rücktour brachten die Schiffe dann hochwertige Fertigprodukte nach Pommern. Sie wurden in den Städten weiterverkauft, die als Nahmärkte ihres jeweiligen Hinterlandes fungierten.

Die Kaufleute der Hanse

Der blühende Handel brachte Wohlstand ins Land, vor allem in seine Städte. Von beidem – florierenden Geschäften und daraus generiertem Gewinn – zeugen handwerklich hochwertige Gerätschaften und Kunstwerke, die sich erhalten haben, wie ein Aquamanile (Abb. 10) von 1450/1500, das man in der Greifswalder Bachstraße fand, oder ein Türbeschlag (Abb. 4) der Kolberger Domkirche, der auf 1320/50 datiert ist und dem bekannten hansischen Metallgießer Johann oder Hans Apengeter (vor 1300–nach 1351) als Meister zugeschrieben wird. Apengeter hat übrigens auch das wertvollste Ausstattungsstück der Kolberger Marienkirche geschaffen: einen siebenarmigen Leuchter. Ebenso zeugen Funde von Goldmünzen (Abb. 6 / Abb. 8), die zum Teil von weither stammen wie z. B. aus England, von den damaligen ertragreichen Handelskontakten. Hauptsächlich wurde indes mit Silbergeld gezahlt. Die im Norden am weitesten verbreitete und auch in Pommern beliebteste Recheneinheit bildete dabei die Mark Lübisch (Abb. 7). Eine Mark entsprach 12 Schillingen oder 144 Pfennigen. Als eigene Münze kommt die Mark erst ab 1502 vor.

Die teils weiten Handelsfahrten der Hansekaufleute ließen sich in einer funktionierenden Fahrgemeinschaft besser und sicherer durchführen als auf sich allein gestellt. Kaufleute mit regelmäßig gleichen Fahrtzielen gründeten von daher Bruderschaften zum gegenseitigen Beistand fern des Heimathafens. Diese Bruderschaften waren auch für gemeinsame religiöse Aktivitäten wie Gottesdienste oder Andachten vorgesehen oder zur Unterstützung von hinterbliebenen Witwen und Waisen gedacht. Nicht zuletzt wurde innerhalb

Florentiner Gulden, Gold, Lübeck, 1341/1400

der Bruderschaften eine gesellige Gemeinschaft gepflegt. Die Stettiner Kaufleute z. B., die den Heringsstützpunkt Dragör am Öresund anfuhren, hatten zu genau diesem Zweck eine Marienbruderschaft ins Leben gerufen. Alle Mitglieder wurden in einem eigens angelegten Verzeichnis (Abb. 1) namentlich aufgeführt. Es reicht von 1434 bis 1733.

MENSCHEN UND STÄDTE: HERAUSRAGENDE HANSEAKTEURE

Die pommerschen Hansestädte waren wichtige Akteure innerhalb der Hansegeschichte. Stralsunder und Greifswalder Kaufleute besuchten regelmäßig die Hansetage, zu denen sich die Delegierten der Mitgliedsstädte trafen, und in Stralsund und Greifswald fanden selbst mehrfach Hansetage statt. Zahlreiche, mit der Hansegeschichte eng verbundene Namen hängen auch aufs Engste mit Pommern zusammen: Zu denken ist etwa an den Stralsunder Bürgermeister Bertram Wulflam (Anfang 14. Jh.–1393), der einer der bedeutendsten politischen Vertreter der Hanse im 14. Jahrhundert überhaupt war, Otto Voge (1419–1475), ebenfalls Bürgermeister von Stralsund, dem Stralsund und die anderen drei Vorstädte Greifswald, Demmin und Anklam ihr „Goldenes Privileg" von 1452 verdankten, das ihnen besonders weitreichende Privilegien und Freiheiten zusicherte, oder der 1462 ermordete Heinrich Rubenow (um 1400–1462), der sich als Greifswalder Bürgermeister zum spätmittelalterlichen Stadttyrannen entwickelte, die herzogliche Politik stark mitbestimmte und sich 1456 als eigentlicher Gründer der Greifswalder Universität hervortat. Genannt werden kann auch der Stralsunder Bürger Ghisebert Korling als erster namentlich bekannter deutscher Kompassmacher (1397 erwähnt), der gebürtige Greifswalder und nachmalige Bürgermeister von Stralsund Bartholomäus Sastrow (1520–1603), der eine kulturhistorisch überaus bedeutsame Autobiographie verfasste, und der zwischen 1430 und 1440 in Lassan nahe Wolgast geborene Bernt Notke (gest. vor 12.5.1509), der so viele wichtigen Bilder und Plastiken in zahlreichen Städten rund um das Mare Balticum geschaffen hat, dass er als der bedeutendste Maler und Bildhauer des Ostseeraums im ausgehenden Mittelalter genannt wird. Nicht zuletzt stammte der Reformator des Nordens Johannes Bugenhagen, der *Doctor Pomeranus*, selbstredend aus Pommern, wo er 1485 in Wollin zur Welt gekommen war (gest. 1558).

Stralsund, die seinerzeit größte Stadt in Pommern, war eines der bedeutendsten Hansemitglieder überhaupt. Nicht von ungefähr wurde gerade hier am 24. Mai 1370 der Stralsunder Frieden geschlossen, in dem die siegreichen Hansestädte dem geschlagenen und geflohenen dänischen König Waldemar IV. Atterdag (1320–1375) Friedensbestimmungen diktierten, die als ein machtpolitischer Höhepunkt der Hansegeschichte gedeutet wurden. Bereits in den vertraglichen Regelungen der Kölner Konföderation von 1367 war festgelegt worden, dass die pommerschen Hansestädte Stralsund, Greifswald, Stettin und Kolberg rund ein Viertel der Schiffe, Truppen und Kriegsmaschinen für den gegen Waldemar geplanten Krieg zu stellen hatten. Übrigens schon beim Abschluss des Rostocker Landfriedens vom 13. Juni 1283, der mit seiner zehnjährigen Laufzeit der längerfristigen Befriedung der See- und Landwege in der Region dienen sollte und zu einer wichtigen Grundlage des Aufstiegs der Hafenstädte an der Ostsee wurde, waren mit Stralsund, Greifswald, Stettin, Demmin und Anklam überdurchschnittlich viele pommersche Städte dabei.

War es den Hansestädten noch im 15. und zu Beginn des 16. Jahrhunderts gelungen, ihre weitgehende Autonomie gegenüber der fürstlichen Landesherrschaft zu bewahren, was Bogislaw X. (1454–1523) im Fall Stralsunds besonders verdross, so befanden sie sich mit fortlaufender Zeit doch auf dem Rückzug, was ihre politische Selbstbestimmung anbelangte. Stralsunds Autonomie währte dann letztlich bis 1628, als die Stadt im Kampf gegen den kaiserlichen Belagerer Wallenstein (1583–1634) einen Allianzvertrag mit dem Schwedenkönig Gustav II. Adolf (1594–1632) schloss, der ihre bisherige weitreichende Eigenständigkeit de facto aufhob. So kam es denn auch, dass beim letzten Hansetag im Jahr 1669 längst keine pommersche Hansestadt mehr dabei war.

DIE STÄDTE UND DIE POMMERNHERZÖGE: EIN AMBIVALENTES VERHÄLTNIS

Das Verhältnis der Pommernherzöge zu „ihren" quasi autonomen Hansestädten war stets ambivalent. So unterstützten die Vierstädte in Vorpommern die Wolgaster Herzöge tatkräftig in ihrem Kampf gegen die Mecklenburger Nachbarn um das Erbe der Fürsten von Rügen, was auch den künftigen Besitz Stralsunds betraf. Ebenso bemühten sich die Städte Stettin, Greifenhagen und Gollnow, die im Teilungsvertrag von 1295 festgelegten Rechte der Wolgaster Herzöge am Stettiner Landesteil zu wahren, nachdem sich dessen Herzöge in den Frankfurter Verträgen von 1338 darüber hinweggesetzt und die Erbrechte ihrer Wolgaster Verwandten vertraglich aufgekündigt hatten. Überhaupt nahmen insbesondere die Vierstädte schiedsrichterliche Funktionen wahr und vermittelten zwischen den Pommernherzögen und den Herzögen zu Mecklenburg oder den Herren von Werle. Die Vermittlung im Erbstreit mit dem Haus Mecklenburg um den Erbteil von Herzog Barnims VIII. (1405/07–1451) Nichte Katharina (um 1420–1475) nutzten die Städte unter Führung des genannten Bürgermeisters Otto Voge dabei erfolgreich zum langfristigen Ausbau ihrer autonomen Position.

Zu direkten Gegnern wurden Herzöge und Städte zwischen 1426 und 1435 im Dänisch-Hanseatischen oder Kalmar-Hanse-Krieg. Die Pommernherzöge hielten zu ihrem Verwandten, dem Unionskönig Erich VII. von Pommern (1381–1459), der ihnen die Nachfolge auf seinem Königsthron der Kalmarer Union sichern wollte, und sie zwangen daher Greifswald und die anderen kleinen Hansestädte in ihrem Territorium zur Neutralität in dem Konflikt. Nur gegenüber Stralsund, das mit seinen hansischen Verbündeten gegen den König kämpfte, konnten sie sich nicht durchsetzen. Herzog Barnim VIII. beteiligte sich aktiv an den Kampfhandlungen und fügte einem feindlichen hansischen Schiffsverband als Befehlshaber einer dänisch-schwedischen Flotte im Juli 1427 in der Seeschlacht im Öresund eine schwere Niederlage zu, worauf er dann noch einen großen Konvoi hansischer Handelsschiffe kaperte, als dieser in die Ostsee einlaufen wollte. Konrad Fritze bewertet diesen Hergang als „eine der schwersten Niederlagen, die die Hanse in ihrer langen Geschichte erlitt".[1]

Überhaupt bemühten sich die Herzöge ab dem 15. Jahrhundert, die Autonomie der Hansestädte in ihrem Territorium zu beschränken und stärker am Wohlstand derselben zu partizipieren. Dieser längerfristige Konflikt gipfelte in einem Überfall, den Herzog Erich II. (1427–1474) gemeinsam mit seinem Bruder Wartislaw X. (um 1435–1478) am 5. Oktober 1457 auf einen Wagenzug Stralsunder Kaufleute unternahm, nachdem ein Greifswald-Stralsunder Aufgebot zuvor eine herzogliche Jagdgesellschaft, die die städtischen Hoheitsrechte missachtet hatte, bei Horst festgesetzt und nur den Herzog selbst entkommen lassen hatte. Waren im Wert von 20.000 Gulden und 40 Kaufleute fielen dabei in Wartislaws Hände. Unter dem vehementen Druck der Vierstädte musste er jedoch seine reiche Beute wieder herausgeben. Schon unter seinem Vater Wartislaw IX. (1400–1457) war es ab 1451 zur gewaltsamen Eskalation gekommen, da dieser Stralsund mangelnde Unterstützung für seine Niederlage gegen die Mecklenburger

Ausschnitt aus Koggenmodell: Kogge 1250/1400 (um 1975)

im Streit um den genannten Erbteil seiner Verwandten Katharina verantwortlich gemacht und sich deswegen anscheinend auch an einem Mordkomplott gegen Otto Voge beteiligt hatte. Als dieser Plan bekannt geworden war, hatte man den herzoglichen Landvogt Raven Barnekow in Stralsund gefangengenommen und am 15. März 1453 durch Rädern grausam hingerichtet. Der Herzog hatte darauf gemeinsam mit Barnekows Söhnen und anderen Adeligen so lange Stralsunder Besitz und Warentransporte drangsaliert, bis Voge im Mai 1453 nach Kolberg ins Exil gegangen war.
Das Konfliktpotential wuchs, als sich die herzogliche Seite immer mehr bemühte, einen frühmodernen Staat aufzubauen. So geriet Bogislaw X. mit der Stadt Stettin heftig aneinander, weil er hier großzügige Residenzpläne verfolgte, die dem städtischen Freiheitsstreben zuwiderliefen. Mehr noch erwuchs Bogislaws angespanntes Verhältnis zu Stralsund aus diesem Hintergrund. Während seines Krieges gegen Brandenburg im Jahre 1478 leitete Bogislaw zunächst die Suche nach Handlungsfreiheit, wenn er sich zum Schutz der städtischen Privilegien und zum Versprechen auch künftiger Abgabenfreiheit bereitfand, um so die Huldigung Stralsunds am 17. Mai 1479 zu erreichen. Der vorläufige Ausgleich mit Brandenburg im Frieden von Prenzlau vom August 1479 und der am 12. Juli 1482 mit den mecklenburgischen Herzögen gegen die Städte geschlossene Beistandspakt gaben Bogislaw freilich die nötige Rückendeckung, um nun seine Herrschaftsansprüche gegenüber dem mächtigen und selbstbewussten Stralsund geltend zu machen. In dem von 1482/83 bis 1486 und dann wieder von 1503 bis 1512 währenden Streit wechselten Prozesse, Briefwechsel und Militäraktionen einander ab. Spätestens als sich die Hansestädte seit 1509 beim Auseinanderbrechen der Kalmarer Union unter Lübecks Führung auf die Seite Schwedens stellten, während Bogislaw ab 1511 zum dänischen König hielt, verschlechterte sich das beiderseitige Verhältnis weiter, auch wenn sich der Herzog nicht direkt am dänischen Angriff auf stralsundisches Gebiet im Juni 1511 beteiligte. Schließlich kam es am 17. Juni 1512 zu einem förmlichen Friedensschluss, der es einstweilen bei der weitgehenden Autonomie Stralsunds beließ.

ÖKONOMISCHER UND POLITISCHER NIEDERGANG

An diesem Beispiel wird sehr gut deutlich, dass die lange Zeit große Macht und starke Autonomie der Hansestädte in Pommern durchaus auch eine schwere Hypothek für die Konsolidierung des frühmodernen fürstlichen Territoriums bedeutete. Zur politischen Konfliktlage trat dann immer mehr auch eine wirtschaftliche, indem die Herzöge im Zuge der Ausbildung großer Gutswirtschaften im südlichen Ostseeraum seit der Mitte des 16. Jahrhunderts gemeinsam mit dem Landesadel als agrarische Großproduzenten direkte Beziehungen zu holländischen Aufkäufern herstellten, die ihrerseits in schärfster Konkurrenz zu den Hansekaufleuten standen. Letztere gingen ihrer bisherigen dominanten Stellung im Agrarexport verlustig, und das faktische Hafenmonopol der Hansestädte zerbrach. Entsprechend rückläufig waren die Gewinnmargen auf Seiten der Hansekaufleute, was nicht ohne Folgen für die politische Position ihrer Städte im pommerschen Staat und in der Hanse blieb.

EINE KURZE BILANZ: KEINE PROBLEMFREIE ERFOLGSGESCHICHTE

Wenn also die Beziehung zwischen Pommern und der Hanse keine problemfreie Erfolgsgeschichte von Dauer war, so beeinflussten sich beide, Pommern und die Hanse, doch lange Zeit gegenseitig sehr stark in ihrer Entwicklung. Der beste Kenner der Materie Konrad Fritze fasste diesen Sachverhalt prägnant zusammen: „Pommersche Landesprodukte gelangten über die hansischen Handelsrouten weit über See und Sand. Dieser weitausgreifende Handel brachte viel Geld ins Land, aber über die hansischen Handelsverbindungen flossen nicht nur Warenströme, sondern sie dienten ebenso der Übermittlung von Produktionserfahrungen und geistig-kultureller Errungenschaften von einer Region zur anderen“[2]. So führte die Teilhabe am hansischen Warenverkehr und Handel nicht nur zu Wohlstand im Land, sondern sie brachte, damit in enger Verbindung, auch Kultur und Kunst voran, was nicht zuletzt an der Entwicklung der profanen und sakralen Architektur ablesbar ist. Pommern war vom Mittelalter bis ins 17. Jahrhundert hinein institutionell – über die genannten 17 Städte –, personell, ökonomisch und kulturell ein immanenter Bestandteil des Hanseraums, so schwer fassbar und eingrenzbar der Begriff bzw. das Phänomen letztlich auch ist. Und umgekehrt war die Hanse im gleichen Zeitraum ein starker Faktor ebenjener Fremdbestimmung, die schon einmal als dominierendes Charakteristikum der pommerschen Geschichte überhaupt ausgemacht worden ist.

Literatur

Auge 2009, Auge 2017/2018, Auge 2021, Auge / Hillebrand / Harlaß / Kieseler 2023, Böcker 2001, Böcker 1998, Conrad 1995, Ewe 1984, Fritze 1976, Fritze 1989, Fritze 1997, Schöbel 2004, Wernicke 2004.

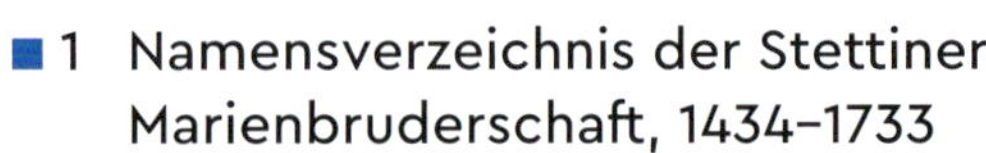

1 Namensverzeichnis der Stettiner Marienbruderschaft, 1434–1733

Kaufleute mit gleichem Fahrtziel gründeten Bruderschaften zum gegenseitigen Beistand außerhalb der Heimatstadt sowie gemeinsame religiöse Aktivitäten. Hinterbliebene Witwen und Waisen erfuhren materielle Unterstützung. Die zum Heringsstützpunkt Dragør am Öresund fahrenden Stettiner Kaufleute hatten sich in der Marienbruderschaft zusammengeschlossen. Von 1434 bis 1733 wurden die Mitglieder in die Handschrift eingetragen.

2 Kolberger Richtschwert, 1713

Nach Meinung der Zeitgenossen handelte der Henker im Auftrag Gottes, um die durch ein Verbrechen gestörte Ordnung wieder herzustellen. Auf dem Schwert heißt es dazu: *»Da Sunder nun bist mir übergeben so schieck ich dir ins ewige Leben«* und *»Mensch was du auch immer machst Gottes Auge wacht. Darum bedenke recht Gott straft den Lasterknecht.«*

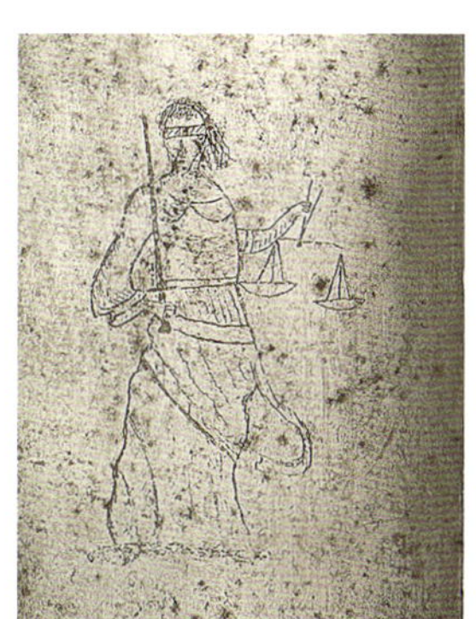

3 Koggennagel:
Koggennägel und Kalfatklammern, 1260/1300
Fundort: Greifswald

4 Türbeschlag des Kolberger Doms
(Nachbildung)
Johann Apengeter, 1320/1350 (1970/1985)

5 Koggenmodell:
Kogge 1250/1400
Maßstab 1 : 50 (um 1975)

Die bis zu 6 Knoten schnelle Kogge war das Handelsschiff der Hanse bis um 1400. Mit kleiner Mannschaft konnte viel transportiert werden (80–100 t).

■ 6 Nobel Gold Edward III. (Münze)

König von England, 1351/1361

Der Nobel verdankt seinen Namen der prachtvollen und hochwertigen Ausführung. Wegen der großen Goldmenge der Münze war sie besonders für den Fernhandel geeignet. Jedes Schiff musste für das Passieren des Öresunds 1 Nobel entrichten.

■ 7 Mark Silber Lübeck, 1549

Eine Mark entsprach 12 Schillingen oder 144 Pfennigen. Die Lübische Mark verbreitete sich als Recheneinheit in ganz Nordeuropa. Als Münze gab es sie seit 1502.

■ 8 Florentiner Gulden Lübeck
Florentiner Gulden, Gold, Lübeck, 1341/1400

Der Gulden entwickelte sich aus dem in Florenz geprägten Fiorini d´Oro oder Floren. Ab 1330 wurde er als Rheinischer Gulden von zahlreichen Münzständen im Alten Reich geprägt und entwickelte sich zur verbreitetsten Goldmünze des Spätmittelalters. Lübeck erhielt 1340 das Privileg, Goldgulden nach dem Vorbild von Florenz zu prägen.

■ 9 **Kinderlederschuh**
1300/1350
Fundort: Kolberg *Kołobrzeg*

■ 10 **Aquamanile**
Handfass (Lavabo), 1450/1500

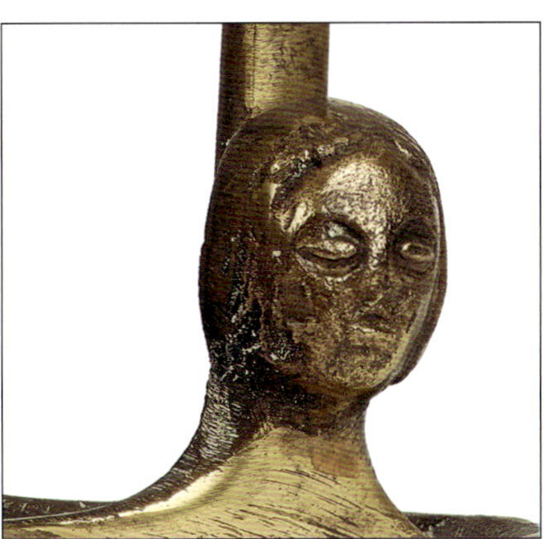

VI | REFORMATION IN POMMERN

Irmfried Garbe

Die von Martin Luther und seinen Freunden aus vertieftem Bibelstudium erarbeitete prinzipielle Kritik am Ablasshandel, am Heiligenkult, an der Sakramentenlehre, an der Gottesdienstpraxis, am Papst und am Amtsverständnis der bisherigen Kirche fand in Pommern ein aufnahmebereites Publikum. Der Ruf nach Kirchenreformen war im Bistum Cammin schon länger zu hören. Aber erst der bibeltheologische Gedankentransfer seit den 95 Thesen erzeugte eine vorwärtsdrängende Reformationsbewegung.

Ausgangspunkt war die von den Predigern angeprangerte Kommerzialisierung der Gnade. Jener Leistungslogik stellten sie die Rechtfertigung des sündigen Menschen als ein Geschenk der freien Gnade Gottes gegenüber. Damit deckten die „Martiner" aus Seelsorgegründen einen gigantischen Versicherungsbetrug auf: die Gnadenversprechungen des Ablasshandels entbehren der biblischen Basis. Gekaufter „Ablass" nütze allein dem klerikalen Finanzsystem, aber keiner einzigen Seele. Damit wurde das Grundvertrauen in die bisherige Kirche und ihr „Gnadensystem" radikal erschüttert. Ein tiefgreifender Wandel der Frömmigkeit war dessen Folge. Die Auflösung des alten, „verkehrten" Glaubens vollzog sich schnell. Indessen brauchte es viele Vermittlungsstufen, bis sich ein neuer „evangelischer" Glaube in den Gemeinden und individuell verankert hatte.

Die Vermittlung kritischer Ideen erfolgte auf vier Wegen: 1. durch Briefverkehr zwischen gelehrten Freunden, 2. durch Flugschriftenverbreitung entlang etablierter Handelsrouten, 3. durch Wanderprediger auf öffentlichen Plätzen und 4. durch reisende Studenten. Die neue Buchdrucktechnik sorgte für eine Verstetigung des Interesses. Niederdeutsche Traktate hatten Konjunktur. Schon im Frühjahr 1520 wurden Lutherschriften in Danzig auf Platt nachgedruckt. Stettiner Buchhändler gehörten zu ihren begierigen Aufkäufern. Neben der gelehrten Diskussion, die sich weiterhin lateinisch vollzog, erreichte die volkssprachige Flugschriftenproduktion explosionsartige Zuwächse. Die Reformation an der pommerschen Küste vollzog sich dennoch überwiegend mündlich. Gelehrte Debattenbeiträge blieben unter pommerschen Theologen auf wenige Streitschriften begrenzt.

Erste Ansätze dieses reformatorischen Kommunikationsgeschehens sind ab 1518 nachweisbar. Schon 1519 fand in Stralsund eine Disputation gegen die Ablasspraxis statt. Sie scheiterte noch an diskussionsbeschlagenen Prälaten. Fünf Jahre später konnte der Stralsunder Ablassverteidiger jedoch nur noch mit knapper Not sein Leben retten. Sogar die Mönche des Franziskanerklosters schützten ihn nicht mehr.

Etwa ab Frühjahr 1521 erreichte die Reformationsbewegung immer breitere Kreise. Sie blieb allerdings

▶ Ausschnitt aus Croy-Teppich, Peter Heymans, Stettin, Bildwirkerei, Leinen, Wolle, Seide, Gold- und Silberfäden, 446 × 690 cm

GEFERTIGT 1554
ZU STETIN.
DER UNIVERSITAET
ZU GREIFSWALD
DURCH ERNST BOGISLAV
HERZOG VON CROY
DEN LETZTEN UNSERES
ALTEN FÜRSTENHAUSES
1684 HINTERLASSEN.
RESTAURIRT 1893.

eine überwiegend städtische Erscheinung. Erste Vermittler wurden Schulkollegien und bildungsbeflissene Klerikerkreise, wie der Augustiner-Konvent in Anklam. Herausragende Bedeutung erlangte Treptow an der Rega, wo bis zum Frühjahr 1521 Johannes Bugenhagen als Stadtschulrektor wie auch als Bibel- und Kirchenväterexeget für den Konvent des Belbucker Prämonstratenserstiftes wirkte. Bugenhagen wurde nach anfänglicher Skepsis zum entschiedenen Lutherjünger. 1521 begab er sich nach Wittenberg und wurde dort 1523 Stadtpfarrer. Neben Luther und Melanchthon gehörte Bugenhagen rasch zu den Hauptgestalten der Reformation.

Aus Bugenhagens Belbuck-Treptower-Freundeskreis ging eine Riege von Reformationsgeistlichen hervor. Die bedeutendsten waren Johannes Boldewan, Otto Slutow, Johann Kureke, Andreas Knopke, Georg von Ueckermünde, Johannes Aepinus und Peter Suawe. Sie vermittelten die lutherische Bewegung in den baltischen Großraum. Weitere pommersche Zentren wurden ab 1521 die Städte Stolp und Pyritz, ab 1522 dann Stralsund, wo Christian Ketelhut und Johann Knipstro auftraten, und ab Anfang 1523 die Residenzstadt Stettin mit dem Lutherschüler Paul vom Rode.

Handelte es sich in der Phase bis 1523 um eine überwiegend seelsorglich motivierte Predigtbewegung, die durchaus auch Misserfolge zu verzeichnen hatte (Greifswald!), so war die zweite Phase ab 1524 durch ein wachsendes Drängen auf soziale Fragen geprägt. Neben theologisch vorgebildete Prediger traten nun auch wortgewandte Handwerker und Laientheologen. Die Reformationsbewegung vervielfältigte und radikalisierte sich. Mit Nachdruck wurden das Recht der freien Pfarrerwahl und immer öfter auch politische Beteiligungsrechte in den Stadträten eingefordert. Große Teile der unterprivilegierten Bevölkerungsschichten bildeten die sichtbare Stoßmasse der Reformation. Das bedeutete jedoch nicht, dass die bisherigen Eliten durchweg am alten Glauben festhielten. Reformationsanhänger fanden sich auch unter längst etablierten Ratsfamilien, was aus den Stettiner Vorgängen besonders deutlich wird. Die Gesellschaft begann sich zu spalten. Radikale Prediger wie Johannes Amandus stimulierten gewaltsame Aktionen. In Stolp, Stettin und Stralsund kam es 1525 zu Bilderstürmen und „Pfaffen"-Jagden. Antiklerikale Kritik fand in Spottliedern ein massenwirksames Medium. Bänkelverse auf die „Kistenseckelfeger", also Geistliche, die am einträglichen Gnadenhandel teilnahmen, sind aus Stralsund zahlreich überliefert. Sie argumentieren betont biblisch:

Ir habt das euangelium
Vorschwiegen lange zeit,
Vnd die es yetzunt predigen
Ir aus fur ketzer schreyt...

Die am alten Glauben Festhaltenden konterten verunglimpfend:

Kürick und Ketelhodt, schöll gi weten,
De düvel hefft se in den Sunt gescheten...

In Stralsund setzten sich die Evangelischen erstaunlich schnell durch. Zwei Tage nach dem „Stralsunder Kirchenbrechen" (April 1525) erklärte der erweiterte Stadtrat die Hansemetropole für „evangelisch". Ein halbes Jahr später erließ er eine von Aepinus verfasste Kirchenordnung. Sie bildete den Prototyp für viele weitere und regelte das Kirchen-, Schul- und Sozialfürsorgewesen nach evangelischen Gesichtspunkten.

Das Stralsunder Vorbild stimulierte hanseweit. Zahlreiche pommersche Städte zogen ab 1525 nach. 1531 gestand Herzog Barnim IX. die freie Predigt generell zu. Bald danach wurde die Reformation auch in den letzten altgläubigen Bastionen wie Greifswald (1531) und Barth (1533) durchgesetzt. Der Camminer Bischof Erasmus von Manteuffel erlebte im Städtchen Daber, wo der herzogliche Rat Georg von Dewitz sein Patronatsrecht zur Einsetzung des ersten lutherischen Predigers Caspar Zingeler nutzte, eine symbolische Niederlage: Dewitz verhinderte die Verweisungsansprache des Bischofs auf dem Kirchplatz durch Anstimmen des Luther-Chorals „Erhalt uns, Herr, bei deinem Wort". Als die große Versammlung volltönend das ertüchtigende

Stoßgebet mitsang, soll der Bischof mit seinen „100 Reitern" das Weite gesucht haben.

Obwohl die pommerschen Herzöge das Wormser Edikt 1521 wie auch die weiteren antilutherischen Edikte publizierten, setzten sie die Verfolgung lutherischer Prediger zu keinem Zeitpunkt wirklich durch. Bogislaw X. blieb zwar wie sein ältester Sohn Georg I. beim alten Glauben, war aber wie sein jüngster Sohn Barnim IX. von Luther positiv beeindruckt. Er schickte Barnim ab September 1518 zum Studium nach Wittenberg. Barnims adlige Begleiter waren in den Folgejahren wichtige Fürsprecher der lutherischen Prediger Pommerns.

Kirchenpolitisch waren die pommerschen Herzöge lange Zeit unentschieden. Für sie blieb die Kirchenfrage mit dem Kalkül des Macht- und Vermögenserhalts verbunden. Bogislaw und seine Söhne betrieben eigennützige Säkularisierungsprojekte: Schon 1523 wurde das Vermögen des Belbucker Klosters eingezogen, 1525 die Kleinodien fast aller pommerschen Klöster in herzoglichen Schlössern „sichergestellt", 1534 das Dominikanerkloster in Stolp eingezogen. 1535–1537 folgten Klostersäkularisierungen im ganz großen Stil. Die Reformation eignete sich auch als Vorwand, um neben religiösen noch ganz andere Bedürfnisse zu befriedigen.

Die pommerschen Herzöge waren dabei in erster Linie an politischen Fragen orientiert. Ganz besonders beschäftigte sie die umstrittene Lehnsfrage Pommerns. Das ließ die Regenten außen- und innenpolitisch permanent lavieren. Auf dem Augsburger Reichstag 1530 nahm Karl V. die Pommernherzöge schließlich feierlich ins kaiserliche Lehnsverhältnis auf und anerkannte damit ihre unmittelbare Reichsstandschaft. Zu diesem Zeitpunkt lagen die Pommernherzöge jedoch bereits im grimmigen Bruderzwist, der auch eine konfessionspolitische Seite hatte und 1532 zur Landesteilung führte, die 1541 verstetigt wurde. Pommernweit grassierte ein wildes Raubritter- und Bandenunwesen, das die Schwäche der Herzöge umso deutlicher machte.

Entsprechend ungehindert verliefen die lokalen kirchlichen Entwicklungen. Am Ende setzte sich die reformatorische Predigt überall durch. Die selbstbewusste Hansestadt Stralsund nutzte jede Gelegenheit, ihre örtliche Reformation als autonome Leistung herauszustellen, und entwickelte sich zu einem territorialkirchlichen Sondergebiet. Solche Erscheinungen machten den Herzögen ihren drohenden Machtverfall deutlich und setzten sie unter Zugzwang. Ein Augenzeuge erinnerte: „vnd khonden id [= die Reformationsbewegung] nicht lenger vpholden, se wolden sick denne vmb land vnd lude bringen". Auf intensives Zureden ihrer Räte Bartholomäus Suawe und Jobst von Dewitz beriefen die Herzöge Barnim IX. und Philipp I. endlich zum 13./14. Dezember 1534 einen Landtag nach Treptow zur Klärung der Kirchenreformation ein. Er verlief höchst spannungsvoll. Die versammelte Ritterschaft votierte gegen die Stifter- und Klostersäkularisation zugunsten der Herzöge und verließ die Tagung protestierend. Der Camminer Bischof Erasmus von Manteuffel schloss nach einer mehrmonatigen Bedenkzeit seine Zustimmung ebenso grundsätzlich aus. Der Reformationsabschied wurde daher ohne das übliche Quorum nur von den beiden Herzögen sowie den verbliebenen Stadtvertretungen und prominenten Predigern beschlossen: „Dat men schal [=soll] aver dat gantze lant dat hillige evangelium lutter und rein prediken und alle papisterie und ceremonien, so wedder godt weren, afdon [=abtun]." Bugenhagen war aus Wittenberg herbeigerufen worden, um im Auftrag der Landesherren als Schlichter und Visitator zu fungieren. Damit trat die Reformation in die dritte und entscheidende Phase, in die der Verrechtlichung und Konsolidierung.

Bugenhagen verfasste eine gesamtpommersche Kirchenordnung, die unverzüglich als Verfassung des Kirchen-, Schul- und Sozialfürsorgewesens 1535 erlassen wurde. Eine anschließende Visitationsreise gab am Beispiel der wichtigsten Städte und Feldklöster ein Muster für Bestandserfassung und Strukturregelungen. Besonders wichtig war ihm und allen Folgevisitatoren die Sicherung funktionierender Kirchengemeinden mit einem stabilen Schul- und Fürsorgewesen. Die Aufhebung der Klöster war beschlossene Sache. Mönchen und Nonnen, die sich von ihren Gelübden nicht lösen mochten, wurde der Verbleib in den Konventsgebäuden bis zum Tod eingeräumt. Frauenkonvente machten davon in der Regel Gebrauch. Im „Jungferncloster" Krummin auf Usedom etwa befanden sich noch 1562 sieben Nonnen mit ihrer Priorin Sophie von Köller. Die Anlage wurde 1563 zum Amtsgutshof umgewandelt und verfiel dann in kurzer Zeit.

So geschah es mit fast allen Feld- und Stadtklöstern: lange bevor die letzten Insassen verstarben, waren die bisherigen geistlichen Zentralorte Pommerns buchstäblich dem Verfall geweiht. Einzige Ausnahme bildeten vier von geplanten sechs „Damenstifte", die dem Adel nach längerem Verhandeln aus der Klostermasse zugestanden wurden, realisiert wurden jedoch nur vier. Bis die neue Konfession auch unter der Landbevölkerung kulturell und gottesdienstlich Platz griff, vergingen mindestens drei Generationen. Geistliches Personal fehlte vielerorts. Zumeist wurden notgedrungen die bisherigen Priester weiterbeschäftigt. Doch verlangte das reformatorische Kirchenwesen theologisch und biblisch gebildete Prediger und Seelsorger.

Einstweilen hielten sich in der Landbevölkerung Wunderglaube, Heiligenverehrung und katholische Frömmigkeitspraktiken. Interessanterweise erhöhte die pommersche Agende 1569 gegenüber dem vorausgehenden Gottesdienstbuch von 1542 die Zahl der Heiligenfeste erheblich. Zum Hauptpfeiler der sich umgestaltenden Frömmigkeit wurde der lutherische Katechismus. Evangelische Gesänge wurden mündlich tradiert. Küsterkantoren bildeten darum einen wichtigen neuen Berufsstand.

Eine der tragenden Voraussetzungen für die erfolgreiche Inangriffnahme einer landesweiten Reformation war die Wiedereröffnung der Greifswalder Universität 1539. Sie hatte seit 1524 darniedergelegen. Sprecher des Treptower Landtages wollten sie ganz aufgeben. Die Herzöge hatten schon eine Hochschule in Stettin in Aussicht genommen, die aus den beiden dortigen Domstiften finanziert werden sollte. Am Ende sorgten aber Bugenhagen und Jobst von Dewitz mit guten Gründen für die Neufundierung der Greifswalder Universität. Ihr Lehrprogramm wurde an Wittenberg ausgerichtet, das neu besetzte Professorenkollegium auf die Augsburger Konfession festgelegt. Für die Heranbildung einer konfessionell gefestigten Beamten- und Pastorenschaft war diese Landesinstitution von eminenter Bedeutung. Mittelfristig schuf sie einen akademisch gebildeten Stand, dessen Professionalisierung beständig fortschritt.

Da sich Bischof von Manteuffel der Reformation dauerhaft verweigerte, übernahmen Generalsuperintendenten zentrale bischöfliche Aufgaben. Für Pommern-Wolgast wurde das Johann Knipstro (Abb. 6), für Pommern-Stettin Paul vom Rode. Manteuffel starb 1544. Dadurch entstand die Chance, dem Bischofsamt neue Geltung zu verschaffen. Bugenhagen wurde zum pommerschen Bischof gewählt, nahm zunächst auch an, sagte aber nach einem halben Jahr schlussendlich doch ab. So wurde der herzogliche Kanzler Bartholomäus Suawe zum Bischof gekürt. Er resignierte angesichts vieler Konflikte 1549 und wurde durch Martin Weyher ersetzt, der bei Luther studiert hatte und sowohl evangelisch als auch katholisch akzeptiert war. 1551 erhielt Weyher die päpstliche Zustimmung, starb aber schon 1556. Im Gefüge der Landeskirche spielte das Bischofsamt danach keine Rolle mehr. Es wurde zur Versorgungsanstalt nachgeborener Herzogssöhne.

Erst 1536 hatten sich die Herzöge dem Schmalkaldischen Bund, dem Schutzbündnis der evangelischen Reichsstände, angeschlossen. Sie enttäuschten aber die Erwartungen ihrer Bundesgenossen. Schließlich ließen sie diese ganz im Stich. Trotzdem nützte das den Pommernherzögen nicht, als der Schmalkaldische Krieg für die Lutheraner verloren ging. Der Kaiser bestrafte das am Krieg unbeteiligte Pommern mit dem enormen Bußgeld von 90.000 Gulden und der Verpflichtung, alle gegenreformatorischen Bestimmungen des Interims zu übernehmen. Das führte zu landesweiter Entrüstung. Die reformationsgeschichtliche Schrecksekunde dauerte bis zum Passauer Vertrag 1552. Endgültig löste der Augsburger Religionsfrieden 1555 die politisch verfahrene Situation Pommerns auf. Da war das kaiserliche Strafgeld allerdings bereits restlos abbezahlt. Jetzt konnte Philipp I. (Abb. 4) gefahrlos auf dem 1554 gewirkten Regentengobelin seines Wolgaster Schlosses („Croy-Teppich", Abb. 2) sein Treuebekenntnis zur Reformation bekunden. Mit der Darstellung der Theologentrias Luther, Melanchthon und Bugenhagen bezog er zugleich Stellung gegen alle Angriffe auf seinen Dr. Pomeranus und Melanchthon, denen seit 1548 Verrat an Luthers Theologie vorgeworfen wurde.

Ab 1555 konsolidierte sich die Landeskirche flächendeckend. Das war nicht zuletzt das Verdienst geistlich überzeugender Generalsuperintendenten, unter denen Jakob Runge (Abb. 5) am meisten leistete. Seine „revidierte" Kirchenordnung (1563, Abb. 3) und die neue Agende (1569) bewährten sich bis zum 19. Jahrhundert. Runge etablierte regelmäßige General- und Partikularsynoden, auf denen Sachfragen, Probleme und Grundsätze kollegial beraten, diskutiert und entschieden wurden. Vier Konsistorien entwickelten sich zu Schieds- und Kirchenleitungsinstanzen.

Grenzauseinandersetzungen mit den Bischöfen von Schwerin und Roskilde konnten bis 1560 abgeschlossen werden. Seitdem war die Landeskirche auf die Grenzen des pommerschen Staates arrondiert – mit Ausnahme des Landes Eixen, das erst 1591 den Schwerinern abgekauft werden konnte. Visitationen, die seit 1535 Jahr für Jahr vorgenommen wurden, erfassten bald sämtliche Gemeinden. Sie stellten Verluste fest, prüften das Personal und fixierten Arbeitsstrukturen. Die Visitationsprotokolle zeigen allerdings auch, wieviel Veruntreuung und Diebstahl kirchlichen Inventars und Vermögens während der wilden Jahre stattgefunden hatte. Pekuniäre Momente spielten für die Positionierung zur Reformation eine nicht zu überschätzende Rolle.

Thomas Kantzow, der herzogliche Rat und Historiker, der viele Visitationen protokollierte, äußerte um 1540 stark ernüchtert: zu katholischer Zeit wäre „das Volk sehr andechtig" gewesen, hätte „viel gefastet", „Kirchen, Kloster und die Armen" unterstützt und die Geistlichen „in großer Acht und Würdigkeit" geehrt. Seitdem Luthers Gedanken aufgenommen und die Reformation durchgesetzt worden sei, habe sich vieles verkehrt: „gegen vorige Andechtigkeit Ruchlosigkeit, gegen Mildigkeit Beraubunge der Gottsheuser, gegen Almosen Kargheit, gegen Fasten Fraß und Schwalg, gegen Feiern Arbeit, gegen die feine Zucht der Kinder Mutwillen und Unerzogenheit, gegen Ehr der Priester große Vorachtunge der Prediger und Kirchendiener [...] also daß man pillig sagen möchte, daß sich die Leute am Evangelio mehr geschlimmert dann gebessert hetten".

Kantzows schwarz-weiße Kontraste idealisieren freilich die versunkene Vergangenheit weit über Gebühr. Aber als subjektive Wahrnehmung eines Augenzeugen, der eine aus den Fugen geratene Zeit miterlebte, bleibt der nachdenkliche Kommentar dieses bekennenden Lutheraners kostbar und lehrreich.

Literaturauswahl

Buske / Lück / Schleinert 2017, Buske 1985, Berwinkel 2008, Plantiko 1922, Garbe 2010, Heyden 1957, Leder 2008, Ptaszynski 2017, Schmidt 1990, Völker 2003.

1 Altartuch, 1400/1500
Tuch 1612, Christus und Inschrift 1890

Reformatorisches ‚Recycling': Mit der Einführung der Reformation brauchte man die traditionellen Bischofsgewänder nicht mehr. Doch das aus Gold- und Silberfäden gestickte Kreuz von einer Kasel aus dem 15. Jahrhundert sollte nicht verloren gehen. Es fand als Mittelpunkt des Altartuches in der Kirche von Zarnekow neue Verwendung.

IESVSNAZRENO
REXIVDEORVM

ER · IST · DEN · VBELTHETERN · GLEICH
GERECHET · VÑ · HAT · VIELER · SVNDE
GETRAGEN · VND · HAT · FVR · DIE · VB
ELTHETER · GEBETÊ · ESAIE · AM · LIII
Aº · M · D · XVII · HAT · DER · EHRWIRDIG · DOCTOR · MARTINI · LVTHER · ZV
WITTEMBERG · ANGEFANGEN · GOTTES · WORT · LAVTER · VND
REI · ZV · PREDIGÊ · BIS · ER · Aº · M · D · XLVI · DEN · XVIII · FEBRV · CHRISTLI
CHER · BEKÊTNIS · VORSCHIDÊ · IST · IM · 63 · IAR · SEINS · ALTERS
INRI
SIHE DAS IST GOTTES LAM DAS
DER WELT SVNDE TREGT DISER IST S
VON DEM ICH EVCH GESAGT HABE IOH I
VND WIE MOSES IN DER WVSTEN
EINE SCHLANGE ERHÖHET HAT ALSO MVS
DES MENSCHEN SON AVCH ERHÖHET
WERDEN AVF DAS ALLE DIE AN IN GLEV
BEN NICHT VORLOREN WERDEN SONDERN
DAS EWIGE LEBEN HABEN · IOHAN · III
M · D · LIIII
NOMINA · ILLVSTRISSIORV · DVCVM · AC · PRINCIPVM · SAXONIÆ
FRIDERICƎ 3 · ELECT · SAXONIÆ
IOÃES · I · ELECT · SAXONI
IOÃES · FRID · ELECTOR · SAXONIÆ
IOANNES · ERST · DVX · SAXONIÆ
IOAN · FRI · FIL · IOAN · FRI · ELEC
IOA · WIL · FI · IO · FRI · ELECT
IOA · FRID · FIL · IO · FRI · ELECTO
ILLVSTRISSIMO
GEORGIVS · I · D · G · DVX · POMERAN

■ 2 Croy-Teppich, Peter Heymans (tätig 1550–1567), Stettin, 1554–1556
Bildwirkerei, Leinen, Wolle, Seide, Gold- und Silberfäden, 446 × 690 cm

Als letzter Nachfahre des Greifengeschlechts erbte Herzog Ernst Bogislaw von Croy 1660 den gesamten persönlichen Besitz der Pommernherzöge, darunter auch einen monumentalen Bildteppich aus der Regierungszeit des Herzogs Philipp I. (1532–1560): Er ist ein Bekenntnis zur Reformation mit Martin Luther als Oberhaupt einer auf die Macht der Fürsten gestützten Kirche und zugleich ein Denkmal der engen Verbundenheit des sächsischen und pommerschen Fürstenhauseses.

■ 3 „Kercken-Ordeninge im Lande tho Pamern" von 1563 und „Agenda" von 1568
Andreas Kellner Stettin 1591

Die 1535 erlassene Kirchenordnung von Bugenhagen regelte drei Bereiche: Predigt und Gottesdienst, Schulen und Universität sowie die Armenfürsorge. Die schnelle politische und kirchliche Entwicklung erforderte schon bald eine Überarbeitung der Ordnung. 1563 erschien die neue Kirchenordnung, die den Stempel Jakob Runges trägt.
Niederdeutsch blieb Kirchenspreche. Erst 1690 wurde die Ordnung ins Hochdeutsche übersetzt.

■ 4 Herzog Philipp I. von Pommern-Wolgast (1515–1560), um 1750
Öl auf Leinwand, 90,4 × 77,5 cm

Der Sohn Herzog Georgs I. wandte sich entschieden der Reformation zu und bekannte sich gemeinsam mit seinem Onkel Barnim IX. 1534 zum neuen Glauben. Martin Luther und Johannes Bugenhagen persönlich vollzogen 1536 die Heirat Herzog Philipps I. mit Maria von Sachsen, der Tochter des Kurfürsten Johann des Beständigen.

PHILIPPVS, I. GEORGY. I FILIVS,
DVX STETINI POMERANIÆ: NASCITVR
AŌ: 1515. MORITVR AŌ: 1560.

■ 5 Jakob Runge (1527–1595), Greifswald? 1600/1800
Öl auf Leinwand, 110,5 × 94,0 cm

Der Schüler und Freund Philipp Melanchthons gilt als der eigentliche Gestalter der lutherischen Kirche in Pommern. Der Generalsuperintendent Vorpommerns und bedeutende Theologe trieb die Visitationen der Gemeinden voran, führte Synoden und Konsistorien ein und erarbeitete die Gottesdienstordnung sowie die neue Kirchenordnung von 1563.

■ 6 Johannes Knipstro (1497–1556), Greifswald? 1600/1800
Öl auf Leinwand, 109,5 × 93,7 cm

Der Franziskanermönch verkündete seit 1521 die Lehre Luthers in Pyritz, Stargard, Stralsund und Stettin. Herzog Philipp I. ernannte ihn zum ersten Superintendenten. Knipstro war als Professor in Greifswald tätig, organisierte die erste Generalsynode für Pommern-Wolgast und verfasste 1542 unter Mitwirkung von Paul vom Rode und Christian Ketelhut eine Gottesdienstordnung.

■ 7 Ofenkachel „Holofernes Enthauptung“, 1562/1600
Fundort: Greifswald

Luther betont die dramaturgische Eignung der Geschichte: Gott schützt seine Getreuen; Frömmigkeit, innere Stärke und Entschlossenheit retten das Volk Gottes. Aus Formen von Hans Berman gefertigte Kacheln waren von der Schweiz bis ins Baltikum sehr beliebt.

■ 8 Vergoldeter Silberpokal ‚Lutherbecher'
Nicolaus Leiß, Augsburg um 1600

„Die Universität Wittenberg verehrt dieses Brautgeschenk Dr. Martin Luther und seiner Jungfrau Käthe von Bora 1525 …" heißt es am Fuß des Pokals. 1801 kaufte die Universität Greifswald diesen Pokal und war froh ein Stück aus dem Besitz des großen Reformators zu besitzen.
Doch hundert Jahre später regten sich Zweifel. Einzelne stilistische Elemente und Goldschmiedemarken am Fuß weisen auf Augsburger Arbeiten der Zeit um 1600 hin. Somit ist die Inschrift eine spätere Zutat, um aus dem Werk eine begehrenswerte Luther-Reliquie zu machen.

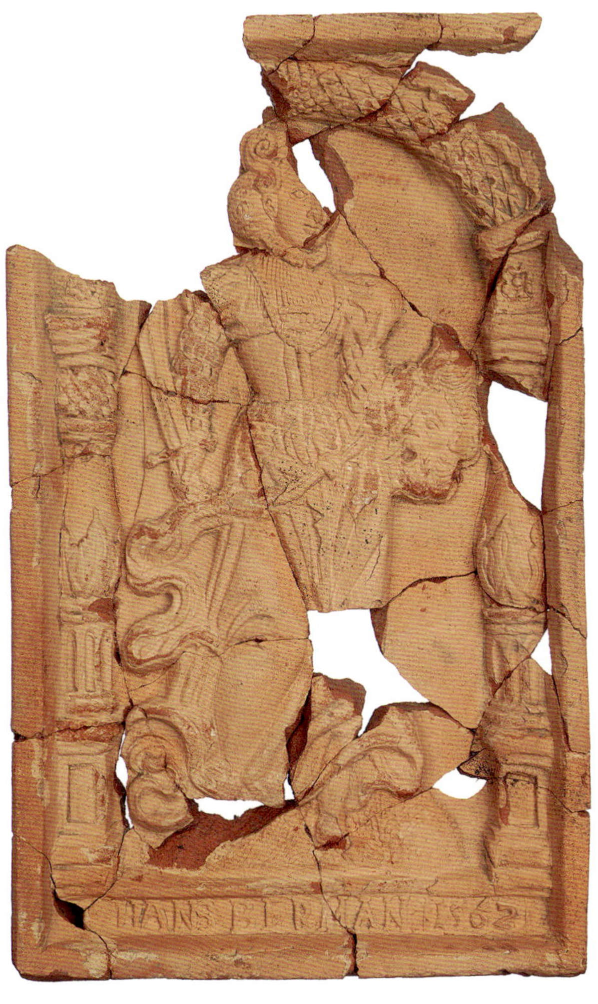

VII DIE KUNST DES GOLDENEN ZEITALTERS IN POMMERN

Rafał Makała, Monika Frankowska-Makała

Die pommerschen Kunstsammlungen des Nationalmuseums in Stettin und des Pommerschen Landesmuseums in Greifswald bilden zusammen ein eindrucksvolles Panorama der Kunst des einstigen Herzogtums Pommern während seines „goldenen Zeitalters" – vom ausgehenden Mittelalter bis zum Dreißigjährigen Krieg. Seit fast zwei Jahrhunderten zieht die Kunst dieser Zeit das Interesse der Forschung auf sich, wovon unter anderem das ihr gewidmete Kapitel in der 1840 erschienenen „Pommerschen Kunstgeschichte" von Franz Kugler zeugt. Dennoch bleibt der Wissensstand zu diesem Thema unvollständig, da das künstlerische Erbe der Greifen-Dynastie zwischen dem Dreißigjährigen Krieg und dem Zweiten Weltkrieg stark zerstört und verstreut wurde. Dank der geduldigen Arbeit polnischer und deutscher Museumsfachleute konnten in den letzten achtzig Jahren viele der Kunstwerke, die die Zerstörungen des Zweiten Weltkriegs überdauert haben, gesammelt, aufgearbeitet und zugänglich gemacht werden; die meisten von ihnen sind Teil der Sammlungen der beiden wichtigsten pommerschen Museen in Stettin und Greifswald.

Den Beginn des „goldenen Zeitalters" Pommerns markiert die Herrschaft des Herzogs Bogislaw X. (1454–1523). Nach dem Tod anderer Angehöriger der Greifen-Dynastie gelang es ihm, das Herzogtum zu vereinen (1478), sich aus der Abhängigkeit von den brandenburgischen Hohenzollern zu befreien und Reichsfürst (1521) zu werden. Seine Heirat mit Anna (1491), der Tochter des polnischen Königs Kasimir (genannt der Jagiellone), sicherte ihm und seinen Nachfolgern die Unterstützung des mächtigsten Staates in Ostmitteleuropa. Eine Periode des Friedens und des Wohlstands verdankte Pommern auch der umsichtigen Neutralitätspolitik der nachfolgenden Herzöge, die sich beispielsweise nicht in den Nordischen Krieg (1563–1570), der die anderen baltischen Länder verwüstete, hineinziehen ließen. Auch die Reformation, die Anfang der 1520er Jahre in Pommern begann und 1534 auf dem Landtag zu Treptow an der Rega offiziell eingeführt wurde, verlief relativ friedlich. Infolge der Reformation übernahmen die Fürsten die meisten Klostergüter außerhalb der Städte, was ihr finanzielles Potenzial erheblich steigerte und u. a. größere künstlerische Investitionen als zuvor ermöglichte. Während sich im Zuge der Reformation die künstlerische Produktion von Kirchenausstattungen anfangs drastisch reduzierte, entfaltete sich gleichzeitig in einem noch nie dagewesenen Umfang das Mäzenatentum der Dynastie, an dem sich auch der pommersche Adel und das städtische Patriziat weitgehend orientierten.

▸ Jacob Mores der Ältere (?), Aigrette vom Herzogshut Franz' I. Hamburg (?), um 1600, Muzeum Narodowe w Szczecinie

Die Reformation und die Stabilisierung der politischen Lage im Herzogtum Pommern fielen mit dem allmählichen Aufkommen moderner Kunstformen in Pommern ab dem zweiten Viertel des 16. Jahrhunderts zusammen. Obwohl Bogislaw X. bereits während seiner Reise an den kaiserlichen Hof und später nach Rom und ins Heilige Land mit ihnen in Berührung gekommen war (von dieser Reise brachte er italienische Kunstwerke mit), waren seine eigenen Schenkungen – wie das Altarbild in der Kirche in Ueckermünde, das sich heute im Nationalmuseum in Stettin befindet – im Stil der Spätgotik gehalten. Die von ihm erbauten und erweiterten Residenzen in Stettin (das er schließlich zur Hauptstadt des Herzogtums machte), Wolgast, Rügenwalde (*Darłowo*) und Stolp (*Słupsk*) wiesen ebenfalls spätgotische Merkmale auf. Nach dem Tod von Bogislaw X. wurde das Herzogtum von seinen beiden Söhnen gemeinsam regiert: Georg I. (1493–1531) und Barnim IX., genannt der Fromme oder Alte (1501–1573); nach dem frühen Tod von Georg I. übte Herzog Barnim die Regentschaft für seinen minderjährigen Neffen Philipp I. aus. Schließlich wurde das Land 1534 in zwei Landesteile aufgeteilt: den östlichen mit der Hauptstadt Stettin unter der Herrschaft Barnims IX. und den westlichen mit der Hauptstadt Wolgast, der von Philipp I. regiert wurde. Beide Städte wurden zu Hofsitzen, die einen entscheidenden Einfluss auf die Kunst in Pommern hatten.

Barnim IX. baute den Hauptsitz der Herzöge, das Schloss in Stettin, fast während seiner gesamten Regierungszeit weiter aus und vergrößerte u. a. auch den von Bogislaw X. errichteten Südflügel. Dieser beherbergte drei geräumige Säle auf mehreren Etagen sowie einige repräsentative Gemächer. Die von drei pseudotoskanischen Holzsäulen getragene Balkendecke überdauerte bis zum Zweiten Weltkrieg, während mehrere Räume mit spätgotischen Netzgewölben im Erdgeschoss und in den beiden Türmen bis heute erhalten geblieben sind. Das Gebäude war von einer spätgotischen Attika mit malerischen und Sgraffito-Dekorationen gekrönt – eine Anspielung auf die sächsische Architektur dieser Zeit. Leider wurde dieser Flügel des Schlosses bereits im 18. Jahrhundert größtenteils abgerissen (die erwähnte Balkendecke wurde damals in das Erdgeschoss verlegt), im Zweiten Weltkrieg bombardiert und ist verbrannt. In den Nachkriegsjahren wurde das Schloss wiederaufgebaut und knüpft heute äußerlich an seine einstige Pracht an, bleibt jedoch lediglich eine Rekonstruktion. Andere Residenzen dieses Herrschers hatten noch weniger Glück und sind heute nicht mehr erhalten, darunter die Oderburg, die Mitte des 16. Jahrhunderts aus einem säkularisierten Kartäuserkloster umgebaut wurde (bereits im 17. Jahrhundert zerstört), oder das ehemalige Zisterzienserkloster in Kolbatz (*Kołbacz*) östlich von Stettin (im 18. Jahrhundert abgerissen). Eines der wenigen erhaltenen Objekte, das ursprünglich die herzoglichen Residenzen schmückte, ist ein Steinrelief mit dem Porträt von Barnim IX. und seiner Frau Anna aus dem Jahr 1545. Der lineare, ebene Charakter dieses Kunstwerkes (das noch Reste der ursprünglichen Polychromie aufweist) erinnert an die Malerei der frühen Renaissance in Nordeuropa.

Die Veränderungen in der Liturgie, die sich aus der Einführung der Reformation ergaben, führten auch zur Entstehung neuer Werke der Kirchenkunst. Ihr bekanntestes Beispiel aus der Anfangszeit der Reformation in Pommern sind ein Altar und eine Kanzel, die sich heute in der Dorfkirche in Hinzendorf (*Sowno*) befinden (auch eine Schenkung von Barnim IX.). In der Sammlung des Nationalmuseums in Stettin befindet sich ebenfalls ein kleines gemaltes Triptychon aus dem Jahr 1568, das wohl ein Werk des aus Wittenberg nach Stettin gekommenen Malers Thomas Nether ist. Das Zentrum des Triptychons zeigt eine mehrfigurige Kreuzigungsszene, die an Werke aus der Cranach-Werkstatt erinnert, in den inneren Flügeln sind der kniende Fürst und seine Frau sowie die hinter ihnen stehenden lutherischen Geistlichen dargestellt, während die Vorderseiten die Evangelisten zeigen. Die Kombination aus traditioneller Form von Altarbild und protestantischer Ikonographie veranschaulicht deutlich den Charakter der Reformation in Pommern – sehr konservativ und bewusst auf die vorreformatorische Tradition verweisend. Diese Prägung der kirchlichen Reformbewegung ist vor allem dem aus Pommern stammenden Johannes Bugenhagen zu verdanken, der neben Philipp Melanchthon der engste Mitstreiter Martin Luthers war. Auch in den folgenden Jahrzehnten entstanden in Pommern Altäre dieser Art, wie das im Zweiten Weltkrieg verlorene Altarbild aus der Schlosskirche in Stettin (ein Werk von Giovanni Battista Perini aus der Zeit um 1577) oder das Altarbild aus der Marienkirche in Greifenhagen (*Gryfino*) aus dem Jahr 1580, gemalt vom Hofmaler des Herzogs Johann Friedrich, David Redtel, zeigen. Grundlegende Änderungen in der Liturgie – darunter die Aufwertung der Predigt und die Anerkennung der Taufe als eines der beiden von den Lutheranern anerkannten Sakramente – waren der Anlass für die Stiftung neuer Kanzeln und Taufbecken mit einem der lutherischen Doktrin entsprechenden ikonographischen Darstellungsprogramm. Dominant waren dabei Objekte aus Holz, aber es gab auch Werke aus Sand- oder Kalkstein, die entweder importiert wurden oder das Werk von Bildhauern waren, die aus anderen Teilen Europas kamen und diese in Pommern nicht vorkommenden Materialien bearbeiteten. Eines der bekanntesten Beispiele für diese Art von Objekten ist die Kanzel in der bereits erwähnten Marienkirche in Greifenhagen; ein weniger bekanntes, aber nicht minder interessantes Kunstwerk ist die Taufschale aus der Zeit um 1580 aus der Kirche in Isinger (*Nieborowo*) bei Pyritz (*Pyrzyce*) – wahrscheinlich wurde sie in dieser kleinen, ländlichen Kirche erst später aufgestellt. Die Veränderungen in der Liturgie – alle Gläubigen konnten die Kommunion in beiderlei Gestalt empfangen – waren auch der Grund für die Schaffung neuer liturgischer Gefäße. Leider sind nach zahlreichen Kriegen – insbesondere dem Zweiten Weltkrieg – nur relativ wenige erhalten geblieben. Eines der wenigen bis heute verbliebenen Objekte ist der von Barnim IX. gestiftete prächtige Abendmahlskelch des Stettiner Goldschmieds Alexander Wegener aus dem Jahr 1558, der die traditionelle Form mit einer neuartigen ornamentalen Verzierung verbindet und von der Rezeption von Renaissance-Mustern aus Druckvorlagen zeugt (Abb. 1). Ein interessantes Beispiel der Goldschmiedekunst im Zusammenhang mit der Reformation ist der sogenannte Lutherbecher. Obwohl dieses Werk um 1600 von dem Augsburger Meister Nicolaus Leiß angefertigt wurde, trägt der Fuß eine Inschrift, der zufolge der Kelch ein Hochzeitsgeschenk der Stadt Wittenberg an Martin Luther anlässlich seiner Hochzeit mit Katharina von Bora im Jahr 1525 sein soll (Vgl. S. 99, Abb. 8).

Ab der Mitte des 16. Jahrhunderts wird die Dynastie auch in einem breiteren Rahmen dargestellt – verwiesen wird auf ihre lange Geschichte und ihre Verbindungen zu dem von ihr regierten Land. Monumentale Studien zur Geschichte der pommerschen Dynastie, die im Hofmilieu – vor allem von Thomas Kantzow, Nikolaus Klemptzen oder Johannes Bugenhagen – verfasst wurden, dienten genau diesem Zweck. Dieser Trend zeigt sich auch in den von Barnim IX. gestifteten Kunstobjekten. Während das Epitaph in der Schlosskirche für Bogislaw X., das aus der Mitte des 16. Jahrhunderts stammt (und im Zweiten Weltkrieg verloren ging), noch als traditionelle Form des Gedenkens an den verstorbenen Vater angesehen werden kann, sollte die 1543 für den 200 Jahre zuvor regierenden Barnim III. gestiftete steinerne Epitaphplatte (die erst später in die Stettiner Schlossmauer eingelassen wurde) an einen bedeutenden Herrscher und Namensvetter des regierenden Fürsten erinnern. Im Gegensatz dazu diente der berühmte Croy-Teppich, der 1554 in der Werkstatt von Peter Heymans für Barnims Neffen, Prinz Philipp I., geschaffen wurde, dazu, die zeitgenössische Bedeutung der Greifen darzustellen (Vgl. S. 94–95, Abb. 2). Er zeigt die sächsischen Fürsten aus dem Geschlecht der Wettiner und die pommerschen Greifen in der Kirche unter der Kanzel, auf der Martin Luther steht. Die ausgefeilte Botschaft dieses Werkes manifestiert sich einerseits in einem eindeutigen Bekenntnis zur Reformation und andererseits in den Ambitionen der pommerschen Fürsten, die als gleichberechtigt mit den wichtigsten protestantischen Reichsfürsten dargestellt werden. Genauso interessant ist jedoch ein anderer Aspekt dieses einzigartigen Kunstwerks, der mit der Rolle Pommerns als Ort für den Transfer künstlerischer Konzepte zusammenhängt. Peter Heymans, der zwischen 1551 und 1566 in Stettin eine Manufaktur betrieb, stammte aus den Niederlanden und arbeitete vor allem für Herzog Barnim IX. (leider ist keiner der für seine Residenz gewebten Wandteppiche erhalten geblieben) und führte innovative künstlerische Muster ein. Die Porträts der sächsischen und pommerschen Fürsten wurden dagegen nach Vorlagen von Lucas Cranach dem Älteren und Albrecht Dürer gestaltet; wahrscheinlich stammt auch der Entwurf für den Wandteppich aus der Cranach-Werkstatt.

Das Beispiel von Heymans lenkt die Aufmerksamkeit auf noch ein anderes Thema – die künstlerischen Verbindungen zwischen Pommern und den Niederlanden, die sich während des „goldenen Zeitalters" verstärkten. Wie Danzig, Königsberg oder Riga waren die pommerschen Städte Häfen, über die Mitteleuropa – allen voran Polen und Litauen – landwirtschaftliche Erzeugnisse in den Westen (insbesondere in die Niederlande) exportierte. Obwohl der Einfluss der niederländischen Kunst in Pommern nie ein solches Ausmaß erreichte wie in Danzig, ist er im 16. und 17. Jahrhundert auf Schritt und Tritt spürbar. Dazu gehörten sowohl die Migration von Künstlern – wie dem bereits erwähnten Heymans, aber auch von Architekten und Bildhauern wie Paul van Hove und Philipp Brandin – als auch der Import von Kunstwerken sowie die Übernahme von kompositorischen Mustern und Inhalten, die in den Niederlanden entwickelt wurden. In den Inventaren des Wolgaster Schlosses aus der Zeit Philipps I. wird ein Gemälde mit der Darstellung der Madonna mit Kind von Quentin Massys erwähnt; es handelt sich wahrscheinlich um ein Gemälde aus der Sammlung des Pommerschen Landesmuseums in Greifswald, das auf die Zeit um 1520 datiert wird (Abb. 2).

Ein weiteres Land, zu dem Pommern im 16. Jahrhundert enge künstlerische Beziehungen unterhielt, war Sachsen, wie den Darstellungen auf dem Croy-Teppich entnommen werden kann. Diese Beziehungen gehen auf die Politik der pommerschen Herzöge zurück, die eine Annäherung an die sächsischen Kurfürsten suchten, um einen Verbündeten gegen die brandenburgischen Hohenzollern zu finden, aber ein ebenso wichtiger Faktor war auch die Reformation, deren Zentrum bis zur Mitte des 16. Jahrhunderts im sächsischen Wittenberg lag. Ein Ergebnis dieser Politik war die 1536 geschlossene Ehe Herzog Philipps I. mit Maria, der Tochter des sächsischen Kurfürsten Johann des Beständigen. 1541 malte Lucas Cranach der Jüngere, der mit den sächsischen Wettinern in Verbindung stand, ein Porträt des pommerschen Herzogs – eine Kombination aus subtiler Physiognomiestudie und konventioneller Darstellung in prachtvoller Kleidung (Abb. 3). Weitere Portraits von Mitgliedern der Dynastie, die aus dem sogenannten Visierungsbuch bekannt sind, das während des Zweiten Weltkriegs verloren ging, gehen ebenfalls auf die Cranach-Werkstatt zurück. Parallel dazu entwickelte sich zur Zeit Philipps I. in der pommerschen Kunst ein Interesse an den künstlerischen Konzepten des Manierismus. Davon zeugt ein hervorragendes Flachrelief mit dem Portrait Philipps I., das ursprünglich über dem Eingang des Schlosses in Ueckermünde angebracht war, das während seiner Herrschaft (1546) erweitert wurde (Abb. 4). Sein Schöpfer, der aus Sachsen stammende Hans Schenck (genannt auch Hans Scheußlich), der früh in den Dienst der Hohenzollern getreten war, hielt sich in der zweiten Hälfte der 1520er Jahre in Polen auf, wo er wahrscheinlich mit den Werken italienischer Renaissancekünstler in Berührung kam, die für Sigismund I. (der Alte) arbeiteten: Francesco Fiorentino, Giovanni Cini oder Bartolomeo Berrecci. Das Relief aus dem Schloss in Ueckermünde zeigt Philipp I. in einem prächtigen Plattenharnisch in einer manieristischen Pose, der so genannten figura serpentinata, die zu dieser Zeit in Italien bereits populär, in Nordeuropa jedoch recht selten vorzufinden war. Nur die Wappentafel von 1537 ist bis heute erhalten geblieben, allerdings teilweise beschädigt. Es wird auch vermutet, dass das Flachrelief mit der Darstellung der Bekehrung des Paulus, das später in die Wand des Loitzenhauses in Stettin eingelassen wurde, ein Werk von Hans Schenk ist. Steinskulpturen schmückten auch die von Philipp I. erweiterte Hauptresidenz des westlichen Teils des Herzogtums in Wolgast.

Die neuen künstlerischen Konzepte, mit denen die Greifen das Ansehen der Dynastie steigern wollten, wurden vom Adel und dem städtischen Patriziat schnell nachgeahmt, wie die von den Schlössern in Stettin und Ueckermünde inspirierten Bauten zeigen – darunter das sogenannte Alte Schloss der Familie von der Osten in Plathe (*Płoty*) oder das Stadtpalais der Familie Loitz in Stettin. In der Sammlung des Nationalmuseums in Stettin befindet sich eine Steinplatte mit den Wappen von Jobst von Dewitz und seiner Frau Ottilie (geb. von Arnim) aus dem Jahr 1538, die an den Renaissance-Umbau des Schlosses der Familie von Dewitz in Daber (*Dobra*) erinnert. Der Autor der Platte, der in der Fachliteratur als Meister der Gründungstafeln bezeichnet wird, führte Aufträge sowohl für den Hof von Barnim IX. in Stettin als auch für Philipp I. in Wolgast aus.

Eine neue Phase in der pommerschen Kunst wurde im Zuge der Machtübernahme in Stettin durch Johann Friedrich (1542–1600) nach dem Tod von Barnim IX. (1572) eingeleitet. Seine dreißigjährige Herrschaft war die Zeit der größten Bautätigkeit in der Geschichte der Greifen. In den 1570er Jahren wurde die Hauptresidenz in Stettin vollständig umgebaut und nahm eine Form an, die sich an der italienischen Architektur jener Zeit orientierte, was damals in Norddeutschland einzigartig war. In den 1580er und 1590er Jahren entstand dagegen ein großes Ensemble von Jagdschlössern am rechten Oderufer mit dem Hauptschloss Friedrichswalde (*Podlesie*) und kleineren Bauten am Stettiner Haff (Ihnaburg, Haffhausen); neue Stadtresidenzen wurden auch in Köslin (*Koszalin*) und Cammin (*Kamień Pomorski*) errichtet. Fast alle Gebäude Johann Friedrichs wurden während des Dreißigjährigen Krieges zerstört. Nur wenige Werke sind aus Archivaufnahmen bekannt – es sind vor allem das Altarbild in der neu errichteten Schlosskirche in Stettin und das Bildnis des Herzogs, wahrscheinlich vor 1577 fertiggestellt, das von Giovanni Battista Perini gemalt wurde. Das einzige größere Gemälde, das aus dem pommerschen Herzogshof stammt und bis heute erhalten ist, ist der monumentale Stammbaum der Greifen, 1598 von Cornelius Crommeny gemalt (Abb. 5), dem aus den Niederlanden stammenden Hofmaler der mecklenburgischen Herzöge. Ein Werk des Hofmalers Johann Friedrich ist auch das 1580 vollendete Altarbild der Pfarrkirche in Greifenhagen, das die traditionelle Form eines Triptychons mit innovativen Darstellungsformen verbindet, indem es die wichtigsten Elemente der Lehre Luthers wiedergibt. Eine gewisse Vorstellung von der Qualität der von Johann Friedrich und seiner Gemahlin Erdmuthe von Brandenburg in Auftrag gegebenen Kunstwerke vermitteln auch Goldschmiedeobjekte, die sich in den Beständen der Staatlichen Kunstmuseen in Dresden befinden – darunter v. a. ein prächtiger Pokal mit einer Schale aus Bergkristall von Egidius Blanke aus Stettin (1583) und Weidbesteck (um 1590) desselben Meisters.

Eine rege Bau- und Mäzenatentätigkeit entfalteten im letzten Viertel des 16. Jahrhunderts auch die beiden Brüder Johann Friedrichs – der Herzog von Pommern-Wolgast Ernst Ludwig (1545–1592) und Bogislaw XIII. (1544–1606), der ein kleines Gebiet im westlichen Teil Pommerns regierte, das die Stadt Barth und die Ländereien der ehemaligen Zisterzienserabtei Neuenkamp umfasste. Der relativ früh verstorbene Ernst Ludwig initiierte unter anderem den Ausbau der Residenz in Wolgast und den Bau des bis heute erhaltenen Lusthauses in Ludwigsburg und war Förderer der Universität Greifswald, für die er einen Neubau stiftete (erst unter seinem Sohn Philipp Julius fertiggestellt). Bogislaw XIII. (Abb. 6) hingegen unternahm einen interessanten Versuch, neben dem säkularisierten Kloster Neuenkamp eine Idealstadt zu errichten, die zu Ehren seines Schwiegervaters, Herzog Franz von Braunschweig-Lüneburg, Franzburg benannt wurde. Das Zentrum der Stadt prägte das Schloss, das in den

1580er Jahren aus dem ehemaligen Kloster und einer Abteikirche mit einer Kapelle nach dem Vorbild der Schlosskirche in Stettin umgebaut wurde. Leider wurde auch diese Residenz der Greifen in späterer Zeit zerstört; nur die oben erwähnte Schlosskapelle (heute Pfarrkirche) und steinerne dekorative Skulpturen, die in der Sammlung des Greifswalder Museums verwahrt werden, sind erhalten.

Mit der 1606 erfolgten Machtübernahme in Stettin durch Philipp II., einem der Söhne Bogislaws XIII., begann für Pommern eine Zeit des künstlerischen Glanzes (Abb. 8). Die wissenschaftlichen und künstlerischen Leidenschaften dieses Herrschers waren Ausgangspunkt für seine Idee, eine umfangreiche Kunstkammer einzurichten, für die eigens ein fünfter Flügel des Schlosses in Stettin gebaut wurde. Im Erdgeschoss sollte eine Waffenkammer untergebracht werden, im ersten Stock eine Bibliothek, während im obersten Stockwerk des neuen Flügels die Kunstsammlungen samt Naturalien untergebracht werden sollten. Hauptgegenstand der Kunstkammer sollte ein Kabinettschrank (Pommerscher Kunstschrank) werden, den der Herzog 1610 in Augsburg bei Philipp Hainhofer, einem bekannten Kunsthändler und Sammler, in Auftrag gab. Es handelte sich um ein Möbelstück mit zahlreichen Fächern und Schubladen, das mit Gegenständen aus verschiedenen Bereichen ausgestattet war (u. a. wissenschaftliche Instrumente, Schreibgeräte, Spielbretter, Tafelsilber, Apotheker-, Medizin- und Toilettenutensilien sowie Geschirr), die von Augsburger Meistern aus wertvollen Materialien hergestellt wurden. Das im Laufe des intensiven Briefwechsels zwischen Philipp II. und Hainhofer entwickelte Bildprogramm und die vorgesehene Funktionalität des Kabinettschranks waren derart umfangreich, dass es zum größten und bedeutendsten Objekt seiner Art in Europa wurde. Bei der Übergabe des Kabinettschranks an den Fürsten im Jahr 1617 verfasste Hainhofer einen ausführlichen Bericht über seinen mehrwöchigen Aufenthalt in Pommern, in dem er den Hof und den Greifenstaat auf dem Höhepunkt seiner Blütezeit darstellte. Er beschrieb auch das im herzoglichen Garten errichtete Gebäude, das Lusthaus, in dem eine Galerie mit Portraits der Herzöge sowie Gemälde zur pommerschen Geschichte und allegorische Darstellungen gezeigt werden sollten. Auf Geheiß Philipps II. fertigte Eilhard Lubin zwischen 1611 und 1617 die Karte des gesamten Herzogtums Pommern an, die 1618 im Druck erschien. Es handelte sich um eine Darstellung von repräsentativem und propagandistischem Charakter. Neben einer detaillierten Darstellung der Topographie enthielt es Stammbäume der Greifen und Rügenfürsten, Portraits der damals regierenden Herzöge, Wappen des Herzogtums und des pommerschen Adels, Stadtansichten und eine kurze Beschreibung Pommerns (Abb. 7).

Philipps Nachfolger, Herzog Franz, der nur zwei Jahre regierte, setzte dessen Werk fort und vollendete unter anderem den Bau der Kunstkammer. In der Krypta des Stettiner Schlosses blieb sein Sarkophag – der einzige, der im Laufe der Jahrhunderte von Räubern unberührt blieb – bis zum Ende des Zweiten Weltkriegs erhalten. So befinden sich in der Sammlung des Stettiner Nationalmuseums seine prächtigen Schmuckstücke, darunter Rosetten und die Aigrette seines Herzogshuts, die zu den wertvollsten Goldschmiedearbeiten dieser Zeit in Europa gehören (Abb. 10 und Abb. S. 101), sowie ein Satz sogenannter Gesellschaften – Ehrenabzeichen, die von den sächsischen Kurfürsten an ausgewählte Fürsten und Adlige verliehen wurden. In der Sammlung des Merseburger Doms ist hingegen ein Portrait des aufgebahrten Herzogs Franz I. erhalten, auf dem sein Schmuck und seine Kleidung detailliert zu erkennen sind – das Bild wird dank wohlwollender Erlaubnis der Vereinigten Domstifter zu Merseburg und Naumburg und des Kollegiatstifts Zeitz derzeit im Nationalmuseum in Szczecin ausgestellt. Es handelt sich um eines der letzten erhaltenen Gemälde dieser Art, die einst in der Stettiner Schlosskirche in großer Zahl vorhanden waren. Seit der Zeit von Barnim IX. erhielten die hier begrabenen Herzöge keine Grabmale mehr, sondern ihre Rüstungen, Banner sowie Portraits ihrer Aufbahrung wurden an den Säulen der Kirche angebracht. In

Herzogshut. Pommern (?) Ende des 16. – Anfang des 17. Jahrhunderts, Muzeum Narodowe w Szczecinie

der Sammlung der Stiftung Preußische Schlösser und Gärten Berlin-Brandenburg befindet sich dagegen ein ganzfiguriges, repräsentatives Bildnis von Franz I., das auf die Zeit um 1610 datiert wird. Ähnliche Portraitformen nutzten auch die pommerschen Eliten um sich zu verewigen, wie beispielsweise ein Bildpaar aus den 1630er Jahren zeigt, das den aus Kolberg (*Kołobrzeg*) stammenden Adam Rubach, Hofarzt von Franz I. und Bogislaw XIV., sowie dessen Frau Anna Maria, geb. Schultz, darstellt.

Von der Qualität der Kunst, die den unmittelbaren Rahmen für das zeremonielle Leben der Fürsten bildete, zeugen auch die in der Sammlung der Universität Greifswald aufbewahrten und heute im Pommerschen Landesmuseum ausgestellten Werke, die vom letzten Herzog von Pommern-Wolgast, Philipp Julius (1625 gestorben), gestiftet wurden. Dazu gehört ein prächtiger Rektorenmantel aus rotem Samt, der mit Stickereien verziert ist, die die Wappen des Herzogtums Pommern und die Stifterinschrift zeigen (Abb. 9). Diese hochwertige Stickerei mit Gold- und Silberfäden sowie Perlen und Pailletten stammt aus dem Jahr 1619 und wurde vom Stralsunder Heinrich Möller gefertigt. Im Besitz der Universität verbleibt auch ein 1620 gefertigtes Portraitmedaillon mit dem Bildnis der Eltern von Ernst Bogislaw von Croy, dem Erben des letzten Herzogs, der seit 1760 zu den Insignien des Rektors gehört (Abb. 11–15).

Nach dem Tod von Philipp Julius im Jahr 1625 kam das Herzogtum Pommern unter die Herrschaft von Bogislaw XIV., dem letzten männlichen Vertreter der Greifen-Dynastie. Überschattet wurde seine Herrschaft durch die verhängnisvolle Verwicklung Pommerns in den Dreißigjährigen Krieg im Jahr 1627. Die Besetzung des Landes durch die Heere der Katholischen Liga und die spätere Landung der schwedischen Truppen machten den Greifenstaat für mehrere Jahre zum Kriegsschauplatz, was zur gravierenden Entvölkerung und Verarmung des Landes führte. Obwohl Bogislaw XIV. versuchte, die Integrität seines Staates zu retten, indem er ein Bündnis mit dem schwedischen König einging und ihn von dem pommerschen Landtag als Erben des Herzogtums anerkennen ließ, fiel im Westfälischen Frieden nur der westliche Teil des Landes mit Stettin und Stralsund als Lehen an Schweden. Der östliche Teil mit Kolberg (*Kołobrzeg*) und Stolp (*Słupsk*) wurde aufgrund alter Erbverträge von den brandenburgischen Hohenzollern übernommen, was zum Ausgangspunkt eines über ein Jahrhundert andauernden Konflikts wurde. Sowohl die Schweden als auch die Brandenburger beharrten auf ihrer Rechtsnachfolgerschaft als Herzöge von Pommern und versuchten, die Loyalität ihrer neuen Untertanen zu gewinnen, indem sie beispielsweise pommersche Adlige zu ihren Höfen und hohen Staatsämtern zuließen – die schwedischen Könige waren in dieser Hinsicht viel konsequenter und unterhielten in Stettin und Wolgast einen Ersatzhof, von dem aus jedoch keine Impulse für neue Kunst ausgingen und der auch keine Inspirationsquelle wie noch in Zeiten der Greifen war.

Die zweite Hälfte des 17. Jahrhunderts und die ersten Jahre des 18. Jahrhunderts stellen eine Art Epilog des „goldenen Zeitalters" in Pommern dar. Der Kunst des nach dem Krieg mühsam wieder aufgebauten Pommerns fehlte die einstige Dynamik, obwohl sie in dieser Zeit von alten Verbindungen profitierte, was sich z. B. in den ausgeprägten flämischen und niederländischen Einflüssen zeigt. Ein interessantes Beispiel dafür ist ein in der zweiten Hälfte des 17. Jahrhunderts entstandenes Gemälde mit der Darstellung der „Anbetung der Heiligen Drei Könige" aus der heute nicht mehr existierenden St. Gertrudenkirche in Stettin, das auf einem Werk von Nicolaes Lauwers (1600–1655) aus der Zeit um 1621 nach einem Gemälde von Peter Paul Rubens basiert. Es handelt sich jedoch nicht um eine Kopie, da der pommersche Künstler interessante Änderungen an der Komposition des Gemäldes vorgenommen hat. Die wichtigste davon ist die Platzierung mehrerer Figuren in zeitgenössischer Tracht und mit individualisierten Gesichtszügen in der oberen Hälfte des Bildfeldes, die dem Betrachter entgegenblicken – vermutlich Vorsteher oder Wohltäter der St. Gertrudenkirche; auf dem Gemälde von Rubens sind hingegen Männer abgebildet, die die Anbetungsszene betrachten.

Der Große Nordische Krieg von 1700–1721 veränderte das Machtgleichgewicht in Pommern. 1713 besetzte König Friedrich Wilhelm I. von Preußen Stettin, und Schweden, das zugunsten Russlands geschwächt war, verlor im Baltikum an Bedeutung. In beiden Ländern – Schweden und Preußen – wandte sich die Kunst in dieser Zeit dem barocken Klassizismus zu und läutete damit die Veränderungen der Aufklärung ein. Dasselbe geschah in Pommern, wo lokale Traditionen allmählich zugunsten einer internationaleren Kunst aufgegeben wurden, was zur Entstehung einiger hervorragender Werke führte, etwa der Bauten von David Gilly, aber dies ist bereits ein anderes Kapitel der pommerschen Kunstgeschichte.

Literatur

Bethe 1937, Makała 2013, Wisłocki 2005.

■ 1 **Alexander Wegener, Barnimskelch, Stettin, 1558**
Silber, vergoldet, Bergkristall, Glas, 24 × 16,3 cm, Muzeum Narodowe w Szczecinie

■ 2 **Maria an der Fensterbank, um 1510/20**
Öl auf Holz, 38,2 × 27,2 cm

Das künstlerisch hochwertige Bild hing einst im Wolgaster Schloss. Es diente als Andachtsbild und Zeugnis der Kunstsinnigkeit Herzog Philipps I. Zudem weist es auf die engen wirtschaftlichen Beziehungen zwischen Pommern und den Niederlanden im Rahmen der Hanse hin.

■ 3 Lucas Cranach der Jüngere, Bildnis Herzog Philipp I., Wittenberg (?) 1541
Öl auf Holz, 60 × 46 cm, Muzeum Narodowe w Szczecinie

■ 4 Hans Schenck gen. Scheußlich, Stiftungstafel mit dem Bildnis Herzog Philipps I aus dem Schloss Ueckermünde, Berlin (?) 1546
Sandstein, 145,5 × 115 cm, Muzeum Narodowe w Szczecinie

■ 5 Cornelius Crommeny: Ausschnitt aus dem Stammbaum der Herzöge von Pommern, Güstrow oder Hinterpommern (?), 1598
Tempera auf Leinwand, 190 × 693 cm,
Muzeum Narodowe w Szczecinie

■ 6 Herzog Bogislaw XIII. von Pommern-Stettin (1544–1606) und seine Gemahlin Anna von Schleswig-Holstein-Sonderburg (1577–1616), um 1600
Öl auf Leinwand, 97 × 91 cm

Bogislaw XIII. war ein Sohn von Philipp I. und studierte bereits mit vierzehn an der Universität Greifswald. Zunächst Mitregent an der Seite seines Bruders, ließ er sich 1569 mit den Ämtern Barth und Neuenkamp abfinden. Er gründete die Stadt Franzburg als geplante Handwerkerstadt und legte in Barth eine Druckerei an. Der Zusammenbruch des Bankhauses der Loitz 1572 stürzte den pommerschen Staat und viele Adels- und Kaufmannsfamilien in eine schwere finanzielle Krise. Die Ehe mit Anna von Schleswig-Holstein-Sonderburg war bereits seine zweite Ehe. Diese blieb kinderlos.

NOVA ILLUSTRISSIMI PRIN
Cum adjunctâ Principum Genealogiâ et Principum v
BALTHICI
DUCA
TUS
MEGA
POLENSIS
PARS.
Dat nie diep
Die Oost
Achter water
DAS GROSSE HAFF
POMERANIÆ,
ET RERUM IN EA MEMO-
RABILIUM
Brevis descriptio E. Lubini.

ATUS POMERANIÆ DESCRIPTIO
otiorum Urbium imaginibus et Nobilium Insignibus.
MARIS PARS
Septentrio
Occidens
Oriens
Meridies
POLONIAE PARS
MARCHIAE PARS
Stargard
Colberg
Stolpe
Lauenburg
Butow
Newen Stettin
Coslin
Belgard
Treptow
Piritz
Golnow
Wollin oder Iulina
Camin
Greiffenberge
Rugenwalde
Sazig
Friedrichswalde
Colbatz
Corlin
Bublitz
Iacobshagen
Zachan
Dam
Catalogus Urbium

▲ 7 Eilhard Lubin (1565–1621), Neue Beschreibung des hochberühmten Herzogtums Pommern, 1618

Maßstab 1 : 200 000

Die Karte stellt einen Quantensprung in der Kartographie Pommerns dar. Der Rostocker Professor Eilhard Lubin stellte sie im Auftrag des Herzogs Philipp II. 1618 her. Sie ist das erste, auf Vermessung und mathematischer Berechnung beruhende, annähernd wirklichkeitsgetreue kartographische Abbild Pommerns. Die sogenannte ‚Landtafel' zeigt eine einzigartige Sammlung des damals bekannten Wissens über das Land: Wappen von 353 Adelsfamilien, Ansichten von 49 Städten, Stammbäume der Herrscherfamilien sowie eine lange Beschreibung des Landes, einschließlich einer Liste von 79 Fischarten.

■ 8 Herzogshut Philipps II. Pommern (?), vor 1618

Muzeum Narodowe w Szczecinie

■ 9 Radmantel mit Hut, Henrich Möller, Stralsund 1619

Der spanische Radmantel aus Seidensamt ist reich mit Gold- und Silberstickerei verziert. Die Inschrift am Saum nennt den Stifter, Herzog Philipp Julius von Pommern-Wolgast, und das Stiftungsjahr 1619. Die neun Wappen – eines auf der Rückseite – lehnen sich an die einzelnen Wappenschilde des neunfeldrigen pommerschen Wappens an.

PHILIPPVS IVLIVS
1619

■ 10 Jacob Mores der Ältere (?), Aigrette vom Herzogshut Franz' I. Hamburg (?), um 1600

Muzeum Narodowe w Szczecinie

■ 11 Rektorkette, 1650/1680 (Medaillon 1619)

Das Medaillon an der Goldkette erinnert an die Hochzeit Annas von Pommern mit Ernst von Croy 1619. Es ist in schwarz emaillierten Goldfiligran, besetzt mit Rubinen und Diamanten, gefasst. Dieses Medaillon kaufte die Universität 1743 und fügte es 1760 an die Kette. Das Medaillon der 1681 von Ernst Bogislaw von Croy der Universität gestifteten Kette ist verschollen.

12 Herzog Ernst Bogislaw von Croy (1620–1684), 1650/1700
Öl auf Leinwand, 76 × 54 cm

Der Neffe des letzten Greifenherzogs Bogislaw XIV. wurde 1655 brandenburgischer Statthalter in Hinterpommern, 1671 in Ostpreußen. 1681 vermachte er der Universität Greifswald unter anderem den nach ihm benannten Bildteppich sowie einen Ring und eine Kette. Damit verbunden war die Verpflichtung, zum Gedächtnis seiner Mutter Anna, der Schwester des letzten Greifenherzogs, mindestens alle zehn Jahre „auf den tag des ableibens meiner höchstsehl. Fraw Mutter, so den 7. Julij einfällt", einen ‚feierlichen Akt' zu halten. Daran hält man sich mit Unterbrechungen schon mehr als 300 Jahre über alle Zeitläufe hinweg.

■ 13 Herzogin Anna von Croy (1590–1660), 1650/1700
Öl auf Leinwand, 76 × 54 cm

Als Schwester des letzten pommerschen Herzogs Bogislaw XIV. vererbte Anna von Croy ihrem Sohn Ernst Bogislaw die persönlichen Besitztümer des pommerschen Herzogshauses, darunter auch den ‚Croy-Teppich'.

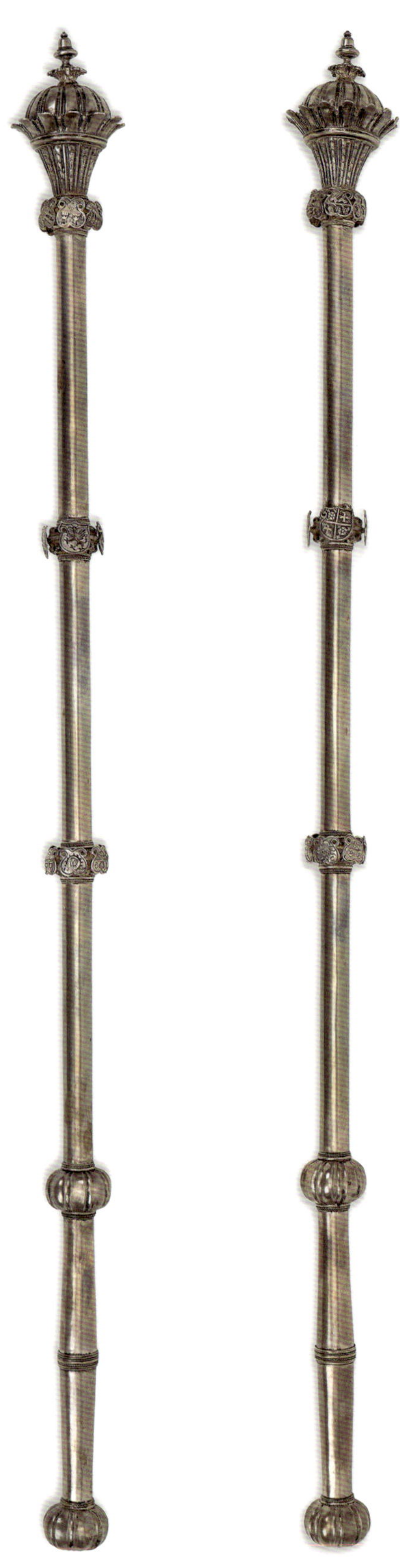

14 Kleines Zepterpaar der Universität Greifswald, 1459 (1547, 1750 stark überarbeitet)

Die 1459 gestifteten Zepter bestehen aus hohlen Silberrohren. 1547/1548 musste ein verlorenes Zepter neu geschaffen, das zweite erneuert werden. Zum Dank für das gespendete Silber montierte man an die Schaftringe die Wappen der 26 Stifter, unter ihnen Herzog Philipp I., der Bischof von Cammin, Wohltäter sowie Angehörige des Hofs und der Universität. Bei der Neuanfertigung der Zepter 1750 übernahm man nur Bekrönung und Wappenringe der Zepter von 1547.

15 Großes Zepterpaar der Universität Greifswald, 1456 (1547, 1749 stark überarbeitet)

Die 1456 gestifteten Zepter bestehen aus silbergefasstem Holz. Bekrönung, Schaftringe und Inschriftenband sind vergoldet. Von den zahlreichen Reparaturen sind diejenigen von 1547 und 1749 hervorzuheben. Nach letzterer blieben von den Originalen nur die Inschriftenbänder übrig. Die falsch wieder aufgebrachten Bänder nennen Datum und wichtigste Beteiligte der Universitätsgründung.

VIII | POMMERNLAND IST ABGEBRANNT – VOM DREISSIGJÄHRIGEN KRIEG BIS ZUR ÜBERGABE SCHWEDISCH-POMMERNS 1815

Joachim Krüger

DER DREISSIGJÄHRIGE KRIEG UND DAS ENDE DER GREIFEN-DYNASTIE

Noch zu Beginn des 17. Jahrhunderts sah es so aus, als sei der Fortbestand der herzoglichen Dynastie in Pommern gesichert. Mit Pommern-Wolgast und Pommern-Stettin bestanden zwei in einem Erbverband zusammengeschlossene regierende Linien. Durch sechs männliche Nachkommen, ein Sohn Ernst Ludwigs und der Sophia von Braunschweig-Wolfenbüttel in Wolgast, und fünf Söhne Bogislaws XIII. und der Clara von Braunschweig in Stettin, schien die Erbfolge gewährleistet. Aber zwischen 1617 und 1622 verstarben in rascher Folge vier Herzöge des Stettiner Zweigs. Mit dem 1625 erfolgten Tode von Philipp Julius erlosch die Wolgaster Linie im Mannesstamm. Als einziger männlicher Nachkomme blieb der dritte Sohn Bogislaws XIII., Herzog Bogislaw XIV. (1580–1637), übrig.

Bogislaw XIV. erbte alle drei Herrschaften (1620 Pommern-Stettin, 1622 Bistum Cammin, 1625 Pommern-Wolgast). Von schwächlicher Konstitution, gelang es ihm aber nicht, den Widerstand der Stände gegen die Einrichtung einer Zentralverwaltung zu brechen und so blieb es bei einer Personalunion mit drei getrennten Regierungen. Unter dem Eindruck des seit 1618 andauernden Krieges, der einmal als der Dreißigjährige Krieg in das kollektive Gedächtnis eingehen sollte, kam es immerhin zur Bildung eines Geheimen Rates, bestehend aus Vertretern aller drei Landesregierungen.

Der Dreißigjährige Krieg begann 1618 als Erhebung der böhmischen Stände gegen ihren Landesherrn, König Ferdinand von Böhmen, den späteren Kaiser Ferdinand II. Durch das 1625 erfolgte Eingreifen des dänisch-norwegischen Königs Christian IV. weitete sich der Krieg in den Norden aus. Der Feldherr des Kaisers, Albrecht von Wallenstein, plante die Vertreibung Christians IV. vom Reichsboden. Da ihm eine Flotte fehlte, befahl Wallenstein seinem Oberst Hans Georg von Arnim, im Herbst 1627 die Herzogtümer Mecklenburg und Pommern zu besetzen, um gegen den dänisch-norwegischen König weiträumig operieren zu können. Wallenstein verfolgte allerdings auch private Ziele. Um Schulden zu begleichen, belehnte der Kaiser seinen Feldherrn 1628 mit den gesamten mecklenburgischen Herrschaften.

▸ Gustav II. Adolf von Schweden,
Ausschnitt aus Herzog Bogislaw XIV. von Pommern und König Gustav II. Adolf von Schweden
Pommern 1637/1638, Öl auf Leinwand, 57,5 × 89,5 cm

Ich Gustave bin berüffen ein König zu sein
das reine wort Gottes zu vertreten, In
Teudschlandt schickt mir Gott hinnein
da gab Er mir kraft zū Sieg sein,
doch muss ich las= sen mein lebē drein,
doch habe ich da= durch erlanget
die Ehren Krohne, die mir hat
gegeben Jesūs Christūs Gottes
Sohne. Ihr Ritter Streitet an allē
Ohrt, vor Gottes wort auf das
ihr mit mir erlangt die himlische
Pfordt, wo der heilige Geist ist
an dem Ohrt.

Obwohl die Herzöge von Pommern seit 1618 wiederholt ihre Loyalität gegenüber dem Kaiser und ihre Neutralität erklärt hatten, standen 1627 die kaiserlichen Truppen an den Grenzen des Herzogtums. Bogislaw XIV. und seine Räte waren gezwungen, am 10. November 1627 die Franzburger Kapitulation zu unterzeichnen und der Aufnahme von acht kaiserlichen Regimentern, zunächst für sechs Monate, zuzustimmen. Nur die Stadt Stralsund weigerte sich, eine Besatzung aufzunehmen. Mit dänischer und dann auch schwedischer Hilfe widerstand die Stadt im Frühsommer 1628 einer dreimonatigen Belagerung.

Eine neue Dynamik erhielt das Kriegsgeschehen durch die im Juni 1630 erfolgte Landung des schwedischen Königs Gustavs II. Adolf auf der Insel Usedom. Die Motive des schwedischen Königs waren durchweg machtpolitischer Art. Die durch eine geschickte Propaganda erfolgte Glorifizierung als „Löwe aus Mitternacht" und „Retter des Protestantismus" wirkt allerdings bis in die Gegenwart nach. Bis 1631 waren alle Stützpunkte der Kaiserlichen in Pommern erobert. Herzog Bogislaw XIV. wurde am 10. Juli 1630 in Stettin in eine Allianz mit Schweden gezwungen (Abb. 1).

Da sich in diesen Jahren bereits abzeichnete, dass mit Bogislaw XIV. die Greifen-Dynastie im Mannesstamm aussterben würde, wurden zunehmend brandenburgische Interessen berührt. Seit 1529 bestand eine vertragliche Regelung, die den Kurfürsten von Brandenburg zum alleinigen Erben in Pommern einsetzte. 1633 machte ein Schlaganfall den Herzog nahezu handlungsunfähig, weshalb die Landstände ein Jahr später die sogenannte Regimentsverfassung, eine Art Verfassung, erließen, um das Land regierbar zu halten. Am 10. März 1637 verstarb Bogislaw XIV. Damit trat der brandenburgische Erbanspruch in Kraft.

Wegen der Kriegslage einigten sich die pommerschen Stände auf die Bildung einer Interimsregierung, die am 7. März 1638 aufgrund von Einsprüchen des Kurfürsten von Brandenburg zurücktrat. Damit erhielt Schweden die Möglichkeit, direkten Einfluss auf die inneren Verhältnisse Pommerns zu nehmen. Im Mai 1638 wurden jeweils ein schwedischer Gouverneur für Vor- und Hinterpommern eingesetzt. Einige Monate später wurde der schwedische Oberkommandierende im Reich, Feldmarschall Johan Banér, zum Generalgouverneur für das gesamte Pommern ernannt. In diese Zeit fallen die schlimmsten Verheerungen durch schwedische, kaiserliche und brandenburgische Truppen. Der Winter 1637–1638 ist als „Banérsche Tid" in das kollektive Gedächtnis eingegangen. Auch wenn zeitgenössische Nachweise fehlen, wird das bekannte Kinderlied „Maikäfer flieg" gerne mit diesen Jahren in Verbindung gebracht.

In den Friedensverhandlungen im westfälischen Osnabrück spielte die Frage nach dem zukünftigen Status Pommerns eine wichtige Rolle. Im Januar 1647 einigten sich Schweden und Brandenburg auf eine Teilung des Herzogtums. Der Westfälische Frieden bestätigte die ein Jahr zuvor getroffenen Regelungen. Das frühere Herzogtum Pommern-Wolgast sowie ein Streifen des Stettiner Landesteils inklusive der Hauptstadt Stettin wurden als Reichslehen an Schweden abgetreten. Die schwedische Krone erhielt dafür Sitz und Stimme im Reichstag. Das übrige Teilherzogtum Pommern-Stettin sowie das Bistum Cammin fielen an Brandenburg.

WEITERE KONFLIKTE IN DER 2. HÄLFTE DES 17. JAHRHUNDERTS

Das Königreich Schweden stieg im 17. Jahrhundert von einer regionalen zur führenden Macht im Ostseeraum auf. Die Expansion des schwedischen Staates erfolgte vor allem auf Kosten Dänemark-Norwegens und Polen-Litauens. Um 1660 erreichte der schwedische Machtbereich seine größte Ausdehnung. Die schwedische Eroberungspolitik führte zu militärischen Konflikten, durch die Pommern mehrfach in Mitleidenschaft gezogen wurde.

Im sogenannten 2. Nordischen Krieg (1656–1660/61) stand Schweden anfänglich einer polnisch-russischen Allianz gegenüber, der 1657 noch Dänemark-Norwegen beitrat. Der Kurfürst von Brandenburg agierte zunächst als Verbündeter des schwedischen Königs Karls X. Gustav, wechselte dann aber 1657 in das gegnerische Lager, dem sich auch noch der Kaiser und die Niederlande anschlossen. Das führte 1659–1660 zur Besetzung Schwedisch-Pommerns durch kaiserliche und brandenburgische Truppen. Im Frieden von Oliva (1660) wurde das Gebiet restituiert. Brandenburg wurde allerdings der Besitz Lauenburgs und Bütows vom polnisch-litauischen König bestätigt.

Der schwedisch-brandenburgische Gegensatz brach 15 Jahre später mit dem Schonischen bzw. Schwedisch-brandenburgischen Krieg (1674–1679) erneut aus. Vorausgegangen war ein Subsidienvertrag des französischen Königs Ludwigs XIV. mit der schwedischen Vormundschaftsregierung in Vorbereitung des Holländischen Krieges, der 1672 begann. Da sich der Krieg schnell festlief und eine französische Niederlage drohte, forderte Ludwig XIV. die Bündnispflicht ein. Im Dezember 1674 rückte eine schwedische Armee von Pommern aus in Brandenburg ein, um Kurfürst Friedrich Wilhelm I. zu zwingen, seine am Rhein operierenden Regimenter abzuziehen. Mit Unterstützung des Kaisers und der Niederlande gelang es dem Kurfürsten, das gesamte schwedisch-pommersche Territorium zu besetzen. Im Frieden von St. Germain-en-laye (29. Juni 1679) wurde Friedrich Wilhelm I. jedoch gezwungen, seine pommerschen Eroberungen bis auf einen Streifen Landes östlich der Oder zurückzugeben. Der Krieg hatte zu großen Verheerungen geführt. Vor allem Stralsund und Stettin waren durch Artilleriebeschuss schwer in Mitleidenschaft gezogen worden.

DER GROSSE NORDISCHE KRIEG (1700–1720/21)

Für gut dreißig Jahre herrschte im gesamten Pommern Frieden. Schwedisch-Pommern gehörte zu den am stärksten militarisierten Gebieten im Ostseeraum. Die größeren Städte wie Stettin und Stralsund waren zu Festungen ausgebaut worden. Das Land wurde mit einem flächendeckenden System von Schanzen überzogen. Allerdings war das Mutterland Schweden zu keinem Zeitpunkt in der Lage, die Befestigungen ausreichend zu bemannen.

Die strategische Bedeutung Schwedisch-Pommerns zeigte sich besonders im Großen Nordischen Krieg, der im Jahre 1700 mit dem Angriff einer Koalition aus Dänemark-Norwegen, Polen-Sachsen und Russland auf das Königreich Schweden und seinen Verbündeten, den Herzog von Schleswig-Holstein-Gottorf begann. 1715 traten noch Preußen und Hannover in den Krieg gegen Schweden ein. Der Krieg verlief für Schweden unter seinem jungen König Karl XII. zunächst sehr erfolgreich. Schwedisch-Pommern blieb in den ersten Jahren verschont und wurde als Basis für Transporte genutzt. Aber 1711 wendete sich das Blatt, das Gebiet wurde mehrfach von feindlichen Truppen heimgesucht. 1713 wurde Stettin nach schwerem Beschuss von einer russisch-sächsischen Armee erobert. Im selben Jahr wurden die Städte Wolgast und Gartz an der Oder von russischen Einheiten niedergebrannt, als Vergeltung für die Zerstörung Altonas durch schwedische Truppen. Stralsund wurde insgesamt dreimal belagert. Die Stadt kapitulierte an Weihnachten 1715 (Abb. 2).

Bereits im Oktober 1713 nahm das formell noch neutrale Preußen Schwedisch-Pommern südlich der Peene mitsamt den Inseln Usedom und Wollin in Sequester. In separaten Artikeln, die den Vertrag von Schwedt (6. Oktober 1713) ergänzten, versprach Russland, Preußen beim vollständigen Erwerb des besetzen Gebietes zu unterstützen. Nach der preußischen Kriegserklärung an Schweden (1. Mai 1715) schlossen der preußische und der dänisch-norwegische König einen Teilungsvertrag (24. Mai 1715) über das restliche Schwedisch-Pommern ab, der nach der Kapitulation Stralsunds auch in Kraft trat. Der dänisch-norwegische König erhielt Vorpommern nördlich der Peene mit der Insel Rügen. Stralsund wurde Sitz der dänischen Verwaltung. In den Friedensverhandlungen, die nach dem Tode Karls XII. (30. November/11. Dezember 1718) aufgenommen wurden, gelang es den Verbündeten, ihre Ansprüche nur teilweise durchzusetzen. Unter britischer und französischer Vermittlung wurden 1719–1720 mehrere

Silbermedaille auf Heinrich Sigismund von der Heyde, König Friedrich II. von Preußen, Nils Georgi/Jakob Abraham, Berlin 1760

Friedensverträge geschlossen. Die schwedische Königin Ulrika Eleonora trat Vorpommern südlich der Peene mit Usedom, Wollin und der Hauptstadt Stettin an Preußen ab. Das nördliche Schwedisch-Pommern wurde auf französischen Druck hin restituiert. Der dänisch-norwegische König Friedrich IV. musste sich mit einer finanziellen Abfindung und Garantien für den dauerhaften Besitz des Herzogtums Schleswig begnügen. Ab 1721 wurde Stralsund Sitz der schwedischen Verwaltung.

DER SIEBENJÄHRIGE KRIEG (1756–1763)

Nach der Niederlage im Großen Nordischen Krieg betrieb Schweden eine reichsfreundliche Außenpolitik, der verbliebene Teil Schwedisch-Pommerns wurde unter den Schutz des Kaisers gestellt. Allerdings konnte das Land nicht dauerhaft vor Konflikten bewahrt werden. Auch wenn es sich nur um einen Nebenschauplatz handelte, wurden sowohl Schwedisch-Pommern sowie auch das preußische Pommern in den Siebenjährigen Krieg mit einbezogen. Schweden schloss sich der antipreußischen Koalition an. Ein Versuch, Stettin 1757 zurückzuerobern, scheiterte. Im Gegenzug besetzten preußische Truppen Schwedisch-Pommern und belagerten Stralsund. Die Belagerung wurde im August 1758 ergebnislos aufgehoben. Russische Truppen drangen in den preußischen Teil Pommerns ein und belagerten mehrfach Kolberg (Abb. 4). Die Stadt musste im Dezember 1761 kapitulieren.

Nach dem Ausscheiden Russlands im Frieden von St. Petersburg (5. Mai 1762) wurden die bereits geführten Friedensverhandlungen zwischen Preußen und Schweden forciert und mündeten in den Vertrag von Hamburg vom 22. Mai 1762, mit dem der Vorkriegszustand wiederhergestellt wurde.

Die Kriegsschäden waren sowohl im preußischen sowie auch im schwedischen Landesteil enorm. Um effizienter wirtschaften zu können, begann in Schwedisch-Pommern eine neue Phase der Gutsbildung und des Bauernlegens, die das Siedlungsbild und die Sozialstruktur tiefgreifender umformten, als es die Kriege zuvor vermochten.

DIE NAPOLEONISCHEN KRIEGE

Die letzten großen Konflikte am Übergang zur Neuzeit, die das gesamte Pommern erfassten, gehören in den Kontext der Koalitions- bzw. Napoleonischen Kriege (1792–1815). 1805 erklärte der schwedische König Gustav IV. Adolf im Bündnis mit Russland und Großbritannien Frankreich den Krieg. In Schwedisch-Pommern wurden ca. 12.000 schwedische und ca. 19.000 russische Soldaten gesammelt. Nach dem Abmarsch der russischen Regimenter beschränkte sich das schwedische Engagement auf Truppenbewegungen in Richtung Lauenburg und Boizenburg. Zum Jahreswechsel 1806–1807 stießen französische Truppen in Richtung Schwedisch-Pommern vor. Stralsund wurde zwischen Januar und April 1807 erfolglos belagert. Am 18. April

1807 wurde der Waffenstillstand von Schlatkow geschlossen, der die Kampfhandlungen vorläufig beendete.
Nachdem der schwedische König britische Verstärkungen erhalten hatte, kündigte er in Verkennung der politischen Lage den Waffenstillstand einseitig auf. Das führte 1807 zu einer erneuten französischen Besetzung Schwedisch-Pommerns und der Rückführung der schwedischen Truppen in ihr Mutterland. Der Kriegszustand zwischen Frankreich und Schweden dauerte bis zum Vertrag von Paris vom 6. Januar 1810 an. Für die Beteiligung Schwedens an der Kontinentalsperre wurde Schwedisch-Pommern geräumt.
Das preußische Pommern wurde bereits 1806 nach der verlorenen Schlacht von Jena und Auerstedt (14. Oktober 1806) vom Krieg erfasst. Die Festung Stettin kapitulierte kampflos am 29. Oktober 1806. Ab März 1807 wurde Kolberg belagert. Die Kampfhandlungen endeten mit dem Frieden von Tilsit (7./9. Juli 1807). 1812 wurde Kolberg unter französisches Kommando gestellt. Das platte Land und die kleineren Städte mussten für gut zwei Jahre französische Garnisonen aufnehmen und unterhalten. 1812 folgte eine erneute Besetzung, diesmal des gesamten Pommerns, die bis 1813 währte. Obwohl der Krieg noch andauerte, kehrte in Pommern allmählich Ruhe ein.

Literatur

Backhaus 1969, Forsgård 2008, Goetze 2021, Krüger 2014, Krüger 2019, Langer 2012, Schleinert 2012, Westphal 2021.

■ 1 Herzog Bogislaw XIV. von Pommern und König Gustav II. Adolf von Schweden
Pommern 1637/1638, Öl auf Leinwand,
57,5 × 89,5 cm

Kurz nach seiner Ankunft 1630 zwang Gustav II. Adolf den pommerschen Herzog zum Bündnis mit Schweden. Dieser Vertrag ließ Bogislaw XIV. zwar seine Selbständigkeit als Herzog, untersagte ihm aber, eigenmächtig Staatsverträge abzuschließen. Vor allem genehmigte der Vertrag die Besetzung des Landes durch schwedische Truppen.

■ 2 **Männlicher Schädel mit Einschlagloch, 1715**
Fundort: Stralsund

Durchs Wasser watend umgingen sächsische und preußische Soldaten am 5. November 1715 die Befestigung am Frankentor und überrumpelten die schwedische Besatzung von hinten. Vermutlich wurde dieser Soldat von seinen Verletzungen erlöst, da er bereits lag oder kniete. Die kreisrunden Löcher an seinen Zähnen zeigen, dass er ständig eine Tabakspfeife im Mund hatte.

3 Armeestiefel des Anders Andersoon Oxehufvud

Schweden 1700/1715

Der schwedische Leutnant Anders Oxehufvud diente seit 1704 im Leibregiment der Königin in Stralsund. In den Kämpfen um Pommern geriet er am 31. Juli 1715 auf Usedom in Gefangenschaft. In der Gefangenschaft wurde er zum Hauptmann befördert. Nach seiner Freilassung 1719 verließ er die Armee.

4 Silbermedaille auf Heinrich Sigismund von der Heyde
König Friedrich II. von Preußen
Nils Georgi/Jakob Abraham, Berlin 1760

Durch geschicktes Taktieren gelang es dem Kolberger Festungskommandanten Heinrich Sigismund von der Heyde (1703–1765) die Belagerungen 1758 und 1760 abzuwehren. Dafür verlieh ihm Friedrich II. den Orden „Pour le mérite" und ehrte ihn als „Verteidiger Kolbergs".

Förklaring.
I Kongl. Krigsarkivet förvaras plan med
profiler af denna redutt, byggd 1758. 3e liknan-
de redutter lågo på 400 famnars afstånd framför Kniper-
hornverket. Af dessa var den, som låg närmast haf-
stranden, ej fullt färdig. Efter sjuåriga kriget rasera-
des de. I Krigsarkivet finnes angående ofvannämn-
de plan antecknadt:
"Stralsund. Plan af en Redout desinerad af Mar-
quis Montalembert och af undertecknad (dåvarande conducteur)
år 1758 i Stralsund på Kniperdammen uppbyggd, be-
stående af jordvallar.
S. H. af Klercker."
Orginalplanen har följande påskrift:
"Approberas Stralsund
d. 4 Aprill 1758.
G. F. v. Rosen"
(Befälhafvande General i Pomern)
"Aprouvé le plan et les profils de la presente
Redout, le dessines etant conformes à ceux
que j'a y donnés à Stralsund le 27 Mars 1758.
Le Mis de Montalembert."
Stockholm MDCCCLXXXVI.

1761.

5 Modell einer Schanze der Festung Stralsund
Claes Mattlin 1761 (Legende 1886)

Im Siebenjährigen Krieg wurde unter der Leitung des Festungsbaumeister Marc-René de Montalembert (1714–1800) weit vor der Stadt ein Ring von acht einzelnen Schanzen angelegt. Das Modell zeigt die gut 1 km vor dem Kniepertor liegende Schanze.

IX | FAST 200 JAHRE SCHWEDEN?!

Nils Jörn

Was bedeutete die schwedische Herrschaft für Pommern? Wie ist sie bis heute erleb- und sichtbar? Welche Vor- und Nachteile erfuhr Pommern durch die schwedische Herrschaft? In welchem zeitlichen und territorialen Rahmen können wir überhaupt von einer Schwedenzeit in Pommern sprechen?

Schon die Dauer der Schwedenzeit in Pommern ist umstritten. Setzen wir als Ausgangspunkt die Landung der 14.000 Mann starken schwedischen Truppen in Peenemünde am 6. Juli 1630 und damit ihr Eingreifen in den Dreißigjährigen Krieg? Oder den Abschluss des Allianzvertrages zwischen Gustav II. Adolf von Schweden und Bogislaw XIV. von Pommern am 25. August 1630 in Stettin? Innerhalb weniger Wochen hatte sich die schwedische Armee weite Teile Pommerns unterworfen und die kaiserlichen Truppen aus wichtigen Teilen des Landes vertrieben. Doch diese Besetzung geschah trotz der Allianz unter Kriegsrecht, wurde vom kaiserlichen Lehnsherrn massiv bekämpft und schließlich im Westfälischen Frieden im Jahre 1648 völkerrechtlich anerkannt. Mit diesem am 14. Oktober 1648 unterzeichneten Vertrag von Osnabrück wurden das Herzogtum Vorpommern und das Fürstentum Rügen der Krone Schweden als „ewige Lehen" zugesprochen.

Auch dieses Datum könnte diskutiert werden, denn erst mit der Ratifikation der Beschlüsse des Instrumentum Pacis Osnabrugense am 7. November 1648 in Wien bzw. am 18. November 1648 in Stockholm waren sie völkerrechtlich bindend. Und es bedurfte des Stettiner Grenzrezesses vom 4. Mai 1653, um die Grenze zwischen dem schwedischen Reichslehen Vorpommern und dem brandenburgischen Reichslehen Hinterpommern zu regeln. Die Schwedenzeit beginnt also frühestens 1630 mit der Ankunft der als Befreier oder Besatzer angesehenen fremden Truppen, spätestens 1653 mit der verwaltungsrechtlichen Vereinbarung über die Grenzen des Territoriums.

Wann aber endete sie? Setzen wir den Kieler Vertrag zwischen Dänemark und Schweden am 14. Januar 1814 dafür an oder die tatsächliche, im Wiener Kongress verabredete Übergabe Schwedisch-Vorpommerns und Rügens durch den schwedischen Generalgouverneur Wilhelm Malte I. Fürst zu Putbus an Preußen am 23. Oktober 1815?

Und was ist mit den kriegsbedingten Besetzungen Pommerns zwischen 1674 und 1680 bzw. zwischen 1715 und 1721? Die dänische Armee hatte die Schweden während beider Kriege aus dem Land vertrieben und dort eigene Strukturen eingerichtet. Der Krone Dänemark gelang es jedoch nicht, ihre militärischen Erfolge völkerrechtlich anerkennen zu lassen. Das 1648 als „ewiges Lehen" an die schwedische Krone übergebe-

▸ Ausschnitt aus König Karl XII. von Schweden (1682–1718), Johann David Schwartz (1678–1729), Öl auf Leinwand, Altranstädt/Leipzig 1707

ne Vorpommern wurde ihr nach der Besetzung dank des französischen Verbündeten 1680 restituiert; 1721 zahlte Preußen eine Entschädigung an Dänemark für die Übernahme Altvorpommerns, Neuvorpommern und Rügen aber verblieben noch fast ein Jahrhundert in schwedischem Besitz.

So unklar wie der zeitliche ist auch der territoriale Rahmen, in dem wir uns bewegen. Bei Abschluss des Stettiner Vertrages waren nur Rügen, Stralsund, Stettin, Stargard und Cammin in schwedischer Hand, die befestigten Städte Greifswald, Anklam und Demmin sowie die strategisch wichtig an der Oder gelegenen Orte Gartz und Greifenhagen hingegen noch von kaiserlichen Truppen besetzt. Mit dem Westfälischen Frieden gelangte dann Vorpommern „cum annexis" an die schwedische Krone. Die Oder sollte die Grenze bilden, doch Schweden besetzte auf dem rechten Ufer des Flusses bis 1675 einen Landstreifen mit den Städten Cammin, Gollnow, Altdamm, Greifenhagen und Bahn und war nicht gewillt, ihn abzutreten. Dieser gelangte erst in Folge des Schwedisch-Brandenburgischen Krieges an Kurbrandenburg, das sich vier Jahrzehnte später im Ergebnis des Großen Nordischen Krieges die Inseln Usedom und Wollin sowie das südlich von Demmin, Loitz, Gützkow (beide schwedisch) und Anklam gelegene, später als Altvorpommern bezeichnete Gebiet einverleibte.

Bei der zeitlichen und territorialen Einordnung der Schwedenzeit zeigen sich mithin deutlich zwei Phasen, die Großmachtzeit unter den Königen Gustav II. Adolf, Christina, Karl X. Gustav, Karl XI. und Karl XII. (Abb. 1) und die sogenannte Freiheitszeit unter Friedrich I., Adolf Friedrich, Gustav III., Gustav IV. Adolf und Karl XIII. Während Schweden bis 1720 eine aggressive Großmacht war und als solche den Ostseeraum be herrschte, verlor es nach dem verlustreichen Großen Nordischen Krieg massiv an Bedeutung. Diese neue, nur mit erheblichen Schwierigkeiten akzeptierte Rolle ermöglichte allerdings auch Jahrzehnte friedlichen Aufbaus und Handels, massive Investitionen in bedeutende Architektur sowohl der Krone und des Staates als auch zahlreicher Adliger und Städte im Mutterland und im territorial stark reduzierten Schwedisch-Vorpommern.

Sowohl bei der zeitlichen wie der territorialen Frage zeigt sich aber vor allem eins: Pommern war im hier behandelten Zeitraum kein gleichberechtigter Akteur, sondern ein Verhandlungsgegenstand zwischen Großmächten, die es – vor allem am Ende der Schwedenzeit – als politische Verhandlungsmasse ansahen und u. a. auf dem Wiener Kongress weitgehend beliebig verschoben.

Wenn immer wieder gefragt wird, wie sich das „abgebrannte Pommernland" nach dem Dreißigjährigen Krieg und den vielen anderen militärischen Konflikten vergleichsweise schnell wieder erholen konnte, muss man der Rechtssicherheit (Abb. 2) sicherlich eine zentrale Rolle dabei zuweisen. Das 1653 in Wismar eingerichtete Tribunal mit dem gebürtigen Greifswalder David Mevius (Abb. 3) als Gründungsdirektor an der Spitze entwickelte sich zum Modellgerichtshof in Europa, wo schnell, unstrittig und kostengünstig Recht gesprochen, die Urteile mit Hilfe der einquartierten Soldaten zudem zuverlässig umgesetzt wurden. Auf dieser Basis konnte das Land immer wieder aufblühen. Alle Steuerpflichtigen bezahlten die Tribunalssteuer, Ritterschaft und Städte konnten über einen einfachen Präsentationsmodus neben der Landesregierung die Richterstellen am obersten Gericht mit besetzen. Das Tribunal urteilte auf der Grundlage von Lübischem und Reichsrecht. Konnten Parteien ihr Recht hier nicht erlangen, stand ihnen letztinstanzlich der Weg an die obersten Reichsgerichte offen, das Reichskammergericht in Speyer, seit 1693 in Wetzlar und den Reichshofrat in Wien. Diese Möglichkeit wurde sehr selten ergriffen – man einigte sich auch bei Auseinandersetzungen zwischen Krone und Landständen lieber im Land als sich dem fernen Kaiser als Richter zu unterwerfen.

So beispielgebend, erstrebenswert und fruchtbringend die allgemeine Rechtssicherheit auch war, so wenig gelang es der schwedischen Krone die angestrebte Steuergerechtigkeit in Schwedisch-Pommern herzustellen. Die sowohl im Kernland als auch in allen erworbenen Territorien zwischen 1692 und 1709 mit

Sargschild Greifswalder Bäcker
Nicolaus Lampmann, Greifswald 1794

den modernsten Methoden durchgeführte Landesaufnahme konnte wegen des Widerstandes der starken Landstände in Vorpommern nicht eingeführt werden. Zu sehr lag den Landbesitzern an der Beibehaltung der 1630 eingeführten Kahldenschen Matrikel, die auf einer Selbsteinschätzung der Steuerzahler beruhte. Sobald man nachweisen konnte, dass das Gut durch den Krieg, Brände oder anderes zerstört oder wesentlich geschädigt worden war, konnte man Rabatte bei der Steuerzahlung erbitten. Eine Höherstufung war in der Logik der Landstände hingegen nicht vorgesehen und wurde der schwedischen Krone auch nicht gewährt. So fehlte das Geld für wichtige Aufgaben der Landesherrschaft wie den Ausbau von Straßen und Häfen, die Förderung anderer ziviler Baumaßnahmen wie von Schulen, des Stettiner Gymnasium illustre oder der Universität Greifswald. Noch bis zum Ende der Schwedenzeit zahlten die Grundbesitzer auf der Grundlage der veralteten und von vornherein ungerechten Landesaufnahme. Die seinerzeit modernste Landesaufnahme Europas mit der genauen Aufschlüsselung, wer welche Erträge erzielte und wieviel geben könnte, war gut im Archiv verstaut und gibt uns bis heute sicheren Aufschluss über den Zustand Pommerns an der Wende vom 17. zum 18. Jahrhundert.
Die schwedische Krone kam auf andere Weise an ihr Geld. Am Ende des 17. Jahrhunderts wurde eine Reduktion der von Gustav II. Adolf, vor allem aber von seiner Tochter Christina verliehenen Ländereien durchgeführt. Wie im Rausch hatten beide Monarchen ihren erfolgreichen Kriegsherren, verdienten Amtsträgern, wichtigen Kaufleuten und anderen Güter aus dem ehemaligen Besitz der pommerschen Herzöge zu Lehen gegeben. Am Ende des 17. Jahrhunderts wurde eine Reduktionskommission gebildet, die die Ansprüche der Besitzer prüfte und die Lehen zu großen Teilen wieder einzog bzw. neue Bedingungen für ihre Bewirtschaftung erließ.
Während der Schwedenzeit entstand zwischen Schweden und Pommern ein reger Austausch in vielen Bereichen: Pommersche Adlige reüssierten im schwedischen Heer und in der Verwaltung, schwedische Kriegshelden wurden von der schwedischen Krone geadelt und mit pommerschen Gütern belehnt. Berühmte Künstler und Gelehrte wirkten im Mutterland wie in der Provinz, Freimaurerlogen tauschten sich über die Ostsee hinweg aus und genossen eine neue Freiheit im Denken und Handeln.
Zunächst für militärische Zwecke, dann zunehmend auch für den zivilen Bereich wurde seit 1684 eine wöchentliche Postlinie zwischen Ystad und Stralsund in Betrieb genommen (Abb. 4), in Stralsund entstand 1755 die Manufaktur von Joachim Ulrich Giese, die einfache bis prachtvolle Fayencen für alle Gelegenheiten herstellte (Abb. 5). Strumpf- und Spielkartenfabriken, Lotterien, prächtige Drucke, hervorragende wissenschaftliche Werke oder Theateraufführungen erinnern bis heute an die glückliche Seite der Schwedenzeit.
Während der Schwedenzeit wurde das pommersche Territorium aber auch immer wieder in die Kriege der schwedischen Großmacht involviert. Es diente der schwedischen Armee als strategisch wichtiges Aufmarsch- und Rückzugsgebiet, eindrucksvolle Festungen wurden aufgebaut – neben Stralsund (S. 120, Abb. 5) und Stettin sechs kleinere sowie 13 feste Plätze – und bis zum Großen Nordischen Krieg ständig erweitert. Da die schwedischen Soldaten direkt bei den Einwohnern einquartiert waren und diese ihnen Wohnraum, Nahrungsmittel, Heizung und Licht zu geben hatten, bedeutete die Schwedenzeit auch im Frieden harte Belastungen für die pommersche Bevölkerung (Abb. 6). Aus jedem Haushalt musste ein Mann bei den Schanz- und Befestigungsarbeiten mit anpacken, Fuhrwerke der Bauern und Schiffe wurden eingesetzt, um Bäume, Steine und Erde für den Festungsbau heranzutransportieren.
Im Krieg steigerte sich die Belastung noch, da weitere Truppen ins Land geholt wurden, das Kriegsglück wechselhaft war und das Land immer wieder von fremden Truppen geplündert und gebrandschatzt wurde. So wurde die ehemalige Herzogsstadt Wolgast im Jahre 1713 von russischen Truppen „in die Asche gelegt" als Rache für das Abbrennen des holsteinischen Altona durch ein bereits geschlagenes schwedisches Heer

unter Magnus Steenbock. Ein dramatisches Ereignis war sicherlich auch der letzte Pestzug im Ostseeraum, der von zurückweichenden schwedischen Truppen 1709 nach Pommern und Wismar geschleppt wurde und bis 1711 wütete. Im Siebenjährigen Krieg wurde Schwedisch-Pommern mehrfach belagert, verwüstet und zu hohen Lösegeldzahlungen erpresst, auch wenn es nur ein Nebenkriegsschauplatz war. Als 1762 endlich Frieden eintrat, erholte sich die Provinz rasch und gelangte zu neuer Blüte.

Noch vor dem Zusammenbruch des Lehnsverbandes Altes Reich und der Abdankung des Kaisers ergriff Gustav IV. Adolf die Gelegenheit beim Schopf, Pommern als Provinz in sein Reich einzugliedern. 1806 wurde von Ernst Moritz Arndt und Karl Schildener das schwedische Gesetzbuch für Pommern übersetzt mit dem Ziel, es alsbald in der neuen Provinz einzuführen. Die bis dahin immer noch bestehende Leibeigenschaft wurde ebenso abgeschafft wie die viele Innovationen hemmenden Privilegien der Landstände. Doch die Invasion der französischen Truppen erschwerte die Einführung dieser Maßnahmen, die bis zum Übergang an Preußen nicht vollständig umgesetzt werden konnten.

Was ist bis heute von der Schwedenzeit in Pommern außerhalb der Museen erleb- und sichtbar? Prachtvolle Herrenhäuser wie Boldevitz, Griebenow und Spycker, das Hauptgebäude der Greifswalder Universität, das Greifswalder Hofgericht, eindrucksvolle Kirchenausstattungen zwischen Gingst, Kirch Baggendorf und Stralsund, die Sammlung der Professorengemälde an der Universität Greifswald sind sicherlich die herausragenden und Vielen bekannten Zeugnisse dieser wichtigen Epoche in der Geschichte Pommerns.

Literatur

Busch / Kroll / Olesen / Schoebel / Zölitz 2015, Jörn 2019, Meier 2008, Müller 2007–2020, Oldach 2018.

■ 1 **König Karl XII. von Schweden (1682–1718)**
Johann David Schwartz (1678–1729),
Öl auf Leinwand, 246 × 147 cm
Altranstädt/Leipzig 1707

Mit Karl XII. erreichte die schwedische Vormachtstellung im Ostseeraum ihren Höhepunkt und endete ebenso mit ihm. Zwischen 1700 und 1708 gewann er zahlreiche Schlachten, doch verbrachte er ab 1709 fünf Jahre im Exil im Osmanischen Reich. 1714 kehrte er nach Schweden zurück, um den Großen Nordischen Krieg weiter zu forcieren. Bei der Belagerung der norwegischen Festung Frederikshald fand er unter ungeklärten Umständen den Tod.

■ 2 **Wappen König Adolf I. Friedrich von Schweden**
Christian Benjamin Grünwald,
Greifswald 1758

Das Wappen hing im Hofgericht Greifswald.

■ 3 Silberkrug mit Szenen aus der Orpheus-Legende, 1652

Der durchbrochen gearbeitete Elfenbeinmantel macht den Krug zu einer Rarität. Nach der Familientradition erhielt ihn der berühmte Greifswalder Jurist David Mevius (1609–1670) von der schwedischen Königin Christina 1653 als Geschenk zu seinem Amtsantritt als Vizepräsident des Wismarer Tribunals. Mevius errang überregionale Bedeutung als Kommentator des Lübischen Rechts und Reformer des Gerichtswesens.

■ 4 Kurierabzeichen des Generals Baron Bror Cederström
Stockholm, um 1800

Zwischen Stockholm und Pommern verkehrten regelmäßig Kuriere im Auftrag der schwedischen Krone. Sie wiesen sich durch ein Abzeichen aus. Baron Bror Cederström (1754–1816) war seit 1796 mehrmals in Pommern unterwegs, als Vorsitzender verschiedener Untersuchungs- und Visitationskommissionen und des Kriegskollegiums 1802.

■ 5 Deckelvase, Stralsund 1780/1790

Aus der letzten Produktionsphase unter Adam Philipp Carl stammt diese Vase mit prunkvoller Vergoldung.

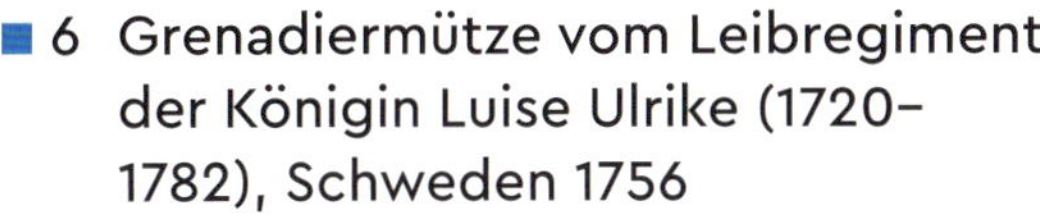

6 Grenadiermütze vom Leibregiment der Königin Luise Ulrike (1720–1782), Schweden 1756

Das schwedisch-pommersche Leibregiment der Königin war seit 1720 in Stralsund stationiert. Überwiegend Pommern, aber auch Schweden und einige Finnen leisteten dort ihren Dienst.

7 Sargschilder Greifswalder Bäcker
Nicolaus Lampmann, Greifswald 1794

X | UNTER DEM PREUSSISCHEN ADLER (1648–1815)

Ludwig Biewer

Das Herzogtum Pommern, ob geteilt oder ungeteilt, war unter der Dynastie der mindestens seit dem frühen 12. Jahrhundert in Pommern regierenden Greifen von 1231, dem Reichstag von Ravenna, bis 1338/1348 und wieder von 1472/1479 bis 1529, dem Vertrag von Grimnitz, von Brandenburg lehensabhängig. Die dort regierende Dynastie der Hohenzollern blieb, wenn das Greifenhaus im Mannesstamm erlöschen sollte, erbberechtigt. Dieser Fall trat im Dreißigjährigen Krieg ein. Nach dem Aussterben des Herzogshauses der Greifen im Mannesstamm 1637 war dessen Gebiet einschließlich des Territoriums des Bistums Cammin zwischen Schweden und Brandenburg bzw. Brandenburg-Preußen entgegen der geltenden Verträge geteilt. Die folgende Entwicklung ganz Pommerns endete mit der Eingliederung in den brandenburg-preußischen Staatsverband. Das war freilich ein Prozess, der jahrhundertlang dauerte, keineswegs planmäßig verlief und sich in Etappen vollzog. Die Jahre 1648 bis 1653, 1719 bis 1723 und 1814 bis 1818 waren bzw. sind die für diesen langen und schwierigen Prozess entscheidenden Daten.

Seit 1618 wütete im Heiligen Römischen Reich deutscher Nation der Dreißigjährige Krieg, ein ständischer Konflikt, in der Propaganda als Religionskrieg stilisiert, von dem Pommern in den ersten Jahren verschont blieb. Seine Herzöge setzten ihre bisherige unentschlossene Neutralitätspolitik fort, entbehrten aber der Macht, sie durchzuhalten. 1627 musste Herzog Bogislaw XIV. der Einquartierung von acht Regimentern oder 22.000 Mann Wallensteinischer Truppen zustimmen. Pommern wurde zum Kriegsschauplatz. Im Frühjahr 1630 besetzten Truppen Schwedens Rügen. Am 6. Juli desselben Jahres landete bei Peenemünde auf Usedom ihr König Gustav II. Adolf (1594–1632, reg. ab 1611) mit über 12.000 Mann und griff auf Seiten der evangelischen Partei in den Krieg ein. Jetzt wurde Schweden, bis 1709 europäische Großmacht, de facto Herr über und in Pommern.

Vorher war 1627 in Pommern ein Geheimer Rat zur Regierung ganz Pommerns eingesetzt worden. 1633 bestätigten die Stände den Vertrag von Grimnitz mit Brandenburg von 1529 und damit das Erbfolgerecht des dortigen Kurfürsten. Bogislaw XIV. wurde in demselben Jahr von einem Schlaganfall getroffen und praktisch regierungsunfähig. Deshalb arbeiteten die herzoglichen Räte 1634 mit Billigung der Landstände eine Verfassung aus. An die Stelle des Herzogs trat gemäß dieser Regimentsverfassung ein Regierungskollegium, das das Land zu leiten versuchte, 1638 aber auf Druck

▶ Ausschnitt aus Generalfeldmarschall Dubislav Gneomar von Natzmer (1654–1739), Antoine Pesne (1683–1757), 1732/1734, Öl auf Leinwand

der schwedischen Besatzungsmacht zurücktreten musste.
Der Friede von Osnabrück als Teil des Westfälischen Friedens von 1648 bestimmte, dass Vorpommern mit Rügen, Stettin, Gartz, der Odermündung, Usedom und Wollin nebst einem Streifen auf dem rechten Oderufer zur Krone Schwedens kamen, die auch Sitz und Stimme der pommerschen Herzöge als Reichsstand und auf den Reichstagen und im obersächsischen Reichskreis einnahm. – Das Kurfürstentum Brandenburg unter dem tatkräftigen Friedrich Wilhelm, dem Großen Kurfürsten (reg. 1640–1688), erhielt den verbleibenden Teil Hinterpommerns und das Camminer Stiftsland sowie später die Herrschaften Lauenburg und Bütow, die Pommern schon von 1526 bis 1637 von Polen zu Lehen besessen hatte. Mit dem Frieden von Wehlau 1657 kamen sie wieder als erblich an Pommern bzw. Brandenburg. Schweden hielt zu allem Übel Hinterpommern noch einige Zeit besetzt. Erst 1653 wurde im Rezess von Stettin die Grenze mit Brandenburg festgelegt. Dabei wurde Schweden auch noch die Hälfte aus den hinterpommerschen Seezöllen zugesprochen.
Das Gebiet des Bistums Cammin wollte der Große Kurfürst unter keinen Umständen an den rechtmäßigen gewählten (protestantischen) Bischof, Herzog Ernst Bogislaw von Croy (1620–1684), den Neffen des letzten Greifenherzogs, herausgeben. Während der Verhandlungen mit Schweden um dessen Rückzug aus Hinterpommern kam es zwischen dem Kurfürsten und ihm schließlich Ende 1650 zum Vergleich von Berlin. Ernst Bogislaw wurde als letzter Titularbischof von Cammin mit 100.000 Reichstalern für den Verzicht auf seine entsprechenden Rechte abgefunden; die vollständige Summe sollte er freilich nie erhalten. Der Kurfürst von Brandenburg erhielt für das „Fürstentum Cammin" Sitz und Stimme im Reichstag. – Ernst Bogislaw wurde aus dynastischem Standesbewusstsein, aber auch aus Liebe zu dem ihm zur Heimat gewordenen Pommern, zu einem prominenten Vertreter und Sprecher der heimatlichen ständischen Opposition, vor allen Dingen des pommerschen Adels, gegen Brandenburg. Die erhob sich gegen die Maßnahmen des neuen Landesherrn zur Eingliederung Hinterpommerns in den brandenburgischen Kurstaat, insbesondere gegen die Entrichtung von Abgaben für das in dem Kurfürstentum seit 1644 errichtete stehende Heer. Die von Berlin oder richtiger Cölln an der Spree dirigierten Steuerkommissare waren die ersten brandenburgischen Beamten, mit denen Pommern Bekanntschaft schloss. – In dem Zweiten Nordischen Krieg von 1655 bis 1660 stand in Hinterpommern Herzog Ernst Bogislaw aus Solidarität mit seinen adeligen Standesgenossen auf der Seite der Opposition gegen den Großen Kurfürsten, die ihr Land neutral halten wollte. Dafür fiel er bei dem Kurfürsten vorübergehend in Ungnade. Nach schwierigen und langen Verhandlungen einigte sich der Kurfürst mit den hinterpommerschen Ständen 1665 dahingehend, dass diese die Landesherrschaft der Hohenzollern anerkannten, die Einrichtungen von Garnisonen des brandenburgischen stehenden Heeres hinnahmen und die entsprechenden Abgaben entrichteten, dafür aber Privilegien bestätigt erhielten, u. a. die Grundherrschaft, ihre Steuerfreiheit und die ständische und kommunale Selbstverwaltung betreffend. Fortan war sich der Große Kurfürst des Besitzes von Hinterpommern sicher. Deshalb konnte er seine dortige Stellvertretung seinem bisherigen Widersacher Herzog Ernst Bogislaw von Croy übertragen. Von 1665 bis de facto 1670, de jure bis 1678, wirkte er als Statthalter in (Hinter-) Pommern im Dienst seines Landesherrn, der auch die profunde Bildung und Gelehrsamkeit seines neuen Gefolgsmannes schätzte. Bis zu dessen Tod hatte der Herzog ein enges Vertrauensverhältnis zu dem unbestechlichen leitenden brandenburgischen Staatsmann Otto Freiherr v. Schwerin (1616–1679), seinem pommerschen Landsmann.
Der Statthalter erhielt 1653 seinen Sitz in Kolberg. Dort stand er der gesamten Verwaltung vor, leitete die Sitzungen der Landtage, führte den Vorsitz beim Hofgericht und kontrollierte die Verwaltung der Domänen, der landesherrlichen Besitzungen. Er hatte ein Auge auf das Heerwesen, sorgte für die starke Garnison in Kolberg und überwachte die Tolerierung des reformierten Bekenntnisses. Das hatte in Pommern nur we-

nige Anhänger, denn ganz Pommern war fast ausnahmslos lutherisch. Der Statthalter schwebte gleichsam über der lokalen Verwaltung, die bei den landesherrlichen Domänenämtern, (Familien-) Kreisen schlossgesessener Familien, Gütern des Stifts Cammin, ritterschaftlichen Kreisen und den kreisfreien Immediatstädten lag. Als nunmehr loyaler Gefolgsmann des Hohenzollern-Herrschers sorgte der Herzog von Croy dafür, dass die einstige Adelsopposition allmählich in den immer moderner werdenden Kurstaat integriert wurde und fortan treu zum neuen Landesherrn stand. Nachfolger des Herzogs von Croy als Statthalter in Hinterpommern und Cammin wurde 1678 bis zu seinem Tod Generalfeldmarschall Georg Reichsfreiherr von Derfflinger (1606–1695).

Hinterpommern wurde seit dem Ende des 17. Jahrhunderts ein Teil des brandenburgischen Kurstaates. 1653 wurden in Kolberg die neue Regierung mit Präsident – das Amt wurde bald mit dem des Statthalters vereinigt – und Kanzler, ein Hofgericht und ein Konsistorium mit einem Generalsuperintendenten eingerichtet. Überhaupt wurden die Stände in Hinterpommern in das brandenburgische Herrschaftssystem integriert, das durch die Kommissariatsverwaltung im Lande gegenwärtig war. Der Adel hatte auf seinen Besitzungen und in seinen Kreisen zwar eine starke Stellung inne und trieb das Bauernlegen weiter, war aber fortan als politische Kraft entmachtet. Seine Angehörigen traten in brandenburgische Dienste. – Regierung, Hofgericht und Konsistorium wurden bis 1686 nach Stargard verlegt, das für Jahre Hauptstadt von Brandenburgisch Pommern blieb. In den 1680er Jahren erging eine Jagd- und Holzordnung, und in Stargard wurde eine Münze eingerichtet.

Der Vollständigkeit halber sei hier noch kurz ausgeführt, dass der Große Kurfürst seinen Staat zu einer Handels- und Seemacht machen und deshalb Schweden aus Pommern verdrängen wollte. Im Zweiten Nordischen Krieg (1655–1660), in dem Schweden sich zuletzt dem Kaiser, Polen, Dänemark und Brandenburg gegenübersah, gelang ihm das auch teilweise. Im Frieden von Oliva (1660) aber musste er diese Eroberungen zurückgeben und erhielt lediglich, aber endgültig die ihm schon 1657 von Polen überlassenen Länder Lauenburg, Bütow und Draheim, und es wurde ihm die Souveränität im Herzogtum Preußen (Ostpreußen) bestätigt. – Im Schwedisch-Brandenburgischen Krieg (1674–1678/79) besiegte der Große Kurfürst in offener Feldschlacht bei Fehrbellin am 28. Juni 1675 die Schweden und eroberte Stettin (1677), Rügen, Greifswald und Stralsund (1678), und im Winterfeldzug 1678/79 vertrieb er sie von nahezu der gesamten Ostseeküste. Aber wie schon 1660 unterlag der begabte erfolgreiche Feldherr und Politiker der französischen Diplomatie und musste im Frieden von St. Germain-en-Laye bei Paris (29. Juni 1679) die Eroberungen an Schweden zurückgeben. Es wurde lediglich die Grenze Hinterpommerns zugunsten Brandenburgs etwas gen Westen verschoben, das zudem den bisher schwedischen Anteil an den hinterpommerschen Hafenzöllen erhielt. – 1682 schließlich wurde in Hinterpommern die brandenburgische Akzise (Verbrauchs- und Umsatzsteuer) eingeführt.

Nach dem Nordischen Krieg kam im Frieden von Stockholm vom 1. Februar 1720 zwischen Preußen und Schweden gegen Zahlung von zwei Millionen Talern der bisher schwedische Teil Vorpommerns bis zur Peene an Preußen, das damit einen großen Teil Vorpommerns erhielt. Damit war für Pommern und Preußen nach 70 Jahren die Oder als Grenze überwunden. In demselben Jahr wurde die Leibeigenschaft aufgehoben. Die Huldigung der Stände erfolgte in Stettin am 10. August 1721, ohne dass ihnen ihre bisherigen Privilegien bestätigt wurden. König Friedrich Wilhelm I., der Soldatenkönig, unterstellte ganz brandenburgisch-preußisch Pommern der königlichen „Pommerschen und Camminschen Regierung", die 1723 von Stargard nach Stettin umzog. An ihrer Spitze stand ein Kanzler, dem Räte zur Seite standen. Diese Regierung hatte „die Landeshoheits-, Lehens- und Grenzsachen sowie die sonstigen öffentlichen Angelegenheiten zu bearbeiten, sie führte die Aufsicht über die Verwaltung des Vermögens der landesherrlichen Stiftungen und galt als oberstes Landgericht"[1]. Ein je zur Hälfte aus adeligen und bürgerlichen, rechtsgelehrten Richtern zusammengesetztes ständisches Hofgericht für den schlossgesessenen Adel gab es in Stargard, das 1739 nach Stettin verzog. 1720 wurde ein zweites Hofgericht für das östliche Hinterpommern im Schloss zu Köslin eingerichtet. Da die reformierte Hohenzollern-Dynastie auch in Pommern die wenigen reformierten Untertanen förderte, kam es zu erheblichen Spannungen mit der lutherischen Mehrheit und den lutherischen Theologen. Das „Theologengezänk" hatte Auswirkungen auf das gesamte Königreich. – 1723 wurde in Stettin eine Kriegs- und Domänenkammer für die gesamte Finanzverwaltung eingerichtet, nachdem zuvor die 1682 in Hinterpommern eingeführte Akzise auch auf Vorpommern ausgedehnt worden war.

Der Soldatenkönig ließ 1724 in seinem gesamten pommerschen Land eine Kreisreform durchführen, die mit der schon erwähnten starken Unterschiedlichkeit in Organisation und Verwaltung sowie der Gemengelage der überkommenen Einrichtungen wenigstens teilweise aufräumte und fünf vorpommersche und 12 hinterpommersche Kreise schuf. Zudem gab es drei Prälatenkreise und die Besitzungen der Domkapitel zu Cammin und Kolberg sowie der Dompropstei Kuckelow, deren Verwaltungen der Aufsicht der Kriegs- und Domänenkammer unterstanden. Die Landräte – diese Bezeichnung bürgerte sich erst allmählich ein – wurden von der Ritterschaft des Kreises gewählt, in Vorpommern von den Landständen insgesamt. Gleichwohl wurden die Landräte schrittweise königliche Beamte und verloren fast gänzlich ihren ständischen Charakter.

Unter König Friedrich II., dem Großen (Abb. 2 / Abb. 3), wurde in dem preußischen Teil Pommerns das erfolg- und segensreiche sogenannte ‚fridericianische Retablissement' durchgeführt. Im Sonderauftrag des Königs kam es in den Jahren 1762 bis 1780 unter der Leitung von Franz Balthasar Schönberg von Brenckenhoff, der unter gleichzeitiger Einbindung in das Generaldirektorium dem Monarchen direkt unterstellt war, zu großflächigen Meliorisations- und Besiedlungsmaßnahmen. Sie wurden gleichsam in einem Zuge hauptsächlich an der Madue, im Thurbruch auf Usedom sowie um Stettin und Swinemünde vorgenommen, oft unter entsagungsvollem Einsatz des Leiters. Die Maßnahmen gaben vielen Menschen Brot und linderten Not und Elend in einem letztlich armen Landstrich. Allein durch die Absenkung der Madue entstanden neu 14.356 Morgen fruchtbaren Ackerlandes und 36.000 Morgen guter Wiesen, die nicht nur der Viehweide, sondern auch der Heugewinnung dienten. Zwischen 1770 und 1779 wurden zwölf neue Dörfer für 229 Kolonistenfamilien aus vielen Teilen des deutschen Sprachraums gegründet. Zugleich förderten und stärkten merkantilistische Maßnahmen die gesamte Landwirtschaft, den Handel und die Manufakturen sowie das Handwerk. Mit der pommerschen Bauernordnung vom 30. Dezember 1764 wurden die Dienstpflichten der unfreien Bauern gemildert und ihr Besitzrecht gebessert, doch blieben Gutspflicht und Erbuntertänigkeit bestehen. Eine gewisse Teilentschuldung sollte die wirtschaftliche Lage der zum Teil hochverschuldeten meist adeligen Grundbesitzer verbessern oder doch zumindest erleichtern, was nur in geringem Umfang gelang.

Auch wenn es im gesamten 18. Jahrhundert weiterhin Unterschiede zwischen den beiden pommerschen Landesteilen gab, die bis weit in das 19. Jahrhundert wirkten, war, von den anfänglichen erheblichen Schwierigkeiten um die Mitte 17. Jahrhunderts abgesehen, die Integration Preußisch-Pommerns geglückt. Die positiven Äußerungen des Soldatenkönigs, Friedrich Wilhelm I., und Friedrichs des Großen über die Pommern in ihren Politischen Testamenten von 1722 bzw. 1768 können daher nicht überraschen. Der Soldatenkönig lobte: „Die Pommerschen Wassalen seindt getreue wie goldt. Sie Resonnieren wohl bißweillen aber wen mein Successor saget es soll sein und das Ihr sie mit guhten zurehdt so wierdt Keiner sich dawieder Movieren gegen eure befehlle"[2]. Bei dieser Bewertung könnte ihm, sein ihm seit Kronprinzenzeiten vertrauter und späterer (seit 1728) Generalfeldmarschall Dubislav Gneomar von Natzmer (1654–1739) aus hinterpommerschem Uradel vor Augen gestanden haben (Abb. 1), ein ebenso treuer, tapferer und umsichtiger Offizier wie frommer Pietist. Etwas zurückhaltender als der Soldatenkönig hielt sein Sohn u. a. fest: „Die Pommern [...] geben gute Offiziere und ausgezeichnete Soldaten ab; es gibt unter ihnen welche, die gut in der Finanzverwaltung arbeiten, jedoch wäre es müßig, sie als Unterhändler zu verwenden"[3].

Der kleinere Teil Pommerns nördlich der Peene gehörte weitere Jahrzehnte zur Krone Schwedens. Das änderte sich erst nach den Kriegen gegen Napoleon 1815, als Schwedisch-Vorpommern mit dem preußischen Teil Pommerns jenseits der Peene (wieder-) vereinigt wurde. Diese Kriege waren für Preußen äußerst verlustreich, auch wenn sie mit einem Sieg endeten. Nach der Niederlage Preußens gegen den Kaiser der Franzosen in der Doppelschlacht von Jena und Auerstedt 1806 und der darauf folgenden kampflosen Kapitulation Stettins leistete 1807 nur das kleine Kolberg tapfer Widerstand gegen den nach der Weltherrschaft strebenden Korsen und wurde zum Fanal des Freiheitswillens nicht nur in Pommern und in Preußen, sondern im gesamten deutschen Sprachraum (Abb. 5). Berühmt wurde zum Beispiel der Freikorpsführer und Husaren-Major Ferdinand von Schill (1776–1809, Abb. 4), der 1809 mit dem Gros seiner Soldaten in Stralsund im letztlich sinnlosen Kampf gegen eine große Übermacht fiel. Wortgewaltiger Rufer im publizistischen Kampf gegen Napoleon europaweit war der gebürtige Rüganer Ernst Moritz Arndt (1769–1860, Abb. 6), Dichter, Publizist und Professor für Geschichte zunächst in Greifswald und dann in Bonn. Gleichsam zur Schutzpatronin der Freiheitskriege aber wurde auch und gerade in Pommern schon bald nach ihrem frühen Tod die junge und schöne Königin Luise (1776–1810, Abb. 7) stilisiert und in den Bereich der Mythen enthoben. – Jahre später wurde ganz Pommern auf dem Wiener Kongress 1815 preußisch und damit Teil eines modern-rational, straff, sparsam und effizient, d. h. gut verwalteten differenzierten Einheitsstaates.

Literatur

Alvermann/Garbe 2021, Biewer 2019, Biewer 2019, Bloth 1984, De Bruyn 2001, Klaje 1966, Knobelsdorff-Brenckenhoff 1984, Schmidt 2007, Veltzke 2009.

Anmerkungen

1 Schmidt 2007, S. 670.
2 Die Politischen Testamente S. 229, S. 589
3 Ebd., S. 589.

ANTOINE PESNE
1683 - 1757
Generalfeldmarschall Natzmer

1 Generalfeldmarschall Dubislav Gneomar von Natzmer (1654–1739)
Antoine Pesne (1683–1757), 1732/1734, Öl auf Leinwand, 142 × 112 cm

Als Leutnant trat der pommersche Adlige Natzmer 1677 in brandenburgische Dienste und nahm an der Belagerung Stettins teil. Mit dem von ihm gebildeten Regiment kämpfte er in Holland, Frankreich und Flandern und 1715 als Generalmajor bei der Eroberung Stralsunds. Dier Ernennung zum Generalfeldmarschall 1728 krönte seinen Aufstieg vom einfachen Soldaten.

2 Relief König Friedrich II. von Preußen
Halbfayence Stettiner Gut, Raum Stettin oder Stolp 1740/1790

Friedrich der Große (1712–1786) betrachtete Pommern als eines der Herzstücke seines Landes. In seinen 46 Regierungsjahren besuchte er das Land 30 Mal. Ein Zeugnis seiner Popularität in Pommern ist das wohl als Wand- oder Kachelofendekor eingesetzte Relief.

3 Eisenstatuette König Friedrich II. von Preußen (1712–1786)
Berlin? 1850/1900

Gefertigt nach dem Stettiner Standbild, das Johann Gottfried Schadow (1764–1850) zum Andenken des verstorbenen Königs 1793 schuf. Die lebensgroße Kopie vom Stettiner Königsplatz *pl. Żołnierza Polskiego* steht heute im Klostergarten des Pommerschen Landesmueums, das Original im Muzeum Narodowe w Szczecinie.

■ 4 Abguss der Totenmaske Ferdinands von Schill
Berlin 2008

■ 5 Kanonenkugel

Kolberg *Kołobrzeg* 1807

Gedächtnisstück zur Belagerung Kolbergs 1807. Die Kanonenkugel stammt von den Kämpfen um die Waldenfelsschanze. Ihre Trägerplatte zeigt die Bildnisse Gneisenaus und Nettelbecks.

■ 6 Wachsbild, 1840/1870, Ernst Moritz Arndt

■ 7 **Tasse, Berlin 1790/1810**

Dankesgabe der Königin Luise an einen Kaufmann Arnold in Stolp für die gastfreundliche Bewirtung auf ihrer Reise nach Memel.

XI | POMMERN 1815–1913

Thomas Stamm-Kuhlmann

Mit dem Erwerb des letzten Teils von Vorpommern, der noch in schwedischer Hand gewesen war, durch Preußen entstand zum ersten Mal seit Jahrhunderten ein Pommern ohne Bindestrich. Unter dem Herzogshaus der Greifen war das Land in verschiedene Erbteile gegliedert gewesen, die sich nach den Residenzen des jeweiligen Greifenfürsten benannt hatten. Zwischen 1648 und 1815 hatte man zwischen Schwedisch- einerseits und Brandenburgisch- bzw. Preußisch-Pommern andererseits differenzieren müssen. Diese Unterschiede fielen nun fort. Auf den Zugewinn an neuem Gebiet, den der Wiener Kongress für Preußen nicht nur an der Ostsee, sondern auch in Sachsen, Westfalen und am Rhein erbrachte, reagierte der preußische Staatskanzler Karl August von Hardenberg noch im Jahr 1815 mit der Neugliederung der zur Krone Preußen gehörenden Länder in zunächst zehn, dann acht Provinzen. Eine davon hieß schlicht Pommern. Hier bot sich der Ausgangspunkt für ein neues Zusammengehörigkeitsgefühl aller Einwohner, die nunmehr ihre mehrfachen Identitäten als Pommern, Preußen und schließlich auch Deutsche miteinander vereinbaren mussten. Die Grenzen von 1815 markieren im Großen und Ganzen auch den Umfang der Zuständigkeit des Pommerschen Landesmuseums. Provinzhauptstadt und damit Sammelpunkt aller landespolitischen und landeshistorischen Interessen wurde 1815 Stettin, während die Landesuniversität in Greifswald verblieb. Diese Universität wurde 1835 um eine Landwirtschaftliche Akademie (Abb. 1) im Greifswalder Ortsteil Eldena ergänzt, die bis 1876 bestand. Hier hat auch Otto von Bismarck (Abb. 2) studiert, dessen Familie mit den Gütern Külz, Jarchlin und Kniephof in Pommern ansässig war. In Stettin gründete sich 1824 die Gesellschaft für Pommersche Geschichte, Altertumskunde und Kunst, nachdem die Berliner Zentralregierung die Provinzen zur Sammlung und Verzeichnung ihrer Denkmale aus Natur und Baukunst aufgefordert hatte.

An der Spitze der Provinz stand ein Oberpräsident, der direkt an das preußische Staatsministerium berichtete. Die Oberpräsidenten und das höhere Verwaltungspersonal wurden aus der gesamten Monarchie rekrutiert; der berühmteste Oberpräsident von Pommern, Johann August Sack, hatte zuvor in Koblenz als Oberpräsident der Provinz Niederrhein amtiert. Pommern wurde in die Regierungsbezirke Stralsund, Stettin und Köslin unterteilt. In den Hauptstädten der Regierungsbezirke fanden sich auch die Verwaltungsbehörden, während der Oberpräsident keinen nennenswerten Apparat besaß. Um der Forderung nach einer Verfassung und nach parlamentarischer Repräsentation wenigstens teilweise entgegenzukommen, ordnete König Friedrich Wilhelm III. 1823 an, dass Provinzialstände gebildet werden sollten. Während diese Vertretung ihrem Namen entsprechend zunächst ständisch nach Ritterguts-

▶ Ausschnitt aus Prunkvase von Eldena

Dem
Director der Academie Eldena
Herrn Professor Schulze,
als Zeichen der Liebe gewidmet,
von
Academikern
im Winter-Semester
18 36/37.

Ausschnitt aus Ludwig Manzel (1858–1936), „Sedina" (1896)

besitzern sowie Vertretern der Städte und Korporationen gegliedert war, nahm sie nach einer grundlegenden Reform im Jahr 1875 den Charakter einer indirekt gewählten Selbstverwaltungskörperschaft an, der wesentliche Aufgaben im Bereich der Bodenverbesserung, des Chaussee- und Kleinbahnbaus, der Gesundheits- und Wohlfahrtspflege, der Kulturförderung und schließlich sogar der Elektrifizierung übertragen wurden. Nicht zuletzt hat dieser Provinzialverband, dessen Provinziallandtag sich im Alten Ständehaus zu Stettin versammelte, zur Förderung des Zusammengehörigkeitsgefühls beigetragen. Während zunächst in Vorpommern noch die Gesetzgebung aus Zeiten des Heiligen Römischen Reiches und der schwedischen Landesherrschaft weiter galt, wurde sie sukzessive der im übrigen Preußen eingeführten angeglichen und die zunächst noch erhaltenen, in Stralsund tagenden Stände Vorpommerns fielen fort. Zum Selbstbild der Pommern gehörte ihre Treue und Anhänglichkeit zur preußischen Monarchie und dem Königshaus. Dies wurde damit begründet, dass sich aus dem Landjunkertum Pommerns ein Kernbestandteil des preußischen Offizierkorps (Abb. 3) rekrutiert habe – was der Sozialhistoriker bestätigen kann – und dass Pommerns Adelsgeschlechter der Monarchie bedeutende Generäle und Feldherren geschenkt hätten. Deshalb schrieb Oberpräsident Ernst von Senfft-Pilsach 1853 an König Friedrich Wilhelm IV., in der Provinz glaube man inzwischen, das Pommern gerade „darum vernachlässigt werde, weil man dessen ungeachtet unbedingt auf seine Treue bauen könne."[1] Noch in

Otto von Bismarcks Wort von den gesunden Knochen eines einzigen pommerschen Musketiers, die nicht für eine willkürliche Politik geopfert werden dürften,[2] ist eine Wertschätzung dieser Dynastietreue erkennbar. Nach dem Sieg Preußens im Deutschen Krieg von 1866 bewilligte der preußische Landtag eine Dotation von 400.000 Talern an Bismarck, für die er sich das weitläufige Gut Varzin im Kreis Schlawe (Hinterpommern) kaufte. Nahebei lag das Gut Reinfeld, auf dem seine Frau Johanna von Puttkamer aufgewachsen war. Auf dem Gut gründete Bismarck eine Papierfabrik, die zum größten Industriebetrieb Hinterpommerns wurde.

Ein negativer Bestandteil im Image Pommerns während des 19. Jahrhunderts war der Ruf der Rückständigkeit. Um diese überwinden zu können, argumentierten die Pommern und ihre Fürsprecher in Berlin, müsse die Staatsregierung besonders reichliche Fördermittel nach Pommern geben. Tatsächlich hat Pommern zeitweise mehr Unterstützung aus Berlin erhalten als andere Provinzen.[3] Dieses Geld floss in Chausseebau und Hafenerweiterung; Swinemünde wurde ausgebaut und die „Kaiserfahrt" stellte die Durchfahrt für Großschiffe von der Ostsee zum Stettiner Haff sicher. Schließlich stand Pommern, wie das übrige Deutschland auch, vor der Jahrhundertaufgabe, der auf dem Papier proklamierten allgemeinen Schulpflicht ein flächendeckendes System von Elementarschulen folgen zu lassen, für deren Bau und Unterhalt große Mittel erforderlich waren, bis tatsächlich jedem Kind das ganze Jahr hindurch ein Platz in der Schule garantiert werden konnte.

Es ist auch reichlich privates Kapital nach Pommern geflossen. Dieses Geld jedoch wurde weniger in die Industrialisierung als in die Landwirtschaft investiert. Das folgte durchaus einer ökonomischen Rationalität. Die Produktivität der Landwirtschaft, gerade auch auf den nach wie vor typischen großen Gütern, stieg an, und nach 1878 sorgte Bismarcks protektionistische Zollpolitik dafür, dass der pommersche Roggen gegen den billigen Importweizen aus Nordamerika geschützt wurde. Eine Blütezeit der jetzt streng kapitalistisch bewirtschafteten, auch bereits mechanisierten Güter setzte ein, von der Neubauten, Umbauten und Erweiterungen Hunderter von Gutshäusern zeugen, die oft in einem historisierenden neugotischen oder neubarocken Stil ausgestaltet worden sind. Dieser wirtschaftliche Aufschwung verhinderte jedoch nicht, dass Landflucht und Auswanderung (Abb. 5) ein Problem der Provinz blieben. Die häufig aus den ehemaligen leibeigenen Bauern hervorgegangene Landarbeiterklasse blieb arm, eine gewerkschaftliche Organisation bahnte sich erst nach der Jahrhundertwende an. So gingen die Söhne und Töchter der Besitzlosen nach Berlin und in die schnell wachsenden Städte des rheinisch-westfälischen Reviers, wo sie in der Industrie und im Bergbau unterkamen, oder wanderten nach Übersee aus. Ein weiteres Auswanderungsmotiv war die Sorge, die Könige Friedrich Wilhelm III. und Friedrich Wilhelm IV. würden es den Pommern nicht gestatten, ihren lutherischen Glauben in der überkommenen Art und Weise auszuüben, so dass sich ganze Dorfgemeinden von Altlutheranern unter Leitung ihrer Pastoren in Wisconsin oder Brasilien angesiedelt haben. Noch im Kaiserreich blieb infolge der Abwanderung das Bevölkerungswachstum Pommerns hinter dem übrigen Preußen zurück.

Einzig und allein Stettin (Abb. 6) wurde von der großen Welle der Industrialisierung umgestaltet. Dank einer der ersten Eisenbahnverbindungen Preußens, die 1843 fertiggestellt worden ist, entwickelte sich Stettin neben Hamburg zum bedeutendsten Hafen für die Güter aus Berlin, das zur selben Zeit die größte Industriestadt Deutschlands werden sollte. Es entstanden größere Reedereien, aber es bildete sich auch in Stettin ein erfindungsreiches Unternehmertum, das Maschinenbau und Werften vorantrieb. 1858 wurde die Nähmaschinenfabrik Bernh. Stoewer AG gegründet. Der Schnelldampfer „Kaiser Wilhelm der Große" (Abb. 7), 1897 auf der Stettiner Vulcanwerft erbaut, war eine kurze Zeit lang das größte Dampfschiff der Welt. Wenn sich auch außerhalb von Stettin die Industrialisierung meist auf die Veredelung landwirtschaftlicher Güter beschränkte, so wurde Pommern doch Ausgangspunkt einer Revolution im Handel, denn die beiden großen Kaufhausketten von Tietz und Wertheim nahmen ihren

Anfang in Stralsund, bevor sie ihren Sitz nach Köln bzw. Berlin verlegten.
Diese unterschiedlichen Grundlagen der Wirtschaft – Großgrundbesitz neben freien Bauern hier und freies Unternehmertum dort – führten zu einer markanten Ausgestaltung der politischen Landschaft. In der Revolution 1848/49 blieben Preußens Bauern überwiegend ruhig, weil ein beträchtlicher Teil von ihnen durch die Stein-Hardenbergschen Reformen zu freien Eigentümern geworden war, die selbst etwas zu verlieren hatten. Im Kreis Pyritz allerdings warfen Knechte und Tagelöhner die Fenster von drei Gutshäusern ein und misshandelten einen Gutsbesitzer derart, dass er wenig später verstarb.[4]
Für die Gutsbesitzer gaben die Ereignisse der Revolutionszeit den Anstoß zu ihrer Organisation als konservative Partei. Pietistisch ausgerichtete Gutsbesitzer aus Hinterpommern, zu denen Otto von Bismarck gehörte, stellten häufig die Führungspersonen dieser Bewegung. Die Wahlkreiskarten sowohl der Wahlen zum preußischen Abgeordnetenhaus wie zum Deutschen Reichstag waren für Pommern meistens im Blau der Konservativen eingefärbt, mit zeitweiliger Ausnahme des Wahlkreises Greifswald-Grimmen und häufig von Stettin und Umgegend, wo regelmäßig liberale Abgeordnete gewählt wurden. Die Sozialdemokratische Partei brauchte länger, um Fuß zu fassen. Dennoch konnte die SPD 1876 ihren ersten pommerschen Landesparteitag abhalten und eroberte 1893 den Reichstagswahlkreis „Stettin 4". 1913 gab es in vier Stadtverordnetenversammlungen Pommerns Sozialdemokraten, in 20 Landgemeindevertretungen saßen 44 weitere. In den Landtags- und Kommunalwahlen wurden sie durch das Dreiklassenwahlrecht stark behindert.
Während das Schulwesen im 19. Jahrhundert weiter verstaatlicht und im Zuge des Bismarckschen Kulturkampfes die kirchliche Schulaufsicht gelockert wurde, waren wesentliche Teile des kulturellen Lebens auf das Engagement der Einwohner angewiesen. Die große Zeit der bürgerlichen Vereine begann. Theater und Konzerte konnten nur stattfinden, wenn Unternehmer, Vereine und Kommunen dafür sorgten. In Greifswald gastierten reisende Theaterkompanien in den Sälen privater Unternehmer, unter anderem im Gesellschaftshaus „Zum Greif" in der Stralsunder Straße. In Stralsund bildete sich eine private Aktiengesellschaft zur Gründung eines Schauspielhauses, in der auch Fürst Wilhelm Malte I. zu Putbus mitzeichnete. Das Schauspielhaus wurde 1834 eröffnet, 1913 geschlossen und bald durch einen Nachfolgebau ersetzt. Auf die verschiedenste Weise wurde es jedenfalls möglich, dass berühmte Interpreten in Pommern auftraten und die großen Werke der Opernliteratur, wenn auch zu teilweise bescheidenen technischen Standards, aufgeführt wurden. Carl Loewe (Abb. 8), 1820–1866 Kantor und Organist an der Jacobikirche zu Stettin, war auch Gymnasiallehrer und städtischer Musikdirektor. Er gründete den Pommerschen Chorverband. 400 Balladen sind von ihm überliefert. Dank der Verbilligung der Drucktechnik wurden Zeitungen im Lauf des Jahrhunderts ein für breite Schichten erschwingliches Massenmedium. Die 1835 begründeten Stettiner Börsennachrichten hatten 1845 in Pommern rund 1.900 Abonnenten. Dieses konsequent liberale Blatt setzte sich für ein Zusammenwachsen Deutschlands durch den Eisenbahnbau ein und kommentierte sozial- wie bildungspolitische Themen. Der 1885 gestartete Stettiner „Volksbote," eine Parteizeitung der Sozialdemokratie, wurde mit nur drei Redakteuren betrieben und erreichte 1913 eine Auflage von 11.000 Exemplaren.
Die Landschaft Rügens wurde zu Beginn des 19. Jahrhunderts ein Thema der romantischen Maler. Der aus Greifswald stammende Caspar David Friedrich zog seinen Dresdner Malerkollegen Carl Gustav Carus auf die Insel. Die Ruine Eldena in Greifswald und der Rügener Königsstuhl wurden als Motive weltberühmt. Ab 1892 ließen sich im Fischerort Ahrenshoop auf dem Darß die ersten Künstler nieder. Der in Tribsees geborene Professor der Akademie der Künste in Berlin, Louis Douzette, bekannt für seine spätromantischen Mondlandschaften, lebte ab 1895 in Barth (Abb. 9).
Da die preußischen Könige niemals in Pommern residiert haben, fehlen entsprechende Schlösser, Biblio-

theken, Kunstsammlungen und höfische Kultur. Das Stettiner Schloss wurde als Verwaltungs- und Gerichtshaus und als Arsenal genutzt, lediglich einige Wohnräume blieben den preußischen Kronprinzen, die den Titel eines Statthalters von Pommern führten, reserviert. Die altertümlichen Ortskerne der Städte Pommerns haben sich bis zum Zweiten Weltkrieg weitgehend erhalten. Was an Gießereien, Gasanstalten, Getreidespeichern, Mühlen, Zuckerfabriken und dergleichen entstand, wurde vor den Toren der Altstädte oder in den vergrößerten Häfen errichtet. Wenn auch die Städte ihren Festungsstatus verloren hatten, blieben ihre Wälle doch erkennbar. Die bedeutendste Prägung erhielt die Architektur der Küstenorte durch das aufblühende Bäderwesen. Die Fürsten zu Putbus schufen ab 1828 den weißen „Circus" von Putbus nach dem Vorbild des englischen Thermalbades Bath. Nahe dabei entstand am Greifswalder Bodden schon 1816 der kleine Badeort Lauterbach. Vor allem nach der Reichsgründung wurden in Binz, auf Usedom, in Misdroy, Cammin und Kolberg Villen und Hotels in charakteristischer Manier mit weißgetünchten Fassaden, hölzernen Balkonen und Veranden errichtet. Die Usedomer Fischerdörfer Bansin, Heringsdorf und Ahlbeck wurden von Unternehmern planmäßig als Kurorte entwickelt und zogen auch das preußische Herrscherhaus an. Die Monarchen, Prinzen und Prinzessinnen verbrachten ihre Sommerwochen hier oder in Misdroy und stifteten auch Ferienheime (Abb. 10), um weniger wohlhabenden Stadtkindern Erholung zu ermöglichen. Pommern trat in die Epoche der Weltkriege und der politischen Instabilität ein als eine Provinz, die ihren ländlichen Charakter behalten, aber am wirtschaftlichen Aufschwung des 19. Jahrhunderts teilgenommen hatte.

Fotoalbum, 1913

Literatur

Eichholtz 1962, Knapp 1927, Mellies 2012, Mellies 2013, Stamm Kuhlmann 2007.

Anmerkungen

1 Mellies 2013 S. 28.
2 Verhandlungen des Reichstag 1876.
3 Mellies 2013, S. 28.
4 Mellies 2013, S. 32.

EXPONATE

Dem
Director der Academie Eldena
Herrn Professor Schulze,
als Zeichen der Liebe gewidmet,
von
samtlichen Academikern
im Winter=Semester
18 $\frac{36}{37}$.

1 Prunkvase von Eldena

1837 überreichten die Studenten der Staats- und Landwirtschaftsakademie Eldena dem Mitbegründer und ersten Direktor Friedrich Gottlob Schulze als Dankesgabe diese Prunkvase der Königlichen Porzellan-Manufaktur zu Berlin. Angesichts der Umwälzungen in der Landwirtschaft war auch in Preußen der Bedarf an speziell ausgebildeten Ökonomen, Finanz- und Verwaltungsbeamten gewachsen. Die Universität Greifswald mit ihrem großen Grundbesitz bot sich als Ausbildungsort an, fürchtete aber wissenschaftliche Konkurrenz einer selbstständigen Akademie. Doch Schulze setzte sein Konzept eines umfassenden Studiums der Landwirtschaft um. Dorf und Gut Eldena baute er zu einem Musterkomplex aus. Eldena bildete von 1835 bis 1876 agrarische Führungskräfte für Norddeutschland, Skandinavien und das Baltikum aus.

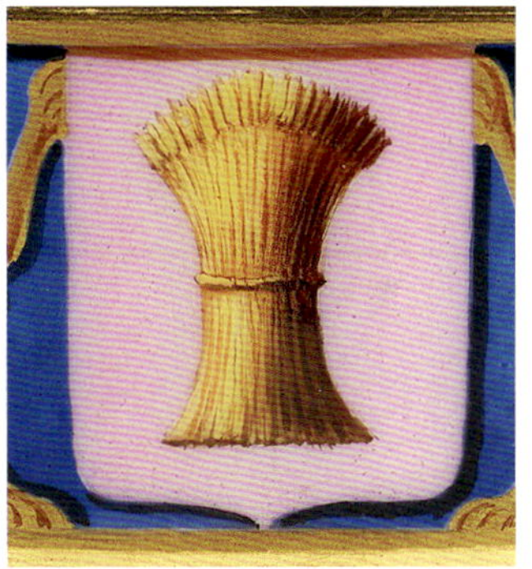

■ 2 **Gedenktafel, Greifswald, 1890/1910**

Tafel vom Haus Johann-Sebastian-Bach-Straße, in dem Otto von Bismarck in seiner Greifswalder Zeit wohnte. 1895 bis 1946 hieß die Straße nach ihrem berühmten Bewohner Bismarckstraße.

■ 3 **Offiziershelm, 1860/1870**
Helm M/1857 des Colbergschen Infanterie-Regiments Graf Gneisenau (2. Pomm.) Nr. 9

Im ehrenden Andenken an die erfolgreiche Verteidigung Kolbergs 1807 gegen napoleonische Truppen trugen die Helme das Schriftband „Colberg 1807".

COLBERG 18

■ 4 **Taufkanne**
Altenkirchen 1855/1865

■ 5 **Wanduhr Fa. Seth Thomas, Thomaston/Connecticut/ USA 1890**

Verwandte, die in die USA ausgewandert waren, schenkten der Familie Ramlow in Pomerode diese Uhr. Sie ist voll funktionsfähig.

■ 6 Ludwig Manzel (1858–1936), „Sedina“ (1896)

Die Stadtpatronin Stettins krönte den sogenannten Manzelbrunnen nahe des neuen Rathauses und symbolisiert die aufstrebende Handels- und Seestadt Stettin. Die Statue war Teil des Modells des 1894–1998 errichteten Brunnens und erhielt 1896 die Große Medaille der Berliner Kunstausstellung.

■ 7 Schiffsmodell, St. Petersburg 2008
Doppelschraubdampfer „Kaiser Wilhelm der Große" 1897

Der Schnelldampfer des Norddeutschen Lloyd wurde auf der Vulcan Werft Stettin gebaut. Er befuhr die Linie Bremerhaven-New York. Er war bis 1899 das größte Dampfschiff der Welt und errang 1897 als erstes deutsches Schiff das blaue Band für die schnellste Atlantiküberquerung.

Julius Grün (1823-1896)
Der Komponist Carl Loewe
(1821 - 1866 in Stettin)

■ 8 **Gustav Julius Grün (1829–1896), Bildnis des Komponisten Carl Loewe, 1843**
Öl auf Leinwand, 29,2 × 29,2 cm

Carl Loewe (1796–1866) prägte das Musikleben Stettins und Pommerns. Er war von 1820 bis 1866 Kantor und Organist an der Jacobikirche Stettin, Gymnasiallehrer und städtischer Musikdirektor. Er veranstaltete Musikfeste und hatte einen guten Ruf als Dirigent, Pianist und Konzertsänger. Die Ballade als Musikform wurde von ihm in Deutschland zur Blüte geführt.

■ 9 **Louis Douzette (1834–1924), Landschaft bei Prerow, 1880/1890**
Öl auf Holz, 25 × 39,6 cm

■ 10 Fotoalbum, 1913

Kaiser Wilhelm II. stiftete in Ahlbeck ein Ferienheim für Berliner Kinder und Jugendliche. Am 6. August 1913 stattete er dem Heim einen Besuch ab.

XII POMMERN IM ERSTEN WELTKRIEG

Bert Becker

Nach der Ermordung des österreichisch-ungarischen Thronfolgers Erzherzog Franz Ferdinand und seiner Frau Ende Juni 1914 in Sarajewo spitzte sich die diplomatische Krise in Europa dramatisch zu. Die Kriegserklärung Österreich-Ungarns an die serbische Regierung am 28. Juli 1914 löste die partielle militärische Mobilmachung Russlands aus. In der pommerschen Hauptstadt Stettin zogen kriegsbegeisterte junge Männer hurraschreiend unter dem Schutz der Polizei durch die Straßen, während Arbeiter zu einer Friedensdemonstration aufriefen. Am 30. Juli 1914 kam es in Stettin zu einer Versammlung von rund fünftausend Arbeitern aus den umliegenden Landkreisen Randow und Greifenhagen. Zwar wurden Antikriegsdemonstrationen auch aus Stralsund, Gollnow und Kolberg gemeldet, doch scheint die Mehrheit der Bevölkerung Pommerns in die allgemeine und vor allem unter jungen Männern weit verbreitete Kriegsbegeisterung lautstark oder stillschweigend eingestimmt zu haben. Mit dem Beginn der deutschen Mobilmachung am 1. August 1914 fanden patriotische Kundgebungen statt. Die Mobilmachung der pommerschen Regimenter und ihre Beförderung mit Militärzügen an die Fronten erfolgte gemäß den Aufmarschplänen. Die meisten von ihnen wurden an der Westfront in Belgien und Frankreich eingesetzt. Stadtkapellen begleiteten die Wehrpflichtigen mit ihren Frauen und Kindern zu den Zügen, junge Frauen meldeten sich freiwillig zur Krankenpflege, und Schüler bildeten Jugendwehren, um sich von früheren Unteroffizieren auf den Kriegsdienst vorbereiten zu lassen. Auch das religiöse Leben nahm einen starken Aufschwung. Regelmäßige Kriegsbetstunden waren Ausdruck neu erwachter Frömmigkeit. Die anfänglich massenhafte und aus heutiger Sicht schwer verständliche Kriegsbegeisterung, der sogenannte „Geist von 1914", wurde als Aufbruch in ein neues Zeitalter verstanden.

Mit der Erklärung des Kriegszustandes am 31. Juli 1914 trat der Belagerungszustand in Kraft und zwar in allen 24 Armeekorpsbezirken, in die das Deutsche Reich eingeteilt war. Weil die Grenzen der Provinz Pommern nicht mit den Korpsbezirken identisch waren, gehörte der Großteil zum II. Armeekorps in Stettin, während ein Streifen in Hinterpommern dem XII. Armeekorps in Danzig unterstand. Die regionalen Militärbefehlshaber hatten die Kompetenz, selbständig Rechtsverordnungen in Form von Bekanntmachungen zu erlassen. Der sogenannte „total verschärfte Kriegszustand", der auch für die beiden Armeebezirke in Pommern verhängt wurde, führte zur Suspendierung aller acht Grundrechte der preußischen Verfassung, darunter auch der Meinungsfreiheit. Im Stettiner Bezirk vertrat

▸ Ausschnitt aus Willy Stöwer (1868–1931) Hafeneinfahrt von Swinemünde, Tempera auf Pappe, 1928, 48,5 × 70,2 cm

der zuständige Befehlshaber, General Hermann Freiherr von Vietinghoff, eine harte politische Linie und führte sogar außerordentliche Kriegsgerichte ein. Dagegen verzichtete General Rüdiger Graf von der Goltz auf diese verschärfte Form der Gerichtsbarkeit im Danziger Bezirk. Die enge Kooperation zwischen militärischer und ziviler Verwaltung in Pommern zeigte sich bei den Eisenbahnbrücken über die Oder, für deren wasserseitigen Schutz der Stettiner Regierungspräsident Kurt von Schmeling verantwortlich war. Im Regierungsbezirk Stettin befand sich der einzige nördliche Flussübergang für Militärtransporte auf der Schiene zwischen der deutschen West- und Ostfront.

Seit Kriegsbeginn fügte die britische Royal Navy mit ihrer Blockade der Nord- und Ostseehäfen dem Deutschen Reich und seinen Verbündeten erhebliche ökonomische Schäden zu. Als größte deutsche Agrarregion war Pommern in den ersten Kriegsjahren (1914–1916) von der Lebensmittelknappheit aber wenig betroffen. Bis 1916 konnten den Landarbeitern sogar Essenszulagen, wie eine Extraration Brot oder Gerstengrütze, gewährt werden. Bereits Anfang 1915 war die Provinz zur Selbstwirtschaft beim Getreidehandel übergegangen, um weitreichende staatliche Eingriffe abzuwehren. Auf Initiative von Konrad Freiherr von Wangenheim, Vorsitzender des Bundes der Landwirte und der pommerschen Landwirtschaftskammer, organisierte die Pommersche Hauptgenossenschaft mit Hilfe lokaler Händler in den Landkreisen den Ankauf von Getreide, die Vermahlung durch regionale Mühlen und den Verkauf an die Kriegsgetreidegesellschaft und seit 1916 an die Reichsgetreidestelle in Berlin. Um die divergierenden Interessen teilweise auszugleichen, gründeten im Januar 1917 führende Vertreter der Landwirtschaft und der staatlichen, provinzialen und kommunalen Verwaltungen die Pommersche Gemüsebau- und Verwertungsgesellschaft als gemeinnütziges Unternehmen. Das Stammkapital stellten fast ausschließlich die Landwirtschaftskammer, reiche Großgrundbesitzer und der Kreisverband Greifenhagen. Die Mitglieder des Aufsichtsrats waren Freiherr von Wangenheim und ein weiterer Agrarier sowie je zwei Vertreter der Staatsbehörden und der Provinzhauptstadt Stettin.

Die ständig zunehmende straffe Zwangswirtschaft mit ihren Eingriffen in die Agrarproduktion und Verteilung landwirtschaftlicher Produkte löste bei kleinen und mittleren Bauern sowie vielen pommerschen Großgrundbesitzern zunehmend Widerstand gegen die staatlichen Maßnahmen aus. Verschärft wurde die Situation durch das „Hamstern" von Städtern, die sogar aus Berlin auf das platte Land kamen, um dringend benötigte Lebensmittel zu erwerben. Im Herbst 1916 berichtete das II. Armee-Korps in Stettin von einem wachsenden Misstrauen der pommerschen Bauern gegen die Stadtbewohner. Mit der sich verschärfenden Mangellage im „Kohlrübenwinter" 1916/17 und dem gleichzeitigen Anlaufen des Hindenburg-Programms, welches eine gewaltige Steigerung der deutschen Waffen- und Munitionsproduktion anstrebte und alle verfügbaren Arbeiter für die Rüstungsindustrie beanspruchte, kam es auch in Pommern zu Engpässen bei Erntehelfern und der Versorgung. Im April 1917 berichtete das II. Armee-Korps von einer Überlastung der Arbeitskräfte und unzureichender Ernährung. Obwohl größere Unruhen ausblieben, führte die Unzufriedenheit zu ersten Streiks von Landarbeitern und dem Eingreifen des Militärs. Drei Monate später teilte das II. Armee-Korps mit, dass die erlassenen Verordnungen, die tief in die Agrarwirtschaft eingriffen, nur gegen Widerstand durchzusetzen seien und die Staatsautorität mehr und mehr unterhöhlt werde. Auf der anderen Seite sicherten die harten Maßnahmen in Pommern die lebensnotwendige Grundversorgung mit Lebensmitteln in anderen Teilen Deutschlands. Reichskanzler Georg Michaelis berief 1917 Oberpräsident Wilhelm von Waldow wegen seiner Verdienste in Pommern zum Staatssekretär des neugeschaffenen Kriegsernährungsamts nach Berlin. Zwar entspannte sich die Ernährungskrise in Deutschland, doch blieb der latente Konflikt um die Zuteilung der knappen Lebensmittel bis Kriegsende bestehen. Wie Berichte deutlich machen, war der soziale Zusammenhalt im Herbst 1918

Ausschnitte aus Feldflasche, Frankreich, 1907

weitgehend erodiert. Viele Jugendliche respektierten kaum noch die Autorität von Eltern, Vorgesetzten, Lehrern und Geistlichen, und auch in Pommern wirkten viele Menschen müde und verzagt.

Während des Krieges profitierte der Stettiner Großschiffbau von den Aufträgen der deutschen Kriegsmarine. Die Werften und besonders die Vulcan-Werke stellten sich auf den militärischen Bedarf ein und steigerten ihre Beschäftigtenzahl auf rund 22.000. Die Produktion von Schlachtschiffen, großen und kleinen Kreuzern, Torpedobooten, U-Booten und Spezialschiffen verschiedener Größen wurde neu aufgenommen oder stark ausgebaut. Angeregt durch die Kriegskonjunktur nahm mit der Ostseewerft sogar ein neuer Schiffsbaubetrieb die Arbeit auf. Für die Handelsschifffahrt Stettins bedeutete der Krieg eine besondere Herausforderung. Infolge der deutschen Kriegserklärung an Russland am 2. August 1914 war die wirtschaftliche Bewegungsfreiheit in der Ostsee durch das Auslegen von Minensperren zum Schutz der Fahrwasser, Häfen und Einfahrten und das Löschen der Leuchtfeuer anfangs stark eingeschränkt. Allerdings spielte die russische Flotte wegen der Stärke der deutschen Seestreitkräfte keine nennenswerte Rolle. Weil auch Großbritannien den Ostseehandel brauchte, um seine eigenen Zufuhren an Lebensmitteln und Rohstoffen zu sichern, wurde der Stettiner Hafen von der britischen Flotte niemals ernsthaft bedroht. Schon im September

1914 wurde die Hochsee- und Küstenschifffahrt durch die deutsche Marineleitung wieder freigegeben, um den Handel mit neutralen Staaten, wie Dänemark, Norwegen und Schweden, zu ermöglichen

Vor 1914 hatte das Deutsche Reich bis zu 63 Prozent seines Erzbedarfs im Ausland gedeckt. Nach dem Kriegsausbruch kam nur noch das neutrale Schweden als Bezugsland in Frage. Weil die Sicherheit der Erztransporte in der Ostsee besser als in der Nordsee gewährleistet war, wo die Hauptflotte der Royal Navy operierte, wurde Stettin in den nächsten vier Jahren zum Haupteinfuhrhafen für schwedisches Erz, das per Eisenbahn und Binnenschiffen auch ins westdeutsche Ruhrgebiet befördert wurde. Wegen der Vereisung der schwedischen Häfen konnten die Importe zwar nur in den Monaten von Mai bis Oktober stattfinden, doch sicherten sie den Stettiner Reedereien erhebliche Gewinne. Am meisten davon profitierte die Reederei Kunstmann, das größte Schifffahrtsunternehmen an der deutschen Ostseeküste. Allerdings konkurrierte die Firma mit Reedereien in Hamburg, Bremen und Emden, die einen Großteil ihrer Schiffe in der Ostsee beschäftigten, weil Fahrten in der Nordsee durch die dort operierenden britischen Kriegsschiffe sehr gefährlich waren. Da die Erzimporte fast ausschließlich auf deutschen Schiffen stattfanden, waren im Sommer 1916 insgesamt 123 deutsche Dampfer, davon 27 aus Stettin, in dieser Fahrt tätig. Hatte 1914 das Erz einen Anteil von 29 Prozent an der Gesamteinfuhr Stettins über die Ostsee, so stieg dieser Anteil bis 1917 auf 77 Prozent (1.072.700 Tonnen). Die Erze wurden am Kai eines Eisenwerks in Stolzenhagen-Kratzwiek und in Gotzlow nördlich des Stettiner Hafens gelöscht. Die Weiterbeförderung zu den Hüttenwerken in Oberschlesien und in Österreich-Ungarn erfolgte auf Binnenschiffen oderabwärts. Der Transport ins rheinisch-westfälische Industriegebiet fand vor allem mit Güterzügen statt. Trotz der anhaltenden Bedrohung durch die britische Flotte wurde seit Oktober 1917 ein Teil der Erztransportschiffe von Schweden direkt nach Hamburg, Bremen und Emden geleitet, um die Eisenbahnstrecken für militärische und kriegswirtschaftliche Zwecke im Rahmen des Hindenburg-Programms zu entlasten. Dadurch ging der Anteil der Erzimporte am Stettiner Seehandel auf siebzig Prozent (738.000 Tonnen) im Jahr 1918 zurück. Als Gegenleistung für das Erz erhielt Schweden deutsche Kohle, die auf der Oder und auf der Schiene von Oberschlesien nach Stettin gebracht wurde. Sowohl Schweden als auch Dänemark importierten über Stettin oberschlesische Kohlen und exportierten Lebensmittel wie Fleischwaren, Fisch oder Milch und sogar Pferde und Schlachtvieh. Bis 1917 beliefen sich solche Importe nach Stettin auf jährlich mehrere hundert Tonnen. Vor allem die Erzeinfuhren und Kohleausfuhren sicherten dem Handel und der Schifffahrt Stettins profitable Geschäfte während des Krieges. Im November 1918 kam die deutsche Schifffahrt in der Ostsee durch den Waffenstillstand völlig zum Erliegen.

Die zivile Verwaltungsstruktur der Provinz Pommern blieb während des Krieges unverändert bestehen. Als Chef der staatlichen Verwaltung übte der Oberpräsident als eine Art Provinzialminister die Aufsicht über die drei Regierungspräsidenten in den Regierungsbezirken Stettin, Köslin und Stralsund sowie die Landräte der 28 pommerschen Landkreise aus. Oberpräsident Wilhelm von Waldow, der von 1911 bis 1917 in Stettin amtierte, bündelte die Kriegsernährungswirtschaft in seiner Hand und schaltete damit den Einfluss der Regierungspräsidenten weitgehend aus. Als er im August 1917 in die Reichsregierung eintrat, übernahm der Lüneburger Regierungspräsident Dr. Hermann Freiherr von Ziller sein Amt. Wegen eines Nervenleidens, Unterernährung und Überarbeitung reichte er nach kurzer Zeit seinen Abschied ein. Am 1. April 1918 wurde Georg Michaelis, der kurzzeitige Reichskanzler und preußische Ministerpräsident von 1917, zum Oberpräsidenten von Pommern ernannt. Als früherer Vorsitzender der Reichsgetreidestelle und Preußischer Staatskommissar für Volksernährung besaß er große Erfahrungen in der Kriegsernährungswirtschaft und verfügte über ein weitgespanntes Netzwerk von Kontakten zur Landwirtschaft, Staatsverwaltung und kommunalen Selbstverwaltung sowie zum Militär. An der Spitze der Selbstverwaltung Pommerns, dem sogenannten Provinzialverband, stand Landeshauptmann Johannes Sarnow, ein weitläufiger Verwandter von Michaelis, der sich vorrangig um den Ausbau der Elektrizitätswirtschaft kümmerte.

Oberpräsident Michaelis engagierte sich vor allem in der Wirtschafts- und Gesundheitspolitik, nämlich bei der Bekämpfung der Tuberkulose und der hohen Säuglingssterblichkeit. Ausgelöst durch die katastrophale Ernährungssituation und die stark verminderte Infektionsresistenz hatte die Tuberkulose sich in den Kriegsjahren seuchenartig entwickelt, wodurch die Sterblichkeit in Pommern bis 1918 um insgesamt sechzig Prozent anstieg. Weil das staatliche Gesundheitssystem im deutschen Kaiserreich kaum entwickelt war, hatten private und kommunale Organisationen erste Initiativen ergriffen, um die Tuberkulose einzudämmen und die Säuglingspflege zu verbessern. Eine stärker planmäßige staatliche Sozialpolitik, die „Kriegswohlfahrtspflege", entwickelte sich erst in der Endphase des Krieges, vor allem für die Unterstützung der Angehörigen von Kriegsopfern. Der allmähliche Wandel zum Wohlfahrtsstaat zeigte sich in Pommern, als im Herbst 1918 eine Hauptstelle für Kriegswohlfahrt im Oberpräsidium entstand, um sozialpolitische Maßnahmen in der Provinz zu bündeln. Die kriegsbedingte desolate Finanzlage und vor allem das mangelnde Bewusstsein für solche staatlichen Aufgaben verhinderten aber eine weitgehende Unterstützung aus Berlin. Immerhin konnten durch die finanziellen Mittel von pommerschen Stadt- und Landkreisen sowie zahlreichen Privatpersonen die Einrichtungen für Tuberkulosekranke verbessert und eine Schulungsstätte für das Pflegepersonal von Säuglingen gegründet werden.

Der Provinziallandtag von Pommern, der aus rund neunzig Abgeordneten bestand, trat auch während des Krieges einmal jährlich in Stettin zusammen. Seine Mitglieder, die nach dem preußischen Dreiklassenwahlrecht gewählt wurden, kamen etwa je zur Hälfte aus dem Adel und dem höheren Bürgertum. Der Provinziallandtag beschloss die Verteilung staatlicher Mittel für wirtschaftliche, soziale und infrastrukturelle Zwecke und wählte den Landeshauptmann. Wie geschlossen die Abgeordneten konservative und monarchische Überzeugungen vertraten, zeigte sich in der Sitzung vom März 1918, als der Provinziallandtag ein Telegramm an Kaiser Wilhelm II. sandte, in dem eine feste Siegesgewissheit und persönliche Opferbereitschaft ausgedrückt wurde. Bis zum Kriegsende unterstützte die staatstragende Oberschicht der Provinz Pommern das politische System der Hohenzollern-Monarchie und die militärische Strategie der deutschen Kriegsführung.

Literatur

Bader 2021, Becker 2007, Mittenzwei 2013, Fenske 1993, Inachin 1999, Lucht 1998, Włodarczyk 1999, Włodarczyk 2002.

Objekte der Stralsunder Familie Schiel

■ 1 Brieföffner Otto Schiel, 1918

Aus Messingblech und einer Patronenhülse ist der Brieföffner des Otto Schiel gefertigt. Der Klingenansatz wurde als Eisernes Kreuz gearbeitet und die Klinge mit Blattornamenten verziert sowie mit „Verdun 1914" und „1918" beschriftet.

■ 2 Blechkiste „Aus eiserner Zeit 1914–16"

Kiste für persönliche Dokumente, Geld und Andenken des Stralsunder Soldaten Otto Schiel

■ 3 Mützenband S.M.S. Pommern

Das Linienschiff der Deutschlandklasse S.M.S. Pommern wurde auf der Vulcan-Werft Stettin gebaut und 1907 in Dienst gestellt. Es explodierte am 1. Juni 1916 in der Skagerrakschlacht nach einem Torpedotreffer. Alle 839 Besatzungsmitglieder starben.

AUS DIESER KIRCHENGEMEINDE STARBEN IN DEM WELT=
KRIEGE 1914 – 1918 DEN HELDENTOD FÜRS VATERLAND:
WIR SOLLEN UNSER LEBEN
FÜR DIE BRÜDER LASSEN.

■ 4 Gefallenentafel
Klein Schwarzsee/Neustettin
Czarne Małe/pow. szczecinecki,
um 1920

1910 hatte die Gemeinde Klein Schwarzsee 375 Einwohner. Mit 22 Gefallenen zahlte sie 1914–1918 einen hohen Blutzoll.

■ 5 Nagelbild
Greifswald, 1915

Zur Stärkung der patriotischen Stimmung entstand die Idee, hölzerne Schilde oder Figuren mit einer Bildvorlage aufzustellen, in die man gegen eine Spende Nägel schlagen durfte. Das Geld sollte bei der Versorgung der Hinterbliebenen gefallener Soldaten und Kriegsversehrter helfen. Die Aktion brachte in Greifswald 5063,70 Mark und erfüllte nicht die gesetzten Erwartungen, wie die freien Nagelstellen deutlich zeigen.

■ 6 Willy Stöwer (1868–1931) Hafeneinfahrt von Swinemünde
Tempera auf Pappe, 1928, 48,5 × 70,2 cm

Willy Stöwer, geboren in Wolgast, war einer der bekanntesten deutschen Marinemaler.
Er begleitete Kaiser Wilhelm II. auf mehreren Norwegenreisen.
Mit dem Niedergang der deutschen Seemacht endete auch Stöwers Glanzzeit.

7 Feldflasche, Frankreich, 1907

Die Feldflasche aus Aluminium gehörte einem französischen Kolonialsoldaten, wie der Stempel „Arneud Paris", die Einritzungen „Souvenir de la guerre", die arabischen Schriftzeichen und die afrikanischen Motive wie Pyramiden, Kamel und Krokodil vermuten lassen.

XIII | POMMERN IN DER WEIMARER REPUBLIK

Bert Becker

Im Herbst 1918 herrschten in Pommern Kriegsmüdigkeit und Erschöpfung. Auch deshalb nahmen die staatstragenden Führungsschichten des Kaiserreichs die revolutionären Ereignisse vom November 1918 weitgehend resigniert hin, ohne die alte Ordnung aktiv zu verteidigen. Entscheidend für die passive Reaktion auf die politische Umwälzung war die Form der Machtübergabe auf die neue Staatsgewalt: Mit der Ausrufung der Republik am 9. November in Berlin und der formellen Amtsübergabe der Regierungsgeschäfte des letzten kaiserlichen Reichskanzlers an den Sozialdemokraten Friedrich Ebert war der Schein der Legalität gewahrt. Am selben Tag forderte Ebert die Behörden und Beamten zur Weiterarbeit unter der neuen Regierung auf. Am 10. November erklärte der Oberpräsident der Provinz Pommern, Georg Michaelis, dazu seine Bereitschaft, vor allem mit Blick auf die katastrophale wirtschaftliche und soziale Lage, für deren Bewältigung eine funktionierende Verwaltung erforderlich war. Wie der höchste Staatsbeamte der Provinz stellten sich die mehrheitlich monarchisch gesinnten Beamten in Pommern auf die Seite der demokratisch-republikanischen Regierung in Berlin.

In Stettin bildete sich am 10. November 1918 ein Arbeiterrat aus rechten und linken Sozialdemokraten, der in den Folgemonaten die pommersche Verwaltung überwachte. Weitgehend ruhig verlief die Revolution auch in den anderen Städten und Landkreisen Pommerns, wo gemäßigte Arbeiter- und Soldatenräte mit den Behörden pragmatisch kooperierten und keine radikale Staatsumwälzung nach russischem Vorbild anstrebten. Dennoch verursachte die revolutionäre Rhetorik ein permanentes Gefühl der Unsicherheit und der Bedrohung durch den „Bolschewismus". In den östlichen Landkreisen gab es Ängste vor territorialen Ansprüchen Polens auf Grenzgebiete von Pommern. Solche Befürchtungen führten zu dem Plan einiger pommerscher Landräte und Junker, die Provinz vom Reich zu separieren und zu einem selbständigen Oststaat zu machen. Wichtiger als solche Gedankenspiele war die allmähliche Demokratisierung der pommerschen Verwaltung. Viele pommersche Landratsämter wurden neu besetzt, so daß sogar in Hinterpommern der Anteil adliger Landräte 1925 nur noch bei rund dreißig Prozent lag. Zum Oberpräsidenten wurde 1919 Julius Lippmann ernannt, Stettiner Rechtsanwalt und Stadtverordneter, seit 1908 Abgeordneter des Preußischen Abgeordnetenhauses und 1919/20 der Deutschen Nationalversammlung für die linksliberale Deutsche Demokratische Partei (DDP) im Wahlkreis Pommern. Er ent-

▸ Kühlergrill Stoewer Stettin, 1924/1925

STOEWER

stammte einem jüdischen Danziger Elternhaus und war 1901 mit seiner Familie zum evangelischen Christentum konvertiert. Weil Lippmann bis zur regulären Pensionierung (1930) an der Spitze der Staatsverwaltung stand, war er einer der am längsten amtierenden Oberpräsidenten in der Geschichte Pommerns Er setzte sich für die Wirtschafts- und Sozialpolitik, den Stettiner Hafen und die Greifswalder Universität besonders ein und war als überzeugter Demokrat und Republikaner auch antisemitischen Anfeindungen ausgesetzt. Auf ihn folgte der Rheinländer Dr. Carl von Halfern, Mitglied der rechtsliberalen Deutschen Volkspartei und vorher Regierungspräsident von Stettin, der bald nach der Machtübernahme der Nationalsozialisten beurlaubt und in den Ruhestand versetzt wurde. Die von Michaelis initiierte staatliche Sozial- und Gesundheitspolitik in Pommern setzte Oberpräsident Lippmann konsequent fort und schuf 1920 ein Provinzialwohlfahrtsamt unter seiner Aufsicht. Seine Ehefrau Margarete übernahm darin den Vorsitz des Ausschusses für Säuglings- und Kleinkinderpflege. In den Städten und Landkreisen entstanden Wohlfahrtsämter, die ebenso wie die Stettiner Zentrale durch kommunale Zuschüsse und Spendenaktionen finanziert wurden. Als 1924 die Reichsverordnung über die Fürsorgepflicht erlassen wurde, ging auch in Pommern die Wohlfahrtspflege auf den Provinzialverband über. Als Chef der Selbstverwaltung eröffnete Landeshauptmann Johannes Sarnow das Landeswohlfahrtsamt in Stettin, eine Koordinationsstelle für die kommunalen Wohlfahrtsämter und mehrere öffentliche Sozial- und Gesundheitseinrichtungen. Auch unter seinem Nachfolger, Landeshauptmann Ernst von Zitzewitz (im Amt von 1925 bis 1934), bildete die Wohlfahrtspflege eine der wichtigsten Aufgaben der Selbstverwaltung Pommerns, in welcher sich die Leitidee der Weimarer Republik als sozialer Volksstaat manifestierte.

Durch Gebietsänderungen an den deutschen Ostgrenzen infolge des Versailler Friedensvertrages (1919) wurde Pommern zur preußischen Randprovinz mit einer 196 Kilometer langen Grenze zur Zweiten Polnischen Republik. Aus dem „polnischen Korridor", wie das ehemals westpreußische Gebiet hinter der pommerschen Grenze von deutscher Seite bezeichnet wurde, wanderten bis 1934 rund siebzig Prozent der deutschen Bewohner ab. Obwohl Pommern durch die Abtretung eines kleinen, ehemals westpreußischen Gebietsstücks ohne Einwohner, einen territorialen Zuwachs erfuhr, lösten die Ansprüche Polens auf Teile der Kreise Lauenburg, Stolp, Bütow und Rummelsburg große Befürchtungen auf deutscher Seite aus. Polnische Versuche, ab 1925 in der Grenzregion wirtschaftlich und kulturell an Einfluss zu gewinnen, erregten die deutsche Öffentlichkeit und beschäftigten Behörden und Parlamente. Damit wurde Pommern in den intensiven Diskurs der Weimarer Republik über die sogenannte „blutende Grenze" im Osten einbezogen. Das gespannte Verhältnis zwischen den Regierungen in Berlin und Warschau wirkte sich für die Agrarwirtschaft von Hinterpommern auch ökonomisch nachteilig aus. Mit der Abtretung von Westpreußen, Danzig, Posen und Oberschlesien hatte Ostpommern (wie der östliche Teil der Provinz jenseits der Oder seit den 1920er Jahren bezeichnet wurde) große Teile seines wirtschaftlichen Hinterlandes und Absatzgebiets verloren. Die verstärkt ausgebaute polnische Hafenstadt Gdingen *(Gdynia)* und der neu errichtete und selbständige Freistaat Danzig richteten sich wirtschaftlich auf Polen aus. Nach 1920 war die ostpommersche Agrarwirtschaft fast ausschließlich auf schwer erreichbare Absatzmärkte in Mittel- und Westdeutschland angewiesen. Hohe Frachtkosten ließen ihre Konkurrenzfähigkeit rapide sinken. Das Ende der Hyperinflation und die Öffnung der Weltmärkte (1923/24) lösten eine schwere Agrarkrise mit Überangeboten und Preisstürzen aus. Infolgedessen führten viele Landwirte moderne und kostensparende Betriebsweisen ein, um im globalen Wettbewerb konkurrenzfähiger zu werden. Die kostenaufwendige Technisierung mündete in Überschuldungen und einer verringerten Bereitschaft von Banken, zusätzliche Kredite zur Verfügung zu stellen, was Bankrotte von Höfen, einen starken Anstieg der Arbeitslosigkeit und die verstärkte Abwanderung von Landarbeitern und ihren Familien nach sich zog. Von Anfang 1928 bis Mitte 1929 verließen über siebentausend Menschen den Regierungsbezirk Köslin und zogen vor allem nach Berlin oder in andere Teile Pommerns. Zwar stellte seit 1928 das Osthilfe-Programm der preußischen Regierung und seit 1931 das Reichshilfegesetz langfristige günstige Kredite zur Verfügung, doch wirkte sich die durch externe und interne Faktoren verursachte Dauerkrise der deutschen Landwirtschaft vor allem in Ostpommern wegen seiner Grenzlage besonders nachteilig aus und leistete einer allgemeinen politischen Radikalisierung entscheidenden Vorschub.

Auch der Seehandel und die Schifffahrt Pommerns litten unter der neuen Grenzlage. Kohlenfrachten aus dem teilweise polnisch gewordenen Industrierevier Oberschlesiens wurden nicht mehr in Stettin umgeschlagen, sondern zunehmend nach Danzig oder Gdingen befördert und von dort aus verschifft. 1923 erreichte der Stettiner Hafen erst knapp zwei Drittel seiner Vorkriegskapazität. 1930 umfassten die von Stettin ausgehenden Exporte knapp 1,6 Millionen Tonnen Güter, vor allem Agrarprodukte, während vom polnischen Gdingen rund 3,2 Millionen Tonnen und vom Freistaat Danzig etwa 7,12 Millionen Tonnen ausgeführt wurden. In beiden Häfen waren es vor allem oberschlesische Kohlen. Auch bei den Einfuhren von Heringen, Eisenerz und Phosphat verlor der größte pommersche Hafen seine früher dominierende Stellung an der südlichen Ostseeküste an seine Rivalen Danzig und Gdingen. Um die Wettbewerbsfähigkeit Stettins zu erhöhen, förderte der preußische Staat 1923 die Gründung von zwei Unternehmen zur Finanzierung und Verwaltung der Hafenanlagen. 1929 fusionierten sie zur „Stettiner Hafengesellschaft mbH", die je zur Hälfte von Preußen und der Stadt Stettin finanziert und getragen wurde. Als eine ihrer wichtigsten Aktivitäten lancierte die Hafengesellschaft eine breit angelegte Werbekampagne unter dem Motto „Stettin, das Tor der Ostsee".

Die Stettiner Schiffbauindustrie war im Ersten Weltkrieg durch große Rüstungsaufträge stark expandiert und wurde deshalb vom Verbot des Kriegsschiffsbaus durch den Versailler Vertrag besonders hart getroffen. Die 1857 gegründete „Vulcan-Werke in Hamburg und Stettin AG" war die größte Werft in der Stadt und konnte in den ersten Nachkriegsjahren noch einige profitable Ersatzbauten für solche Reedereien erstellen, die ihre Schiffe als deutsche Reparationsleistungen an das Ausland abliefern mussten. Während der Hyperinflation (1922/23) tilgte das Unternehmen zwar seine Altschulden, doch führte die 1925 eingeleitete Deflationspolitik der Reichsbank zu Schwierigkeiten bei der Beschaffung neuer Kredite. Aufgrund des akuten Auftragsmangels sah sich die Firmenleitung zu ersten Entlassungen der mehr als sechstausend Beschäftigten veranlasst. Um die Großwerft zu erhalten, deren Existenz aus ökonomischen und militärpolitischen Gründen als systemrelevant galt, kam es zu einer konzertierten Aktion der Reichsregierung in Zusammenarbeit mit Staats- und Privatbanken. 1925/26 erhielt die Firma insgesamt 7,3 Millionen Reichsmark an Subventionen. Als Ende 1926 endgültig klar war, dass eine weitere Sanierung wegen Überkapazitäten im globalen Schiffbau und der übermächtigen Konkurrenz aussichtslos war, wurde der Hamburger Betriebsteil verkauft und der Stettiner Teil stillgelegt. Hatte die Zahl der Beschäftigten in der Stettiner Werftindustrie 1913 noch bei 8.377 gelegen, so ging diese Zahl bis 1927 auf 3.450 und bis 1930 auf 892 Beschäftigte zurück. Die 1899 in Stettin gegründete und auf den Bau von Motorfahrzeugen spezialisierte „Stoewer-Werke Aktiengesellschaft" behauptete sich nur mühsam, indem sie die Zahl ihrer Beschäftigten von eintausend (1926) auf 472 (1932) abbaute. Weil Stettin unter unter den deutschen Großstädten die meisten Arbeitslosen im Verhältnis zur Einwohnerzahl aufwies, galt sie für manche bereits als sterbende Stadt.

Die Deutschnationale Volkspartei (DNVP), die wichtigste konservative und nationalistische Partei in der Weimarer Republik, stellte in Pommern eine „Politik von der Grenze her" ins Zentrum ihrer Agitation. Mit ihrer Forderung nach einer Revision der deutschen

Notgeld:
Wertbeständiger Notgeldschein über 1,05 Mark Gold, Kreisausschuß Demmin, Demmin, 25.11.1923

10-Mark-Gutschein Sammellager für Ausländer, Stargard/Kr. Saatzig *Stargard/pow. stargardzki*, 1921–1923

Notgeldscheine über 50 Pfennig Neustettin *Szczecinek*, 01.10.1922

Ostgrenze konnte die Partei bei der Reichstagswahl 1924 knapp die Hälfte der pommerschen Wählerstimmen auf sich vereinigen. Zu ihren Wahlerfolgen trugen auch verschiedene kultur- und wirtschaftspolitische Vereinigungen bei, die in ihrem Umfeld agierten und ähnliche Denkweisen vertraten. Dazu gehörte der „Stahlhelm", ein Wehrverband ehemaliger Frontsoldaten, der eine seiner Hochburgen in Pommern hatte. Prägend für traditionelles und nationalkonservatives Denken waren auch die evangelische Kirche sowie der 1921 gegründete „Bund Heimatschutz", der das Andenken an die vergangene Hohenzollern-Monarchie hochhielt. Zwar wurde selten für eine Restauration der Monarchie aktiv geworben, doch war der sentimentale Rückblick auf die vermeintlich guten alten Zeiten des Kaiserreichs ein Beitrag zur Schwächung des republikanischen Gedankens und zur Destabilisierung der Weimarer Republik sowie ihrer staatlichen Legitimität. Die Ablehnung der Demokratie und die Unterstützung „völkischer" Ideen und sogar antisemitischer Haltungen waren im ländlichen Milieu Pommerns weitverbreitet. Auch der „Pommersche Landbund" und seine führenden Köpfe standen der DNVP sehr nahe. Diese einflussreiche agrarische Lobbyorganisation vertrat wirtschaftliche Interessen ihrer Mitglieder, vor allem Gutsbesitzer, aber auch kleinbäuerliche Deputanten (Instmänner), Gutshandwerker und andere Fachkräfte sowie assoziierte Guts- und Forstbeamte und sogar Landlehrer und Landpfarrer. Seit 1929 war die DNVP in zwei Richtungen gespalten, einen moderaten „gouvernementalen" Flügel – prominent repräsentiert durch den Kommissar für Osthilfe, Hans Schlange-Schöningen, der im SPD-tolerierten Reichskabinett des Katholiken Brüning einen Ministerposten innehatte –

und einen radikalen demokratiefeindlichen Flügel – markant vertreten durch den Vorsitzenden des Pommerschen Landbundes, Hans Joachim von Rohr-Demmin, der sich dem Medienunternehmer und DNVP-Vorsitzenden Hugenberg und dessen kompromissloser Systemfeindschaft gegenüber der Weimarer Republik vorbehaltlos anschloss.

Die 1929 beginnende globale Wirtschaftskrise verschärfte die ohnehin angespannte Lage. Pommern rückte ins Zentrum einer reichsweiten Protestwelle, die extremen Parteien zusätzliche Unterstützung gab. Von der aufgeheizten Debatte um die besten Wege aus der Krise profitierte vor allem die Nationalsozialistische Deutsche Arbeiterpartei (NSDAP) und ihr „Führer" Hitler. 1922 waren die ersten pommerschen Ortsgruppen der Partei entstanden. Die „Gauleitung" hatte der Greifswalder Mathematikprofessor Vahlen und sein Stellvertreter Lejeune, Privatdozent für Medizingeschichte, übernommen. Bei den Reichstagswahlen 1930 lag die NSDAP in Pommern fast gleichauf mit der DNVP. In den Städten erhielt sie aber mehr Stimmen als auf dem Land, wo traditionelle Strukturen ihrem Hauptrivalen zugute kamen. Während die Nationalsozialisten bis 1932 in West- und in Süddeutschland viele Landarbeiter, Kleinbauern und mittelständische Bauern durch eine geschickte Propaganda für ihre Ziele gewannen, gelang es ihnen in den vom Großgrundbesitz geprägten Regionen, wo Gutsbesitzer, Deputanten und sogar viele Landarbeiter eher konservativ-nationalistisch eingestellt waren, nur mühsam, eine dominante Position zu erringen. Auch hier bekämpfte die NSDAP ihre Konkurrenz oft mit roher Gewalt. So drang am Silvestertag 1932 ein SA-Trupp in das Gut des DNVP-Vorsitzenden des Kreises Randow ein und ermordete ihn kaltblütig. Eine absolute Mehrheit konnte die NSDAP in Pommern bei den letzten freien Wahlen im November 1932 aber nicht erreichen. Mit 43 Prozent der Stimmen wurde sie zwar stärkste Kraft im Reichstagswahlkreis Pommern – ähnlich wie in Schleswig-Holstein oder der bayerischen Pfalz, doch erzielten die Deutschnationalen und die Sozialdemokraten mit jeweils rund zwanzig Prozent der pommerschen Wählerstimmen sehr respektable Ergebnisse. Sogar die Kommunistische Partei erreichte mit zwölf Prozent ihr bislang bestes Wahlresultat in Pommern. Auf der Ebene der Landkreise lagen die Wählerhochburgen der Nationalsozialisten sowieso nicht in Pommern, sondern in Franken und Hessen. Aus dieser vergleichenden Perspektive wird deutlich, dass das Wahlverhalten in der Provinz Pommern durchweg ähnlichen Tendenzen anderer deutscher Regionen entsprach und keinen Sonderfall in der Endphase der Weimarer Republik bildete.

Literatur

Baranowsky 1995, Becker/Inachin1999, Becker 2020, Branig 1966, Inachin 2004, Kittel 2022, Lehmann 1980, Mittenzwei 2014, Schröder 1991, Włodarczyk 1999.

VON FREEST
1929
ERNST

1 Freester Fischerteppich
Freest/Greifswald, 1929

Aus Dankbarkeit widmeten die Freester Fischer dem Landrat des Kreises Greifswald, Werner Kogge, diesen Teppich.
Ende der 1920er Jahre hatte sich die Notlage der Fischer verschärft. Um ihnen einen Nebenverdienst zu ermöglichen, kam der Greifswalder Landrat Werner Kogge auf die Idee, sie Teppiche knüpfen zu lassen. Ein österreichischer Textilfachmann, Rudolf Stundl, leitete sie an, ließ in niedrige Fischerkaten passende Knüpfstühle bauen, entwarf regionale Motive und organisierte den Verkauf. Schon 1930 betreute er 58 Knüpfer in Freest, Spandowerhagen und Lubmin. Die Nationalsozialisten vereinnahmten dieses Handwerk als angeblich uralte nordische Tradition.

2 Kühlergrill Stoewer
Stettin *Szczecin*, 1924/1925

Vom luftgekühlten PKW Stoewer D 9 wurden in den Jahren 1924–1927 insgesamt 1.200 Stück gebaut.
Prägend für den Stettiner Fahrzeug- und Maschinenbau war der Name Stoewer. Bernhard Stoewer (1834–1908) gründete 1858 einen Betrieb zur Reparatur und Fertigung von Nähmaschinen, den zweitältesten in Deutschland. Ab 1893 stellte er in seiner Fabrik Fahrräder und ab 1903 auch Schreibmaschinen her. Die Firma erlosch im Zuge der Weltwirtschaftskrise. Seine beiden Söhne Emil (1873–1942) und Bernhard jun. (1875–1937) widmeten sich in einer 1896 gegründeten Firma dem Fahrzeugbau und stellten Autos, Lkw, Omnibusse, Motorpflüge und Feuerlöschpumpen her. Stoewer baute den ersten deutschen Serien-Pkw mit Vorderantrieb. In beiden Weltkriegen wurde für das Militär produziert.

Notgeld

■ 3 Wertbeständiger Notgeldschein über 1,05 Mark Gold, Kreisausschuß Demmin

Demmin, 25.11.1923

Erst die Einführung eines wertbeständigen Goldmark- und Dollaräquivalents ermöglichte die wirtschaftliche Erholung.

■ 4 10-Mark-Gutschein Sammellager für Ausländer, Stargard/Saatzig

Stargard/pow. stargardzki, 1921–1923

Im Zuge der Ausweisung sogenannter „Ostjuden" ließen der preußische Innenminister Carl Severing (SPD) und sein Nachfolger Alexander Dominicus (DDP) Abschiebelager für „unerwünschte Ausländer" in Cottbus-Sielow und Stargard einrichten.

■ 5 Notgeldscheine über 50 Pfennig
Neustettin *Szczecinek*, 01.10.1922

Ein Kuriosum der Notgeldmission waren die kommunalen Kleingeldscheine mit stadtgeschichtlichen Motiven. Als begehrte Sammelobjekte wurden sie landesweit gehandelt.

■ 6 Ersatz-Wertschein über 500 Milliarden
Mark Stettin *Szczecin*, 05.11.1923

Um der rasenden Inflation zu begegnen, wurden immer höhere Nominale gedruckt.

XIV | POMMERN IM NATIONALSOZIALISMUS (1933–1939)

Joachim Krüger

DIE PROVINZ POMMERN IN DEN DREISSIGER JAHREN

Mit der am 1. Oktober 1932 erfolgten Auflösung des Regierungsbezirks Stralsund und dessen Eingliederung in den Regierungsbezirk Stettin begann eine Reihe von Änderungen, welche die Verwaltungsstruktur Pommerns nachhaltig beeinflussen sollten. Die Provinz war nunmehr in zwei Mittelinstanzen der staatlichen Verwaltung unterteilt: in die Regierungsbezirke Stettin und Köslin.

Zum Ende der dreißiger Jahre wurde das Territorium der Provinz erneut politisch und geographisch umstrukturiert und bedeutend erweitert. Am 21. März 1938 wurde der größte Teil der Provinz Posen-Westpreußen mit den ehemaligen westpreußischen Kreisen Deutsch-Krone, Flatow und Schlochau sowie dem ehemals zu Posen gehörenden Netzekreis und dem Stadtkreis Schneidemühl in die Provinz Pommern integriert. Dem neu geschaffenen Regierungsbezirk „Grenzmark" wurden die vorher zu Köslin gehörenden Kreise Dramburg und Neustettin sowie die ehemaligen brandenburgischen Kreise Friedeberg und Arnswalde zugeschlagen. Dafür wurden die ehemaligen Stettiner Kreise Greifenberg und Regenwalde in den Regierungsbezirk Köslin integriert.

Der Umbau der Verwaltungseinheiten war damit nicht abgeschlossen. Mit dem Groß-Stettin-Gesetz vom 15. Oktober 1939 wurden die Städte Altdamm und Pölitz sowie 36 weitere Gemeinden in die Stadt Stettin eingemeindet. Das so geschaffene „Groß-Stettin" zählte flächenmäßig zu den größten Städten im Dritten Reich.

DIE NSDAP UND DER GAU POMMERN

Die Anfänge des Gaues Pommern und die Gründung der pommerschen NSDAP liegen in den frühen 20er Jahren des 20. Jahrhunderts. Erste Ortsgruppen wurden bereits 1922 gebildet. Der Greifswalder Mathematikprofessor Karl Theodor Vahlen übernahm ein Jahr später das Amt des Gauleiters. Der Gau entsprach den Grenzen der Provinz Pommern. Die Partei fristete zunächst ein Schattendasein. Wie auch andernorts wurde sie nach dem gescheiterten Hitler-Putsch verboten. Auch nach der Neugründung war die NSDAP in Pommern politisch bedeutungslos, im Dezember 1925 zählte sie gerade einmal 297 Mitglieder in 22 Land- und Stadtkreisen. 1927 erfolgte an der Spitze der pommerschen NSDAP ein Wechsel: Mit der Ernennung von Walther von Corswant übernahm ein Rittergutsbe-

▸ Volksempfänger, Radiogerät Nürnberg, 1930/1940

50 40 30 20
VE 301

sitzer das Amt des Gauleiters. Die bis dahin enge Bindung an die Universität in Greifswald fiel zunächst weg.

Der Aufschwung der NSDAP in Pommern ging mit der Weltwirtschaftskrise einher. Die Zahl der Ortsgruppen stieg ab 1929 rasant an. Bereits 1928 hatte sich eine pommersche SA gegründet, zu der 1931 noch die HJ dazukam. Im November 1929 zog die NSDAP mit vier Abgeordneten erstmalig in den pommerschen Landtag ein. Bei den Reichstagswahlen von 1930 erreichte die Partei mit über 24 Prozent das zweitbeste Ergebnis im Reichsdurchschnitt. Von nun an ging es Schlag auf Schlag: Im Juli 1932 verdoppelte sich das Ergebnis auf über 48 Prozent, während die konkurrierende DNVP gerade einmal 15 Prozent der Wählerstimmen einfuhr. Bei den Reichstagswahlen vom 5. März 1933 erzielte die NSDAP in Pommern mit 56 Prozent ein Ergebnis, das weit über dem Reichsdurchschnitt lag. In den folgenden Provinzial-, Kreistags- und Kommunalwahlen in Pommern errang die NSDAP fast überall die absolute Mehrheit.

Bereits am 4. Februar 1933 hatte der noch amtierende Reichskanzler von Papen die Auflösung aller Vertretungskörperschaften verfügt. Am 31. März desselben Jahres wurden die einzelnen Länder mit dem Reich gleichgeschaltet. Durch ein zweites Gesetz vom 7. April 1933 erfuhr die staatliche und provinzielle Selbstverwaltung der Provinz Pommern tiefgreifende Veränderungen. Das Amt des Oberpräsidenten wurde in die Funktion eines ständigen Vertreters der Reichsregierung in der Provinz umgewandelt, die Kompetenzen wurden denen der Reichstatthalter angeglichen. Am 1. April 1934 wurde dem Oberpräsidenten die gesamte provinzielle Selbstverwaltung unterstellt. Ihm wurden auch die Aufgaben des Provinzialausschusses und des Landeshauptmanns, der zukünftig als Stellvertreter fungierte, übertragen. Die Abgeordneten des am 12. März 1933 gewählten Provinziallandtages kamen nur einmal, am 10. April 1933, zu einer Sitzung zusammen. Nach dem Ausscheiden des Oberpräsidenten Carl von Halfern im Oktober 1933 blieb das Amt zunächst vakant.

Nach den Wahlsiegen der NSDAP kam es auch in Pommern zu massiven Ausschreitungen. Die mittlerweile auf über 100.000 Mann angewachsene pommersche SA unter ihrem Führer Peter von Heydebreck begann, politische Gegner und Juden zu drangsalieren. SA und Hilfspolizei nahmen zahlreiche Verhaftungen vor. Um die häufig illegal Verschleppten zu vernehmen, wurden neue Verhörräume eingerichtet, zunächst in den Kellern des Verlagsgebäudes der sozialdemokratischen Zeitung „Volksbote" in Stettin. Allerdings ließ sich nicht verheimlichen, dass die dorthin Verschleppten gefoltert wurden. Deshalb wich man auf die Baracken am Stettiner Sportplatz aus. Auf Empfehlung des Geheimen Staatspolizeiamtes Berlin ließ der Oberpräsident auf dem Gelände der stillgelegten Werft in Stettin-Bredow ein Konzentrationslager einrichten, in dem Gefangene von der Öffentlichkeit unbemerkt auf unbestimmte Zeit festgehalten und gefoltert werden konnten. Zu Tode gemarterte Häftlinge wurden wiederholt in der Oder versenkt. 1934 wurde das Lager aufgelöst.

Der sogenannte Röhm-Putsch hatte auch auf Pommern massive Auswirkungen. Heydebreck wurde am 30. Juni 1934 im Gefängnis Stadelheim bei München erschossen. Der bisherige Gauleiter Wilhelm Karpenstein wurde seines Amtes enthoben. Säuberungen in Polizei und SA folgten. Karpensteins Nachfolger wurde Franz Schwede-Coburg, der von Hitler am 21. Juli 1934 zum Gauleiter in Pommern ernannt wurde und bis zum Ende des 3. Reichs diese Funktion wahrnahm. Gleichzeitig übernahm er das Amt des Oberpräsidenten in der Provinz.

Die Ernennung Schwede-Coburgs führte zu einer Beruhigung der Lage, die öffentliche Ordnung wurde weitgehend wiederhergestellt. Eine der ersten Amtshandlungen war die Entlassung aller früheren Mitarbeiter der Gauleitung und zahlreicher Amtsträger, u. a. der NSDAP-Kreisleiter. Viele wurden durch Parteifreunde und frühere Weggefährten Schwede-Coburgs aus Bayern ersetzt. Außerdem zog er verstärkt SS-Angehörige in die Gauführung ein.

Ausschnitt aus Holztafel „Familie Hans Müsebeck", Stettin, 1933

WIRTSCHAFTLICHE UND MILITÄRISCHE ENTWICKLUNGEN

Pommern gehörte in den dreißiger Jahren zu den am dünnsten besiedelten preußischen Provinzen. Das Gebiet war vorwiegend agrarisch geprägt und strukturelle Probleme blieben weitgehend ungelöst. Allerdings wirkte sich die allgemeine Konjunkturbelebung im 3. Reich als Folge der Erhöhung der Rüstungsausgaben auch in Pommern positiv aus, so dass bis 1937 eine Vollbeschäftigung erreicht werden konnte. Als einziger industrieller Ballungsraum galt der Odermündungsraum mit Stettin. Die Gauleitung setzte sich dort verstärkt für die Schaffung neuer Arbeitsplätze ein. Schwede-Coburg zeigte ein besonderes Interesse an der stillgelegten Werft, die als AG Vulcan Werft wiederbegründet werden konnte. Ab 1939 wurden dort hauptsächlich U-Boote gebaut. Der Gauleiter engagierte sich auch für die Sanierung des maroden Stoewer-Unternehmens. Mit Hilfe von staatlichen Subventionen und Aufträgen wurde nicht nur der traditionelle Automobilbau am Leben erhalten. Zusätzlich wurde eine Abteilung zur Produktion von Flugzeugmotoren eingerichtet.

Positiven Einfluss auf die Wirtschaftsförderung hatte die Erkenntnis, dass der Odermündungsraum „luftschutzgünstig" lag. Zum damaligen Zeitpunkt war er kaum von potentiellen Luftangriffen gefährdet. Davon profitierte nicht nur der Ausbau des Stettiner Hafens. Im weiteren Umfeld wurden wichtige Rüstungsbetriebe angesiedelt. In Anklam wurde ein Zweigwerk der Arado Flugzeugwerke errichtet. Bereits im Krieg verlegte der Heinkel-Konzern ein Zweigwerk nach Barth. Dazu wurde auch ein Außenlager des KZ Ravensbrück eingerichtet, dessen Häftlinge im Flugzeugbau arbeiten mussten. 1937 wurde nördlich von Stettin die Hydrierwerke Pölitz AG gegründet, der größte Erzeuger von synthetischem Flugbenzin im 3. Reich. Auf dem Gelände befand sich auch ein Außenlager des KZ Stutthof.

Eines der größten Rüstungsprojekte wurde ab 1936 mit dem Bau der Heeresversuchsanstalt Peenemünde auf dem Nordteil der Insel Usedom verwirklicht. Dort wurde mit dem Aggregat 4 (bekannt als V2) die erste ballistische Rakete entwickelt und getestet (Abb. 3/4). 1938 folgte mit Peenemünde-West eine Erprobungsstelle der Luftwaffe, in der u. a. die Flügelbombe Fieseler Fi 103 (bekannt als V1) erprobt wurde.

JUDEN IN POMMERN

1933 lebten im gesamten Pommern etwa 7.800 bekennende Juden, was einem Bevölkerungsanteil von etwa 0,4 Prozent der pommerschen Gesamtbevölkerung entsprach. Ungefähr ein Drittel davon wohnte in Stettin. Die übrigen Juden lebten in 46 pommerschen Städten und 90 Dörfern. Neben Stettin befanden sich größere Gruppen in Kolberg, Lauenburg, Stargard und Stolp. Insgesamt gab es 47 jüdische Gemeinden, zwei im 1932 aufgelösten Regierungsbezirk Stralsund, 26 im Regierungsbezirk Stettin und 21 im Regierungsbezirk Köslin.

Wie überall im 3. Reich wurden Angehörige jüdischen Glaubens auch in Pommern gesetzlichen Einschränkungen unterworfen, sie waren teils brutalen Übergriffen ausgesetzt, weshalb schon 1933 erste Emigrationen begannen. Bereits 20 Wochen nach der Machtergreifung hatte sich die Zahl der in Pommern lebenden Juden um acht Prozent verringert. Infolge der Nürnberger Gesetze nahm der Druck auf jüdische Bürger ab 1935 enorm zu. Da für das Schuljahr 1936 die Rassentrennung in den allgemeinbildenden Schulen angeordnet wurde, waren jüdische Familien gezwungen, mit ihren Kindern in die größeren Städte, in denen es noch jüdische Schulen gab, umzusiedeln. Die Nürnberger Gesetze führten auch zu Maßregeln gegen bisher noch an den Hochschulen geduldete „teiljüdische" Hochschullehrer und Studenten. Davon war die Universität in Greifswald betroffen, an der mehreren Professoren und Dozenten die Lehrerlaubnis entzogen wurde. Ab Herbst 1935 nahmen auch Übergriffe auf jüdische Geschäftsleute zu.

Aufgrund der Repressionen sank die Zahl der jüdischen Einwohner Pommerns bis 1937 um ein Sechstel, wobei zu beachten ist, dass aufgrund der Nürnberger Gesetze Bürger als Juden bezeichnet wurden, die bis 1935 nicht in der Statistik geführt worden waren. Die Anzahl der Juden in Pommern nahm 1938 durch die Eingliederung der Provinz Posen-Westpreußen wieder zu, denn in diesen Gebieten lebten traditionell viele jüdische Familien.

Am 9. November 1938 brannten auch in pommerschen Städten Synagogen, etwa in Stettin, Stralsund, Anklam, Pasewalk, Gollnow, Naugard, Greifenhagen, Köslin, Neustettin, Pyritz und Swinemünde. In anderen Städten wurden Synagogen geplündert und demoliert und jüdische Friedhöfe geschändet. Ausschreitungen gab es in allen Orten, in denen Juden wohnten. Viele überwiegend männliche Juden wurden verhaftet und in das Konzentrationslager Sachsenhausen gebracht. Nachdem sich die Mehrzahl bereiterklärt hatte, Deutschland zu verlassen, wurden sie nach mehreren Wochen Haft entlassen.

Mit dem Beginn des Zweiten Weltkrieges verschärfte sich die Lage. Ab Februar 1940 begannen im Regierungsbezirk Stettin die Deportationen, zunächst mit dem Ziel Lublin – die ersten Deportationen aus dem sogenannten Altreich. Im Laufe des Jahres 1942 wurden fast alle noch in Pommern befindlichen Juden in die Vernichtungslager im Osten oder nach Theresienstadt deportiert. Nur wenige pommersche Juden überlebten den Holocaust.

WIDERSTAND UND BEKENNENDE KIRCHE

In konservativen Kreisen in Pommern gab es kaum Widerstand gegen das 3. Reich. In Folge des Attentats vom 20. Juli 1944 wurden Verhaftungen vorgenommen und zwei Todesurteile vollstreckt.

Der Widerstand kam vor allem aus den Reihen der evangelischen Kirche in Pommern. Zunächst waren die Deutschen Christen auch in Pommern sehr erfolgreich. Bei den Wahlen der pommerschen Provinzialsynode 1933 erreichten sie etwa 80 Prozent der Stimmen. Die beiden Generalsuperintendenten wurden pensioniert und der Provinzialleiter der Deutschen Christen, Karl Thom, wurde zum neuen Vorsitzenden der pommerschen Synode und nannte sich „Bischof von Cammin".

In Reaktion auf die Einführung des Arier-Paragraphen in den evangelischen Kirchen bildete sich der Pfarrernotbund, dem Ende 1933 immerhin 150 pommersche Pastoren angehörten. Die darauf fußende Bekennende Kirche hielt im Mai 1934 unter dem Vorsitz von Reinold von Thadden-Triglaff eine erste pommersche Bekenntnissynode in Stettin ab. Im Mittelpunkt standen Auseinandersetzungen um den wahren Glauben innerhalb der evangelischen Kirche und um das Verhältnis zur Staatspolitik. Dieser dann als „Kirchenkampf" bezeichnete Konflikt führte noch 1934 zu einer ersten Verhaftungswelle. Zur Struktur der Bekennenden Kirche gehörte eine separate Pfarrerausbildung. Dazu organisierte der 1945 ermordete Theologe Dietrich Bonhoeffer ein inoffizielles Predigerseminar zunächst im Zingsthof bei Zingst und schließlich in Finkenwalde bei Stettin. Da die dort ausgebildeten Theologen keinen anerkannten Abschluss besaßen, erfolgte letztlich eine Unterstellung unter das pommersche Konsistorium, was wiederum zu heftigen Kontroversen innerhalb der Bekennenden Kirche führte.

Literatur

Alvermann 2015, Inachin 2002, Inachin 2005, Inachin 2007, Klän 1995, Rautenberg 1999, Wilhelmus 2004.

1 Volksempfänger (siehe S. 209)
Radiogerät Nürnberg, 1930/1940

Der Volksempfänger VE 301 W der Firma TEKADE wurde massenhaft zum kleinen Preis produziert. Faktisch jeder konnte ihn sich leisten. Er ist aber nicht identisch mit der sogenannten „Goebbels-Schnauze“.

■ 2 **Wetterfahne,**
Greifswald, 16. Jh. / 1886

Die Wetterfahne stammt vom Haus Theodor Cohns (1832–1919), der 1886 in Greifswald am Markt 13 ein Möbelgeschäft eröffnete. Für dieses Haus ließ er die alte Wetterfahne um 2 Symbole erweitern: Um einen Davidstern und zwei Hände in der aaronitischen Segenshaltung, Symbol des Priesterstammes der Cohanim, auf den der Name Cohn verweist. Theodor Cohn war aktives Mitglied der jüdischen Gemeinde. Sein Sohn Hermann (1869–1942) übernahm das Geschäft, zog aber 1929 mit seiner Frau Hedwig nach Berlin. Von dort wurden beide in das KZ Theresienstadt deportiert, wo sie 1942 umkamen.

Familie
Hans Müsebeck
Conerow
erbeingesessen seit
1698
Landwirtschaftskammer
für die Provinz Pommern
1933

■ 2 **Holztafel „Familie Hans Müsebeck Conerow erbeingesessen seit 1698"**
Landwirtschaftskammer der Provinz Pommern, Stettin, 1933

Im Rahmen der nationalsozialistischen Blut-und-Boden-Politik wurde die Dauer der Ansässigkeit von Familien geprüft und entsprechend geehrt.

■ 3 **Tellerboden des Brennkammerkopfes einer A 4**
Breslau *Wrocław*, 1944

Ein Brennkammerkopf verband Brennstoffkammer und Reaktionskammer. In den kreisrunden Aussparungen saßen die Einspritzköpfe. Der Tellerboden war Teil einer am 29.11.1944 aus der Nähe von Den Haag auf London abgefeuerten und dann abgestürzten Rakete.

■ 4 **Einspritzkopf der Brennkammer einer A 4**
Breslau *Wrocław*, 1944

Einspritzköpfe haben Düsen zur Einspritzung von Sauerstoff und Alkohol in die Reaktionskammer.

XV | DER KRIEG KOMMT NACH POMMERN / FLUCHT UND VERTREIBUNG

Heiko Wartenberg

Der Beginn des Zweiten Weltkrieges änderte das gesamte Leben. In ganz Pommern rekrutierte die Wehrmacht Truppenverbände aller Waffengattungen. Lebensmittel und andere Waren wurden rationiert, Personen- und Lastkraftwagen für den Armeebedarf eingezogen.

POMMERSCHE DIVISIONEN

Exemplarisch für pommersche Soldaten war der Weg der 32. Infanteriedivision (ID), genannt die Löwen-Division. Aufgestellt am 1. Oktober 1936 in Köslin, kämpfte sie in Polen, Belgien, Frankreich und der Sowjetunion. Tausende ihrer Soldaten sahen die Heimat nicht wieder oder kehrten verwundet zurück. Unweit ihres Aufstellungsortes gingen die Reste der Division am 8. Mai 1945 auf der Halbinsel Hela in sowjetische Gefangenschaft.

Die in Groß Born formierten drei Divisionen (207., 281., 285. ID/SD) wurden teil- und zeitweise für Besatzungsaufgaben in den eroberten Gebieten, wie beim Kampf gegen Partisanen, ansonsten als Kampftruppen eingesetzt. Auch pommersche Verbände beteiligten sich also am Vernichtungskrieg gegen sowjetische Soldaten und Zivilisten.

Bei einer sowjetischen Winteroffensive wurden sechs Infanterie-Divisionen der Wehrmacht, darunter auch die 32. ID, im Kessel von Demjansk vom März 1942 bis Februar 1943 eingeschlossen. Seine Versorgung per Luftbrücke und sein erfolgreicher Entsatz führten bei Hitler und dem Oberkommando zur verhängnisvollen Annahme, auch den Stalingrader Kessel halten zu können.

KRIEGSGEFANGENE UND ZWANGSARBEITER

Von September 1940 bis Dezember 1944 befanden sich auf dem Gebiet Pommerns bis zu 143.000 Kriegsgefangene, von denen bis zu 104.500 Zwangsarbeit leisten mussten. Die wenigste Zeit lebten die Gefangenen in Lagern, sondern waren entsprechend ihrer Arbeitsaufgaben in der ganzen Provinz verteilt. Die Zahl der zivilen Zwangsarbeiter war mit 225.190 doppelt so hoch wie die der Kriegsgefangenen (Stand September 1944). Im Spätsommer 1944 war etwa ein Viertel der Arbeitskräfte der deutschen Wirtschaft Zwangsarbeiter, Anfang 1945 stellten sie ein Drittel der Arbeitskräfte in der Landwirtschaft. KZ-Häftlinge und Zwangsarbeiter wurden in der Rüstung, z. B. bei den Flugzeugwer-

▸ Ausschnitt aus dem Wandtepich von Else Mögelin (1882–1985) Jagdszene im Wald, 1942/1943, Stettin *Szczecin*

ken Barth und Anklam sowie in der Heeresversuchsanstalt Peenemünde unter unmenschlichen Bedingungen eingesetzt.

LUFTKRIEG

Viele Schulkinder aus Westfalen, Berlin und ab Mai 1943 auch aus Stettin wurden im Rahmen der „Kinderlandverschickung" mit Lehrern und Müttern zum Schutz vor Bombardierungen in ländliche Regionen Pommerns evakuiert.

Erste Luftangriffe begannen schon im Herbst 1940. Die schweren Bombardierungen von Stettin, Peenemünde, Stralsund, Anklam und Pölitz 1943 und 1944 sowie im März 1945 von Saßnitz und Swinemünde forderten Tausende Tote, die Zahl der Verwundeten und Ausgebombten nicht gerechnet.

Ausschnitt aus Grenadiermütze Babelsberg, 1943/1944

Die in den Forschungs- und Versuchsanstalten der Luftwaffe (Fieseler Fi 103/V 1) und des Heeres (Aggregat 4/V 2) in Peenemünde entwickelten sogenannten Vergeltungswaffen waren Zerstörungs- und Terrorwaffen gegen Großstädte. Ab Juni 1944 starteten etwa 22.000 V 1-Marschflugkörper, weniger als 50 Prozent davon erreichten ihre Ziele: vor allem London und Antwerpen. Die 1939–1944 entwickelte A 4/V 2 (S. 201, Abb. 3/4) war zwar auch die erste Weltraumrakete, trug aber in ihrem Gefechtskopf 700–1.000 kg Sprengstoff. Insgesamt wurden circa 3.200 A 4 auf Ziele in England, Belgien, Frankreich und Deutschland auch von in Peenemünde ausgebildeten Raketentruppen abgefeuert.

Der V-Waffeneinsatz tötete etwa 18.000 Menschen, doch schon beim Bau der Anlagen und bei der Produktion in Peenemünde und in Mittelbau-Dora (Harz) starben mehr als 21.000 KZ-Häftlinge und Zwangsarbeiter.

Für weitere Kriegswaffen wie den Bomber Heinkel He 111, den Jäger und Jagdbomber Focke-Wulf Fw 190 und das Marineflugzeug ARADO Ar 196 stellten Flugzeugwerke in Barth, Anklam und Tutow zunächst Komponenten her, nach der Dezentralisierung der Produktion erfolgte dort auch die Endmontage.

Die Pommerschen Motorenbau GmbH (POMO), eine Tochterfirma der Stettiner Stoewer-Werke, produzierte Flugzeugmotoren, die Stoewer-Werke selbst das Kettenkrad HK 101 und den Leichten Einheits-PKW R 180 Spezial.

MYTHOS „KOLBERG" – DER LETZTE GROSSE PROPAGANDAFILM

Im Juni 1943 beauftragte Propagandaminister Goebbels die Produktion des Filmes „Kolberg" (Abb. 1), um aufkommenden Zweifeln am deutschen „Endsieg" zu begegnen und den Durchhaltewillen zu stärken. Am Beispiel der französischen Belagerung Kolbergs 1807 sollte gezeigt werden, dass ein geeintes Volk jeden Gegner überwinden kann. Unter der Leitung von Regisseur Veit Harlan spielten so populäre Akteure wie der Stettiner Heinrich George. Für die Massenszenen wurden ganze Regimenter von der Front abgezogen und eingesetzt. Der bis dahin aufwendigste deutsche Film hatte im Januar 1945 Premiere, konnte seine gewünschte Wirkung aber nicht mehr erreichen.

DIE EROBERUNG POMMERNS

Die Eroberung Pommerns durch die Rote Armee und polnische Verbände begann am 28. Januar und endete am 5. Mai 1945.
Nun flüchteten auch die Einwohner Ost- und Mittelpommerns (Abb. 2). Örtliche Parteiorgane verhinderten zumeist die rechtzeitige Evakuierung. Die Trecks waren Hunger, Kälte und Beschuss ausgesetzt. Der Schwenk der 1. Weißrussischen Front auf die Ostseeküste schnitt die Fluchtwege Zehntausender ab. Von der Front überholt, kehrten viele in ihre Heimatorte zurück. Dort waren sie den gewalttätigen Übergriffen der Eroberer ausgeliefert.
Unmittelbar nach Ende der Kämpfe setzte die Phase der ‚wilden Vertreibungen' durch die polnische Armee ein. Sie betrafen vor allem die zukünftigen Grenzgebiete. Ab Anfang 1946 erfolgte die planmäßige Vertreibung der Einwohner, die zum Teil über Abschiebungslager, keineswegs in ‚geregelter und humaner Form' ablief, wie im Potsdamer Protokoll vorgesehen. Viele Angehörige spezieller Berufe wie Fischer und Techniker mussten bis 1957 in Polen bleiben, da sie für die Wirtschaft nötig waren.
Noch schlimmer traf es die Tausenden Frauen und Jugendliche, die zu schwerster Zwangsarbeit in die Sowjetunion verschleppt wurden und von denen mindestens ein Drittel nicht überlebte.

DER EXODUS DER POMMERN

„Oftmals, in bedrückender Wiederholung, taucht auch die Frage auf, warum es gerade sie getroffen hat, die Ostpreußen, Danziger, Pommern, die Schlesier oder die Egerländer. Waren sie denn anders und schuldiger als die Bayern und Württemberger, als die Hessen und Holsteiner oder die Westfalen?"[1]

KOLBERG – RETTUNG ÜBER SEE

Wegen des schnellen sowjetischen Vormarsches befahl das Oberkommando des Heeres am 3. März 1945 die Evakuierung Kolbergs. Wehrmachts-, Marine- und Volkssturmeinheiten verteidigten die Stadt 15 Tage gegen die weit überlegenen Gegner. Fischkutter, Schlepper, kleine Dampfer und Kriegsschiffe fuhren über 71.000 Zivilisten und Soldaten zu größeren Schiffen, die sie unter Beschuss und bei schlechter Witterung nach Swinemünde brachten.
Von Januar bis Mai 1945 gelang es Kriegs- und Handelsmarine insgesamt 852.000 Flüchtlinge, Verwundete und Soldaten aus östlichen Häfen hauptsächlich in Swinemünde und Saßnitz anzulanden und 341.000 aus pommerschen Häfen weiter nach Westen zu bringen. Weitaus mehr Menschen hätten gerettet werden können, wenn die Seekriegsleitung nicht nur 20 Prozent der Transportkapazität für Zivilisten frei gemacht hätte. Die militärische Versorgung der kämpfenden Kessel in Kurland, Ostpreußen und im Danziger Raum hatte bis Ende April Vorrang.
Nicht alle, die sich auf einem nach Westen gehenden Schiff gerettet wähnten, erreichten das ersehnte Ziel. Etwa 250 der an der Evakuierung beteiligten bis zu 1.100 Handels- und Kriegsschiffe wurden von sowjetischen U-Booten oder alliierten Bombern versenkt oder liefen auf Minen. Symbolhaft für alle Verluste stehen die Schiffe WILHELM GUSTLOFF, STEUBEN und GOYA, die vor der pommerschen Küste versenkt wurden. Vermutlich fanden bis zu 30.000 Menschen den Tod in der eisigen Ostsee. Gemessen an den Opferzahlen war die Rettung über See dennoch sicherer als die Trecks auf dem Land (Abb. 3/4).

DAS ENDE DES DEUTSCHEN STETTINS

Die Royal Airforce hatte auf Befehl Premier Churchills und des Luftmarschalls Harris die Strategie des Flächenbombardements entwickelt, deren Ziel die Auslöschung ganzer Städte war. Hohe Verluste in der Zivilbevölkerung sollten die Moral des Gegners brechen. Die Angriffe folgten einem grausamen System. Die erste Welle mit Sprengbomben und Luftminen riss die Dächer auf, weitere Wellen warfen Brandbomben und Phosphorkanister in die aufgerissenen Häuser und Straßen. Sie entfachten große Brände, die sich zum Feuersturm entwickelten und ganze Stadtviertel zerstörten. Die schweren Bombardierungen Stettins am 21. April 1943 sowie am 17. und 30. August 1944 töteten 3.600 Einwohner, zerstörten Industrie- und Verkehrsanlagen, die Altstadt, das Hafengebiet und die Arbeiterviertel. 130.000 Stettiner verloren ihre Wohnungen. Das Artilleriefeuer der Roten Armee vor der endgültigen Aufgabe der Stadt am 25. und 26. April besiegelte das Ende.

INFERNO AN DER SWINE

Die Hafen- und Garnisonsstadt Swinemünde war Versorgungsbasis für die im Ostseeraum operierenden deutschen Schiffe und Truppen. Schwere Schiffs- und Festungsartillerie störte den sowjetischen Aufmarsch an der Dievenow. Vor allem war Swinemünde mit seinen intakten Verkehrswegen wichtigster Aufnahmeort für die Flüchtlingsschiffe und die zahllosen Trecks. Neben den eigenen 26.500 Einwohnern befanden sich etwa doppelt so viele Flüchtlinge, Verwundete, Schiffsbesatzungen und Soldaten in der Stadt. Auf Bitten der sowjetischen Armeeführung und zur Demonstration der eigenen Luftüberlegenheit flog die US Air Force am 12. März 1945 mit 671 Bombern, 412 Jägern und 1.609 Tonnen Bomben einen verheerenden Angriff. Seine Wirkung beschrieben die Überlebenden als apokalyptisch. Die Zahl der Toten, zumeist Frauen, Kinder und Alte konnte nie genau ermittelt werden und soll zwischen 6.000 und 14.000 liegen.

GREIFSWALD – RETTUNG DURCH VERRAT?

Die sinnlose Zerstörung sowie Tod und Leid der Einwohner vor Augen, fanden sich in Greifswald Akteure, die dieses Schicksal von der mit Flüchtlingen und Verwundeten überfüllten Stadt abwenden wollten. Bürgerliche und geistliche Intellektuelle sowie Arbeitervertreter wirkten in konspirativer Arbeit darauf hin, dass Greifswald zur offenen Lazarettstadt erklärt würde. Entscheidend war aber, dass der Kampfkommandant Oberst Rudolf Petershagen und sein Stab, ähnliche Gedanken hegten und den Festungs- und Durchhaltebefehl ablehnten. Der Kommandant hatte als einziger die militärische Autorität, die eigenen Kräfte vom Kampf abzuhalten und von den sowjetischen Offizieren als Verhandlungspartner akzeptiert zu werden. Er schickte den von Anklam vorrückenden Truppen seinen Stellvertreter Oberst Wurmbach, Rektor Engel und Klinikchef Katsch als Parlamentäre entgegen. Sie handelten die kampflose Übergabe aus, die am 30. April 1945 erfolgte.

TOD IN DEMMIN

Gegen Mittag des 30. April 1945 rückten sowjetische Panzer und Infanterie in Demmin ein. Zuvor hatten die abziehenden deutschen Truppen alle Brücken gesprengt. In den Straßen stauten sich die Flüchtlingstrecks, Panzer und Panjewagen. In den Feiern zum Sieg und zum 1. Mai mischten sich sogleich massive Ausschreitungen wie Plündern und Vergewaltigen. Die allgemeine Endzeitstimmung, Scham nach erlebten Vergewaltigungen, Angst vor weiteren Exzessen ließen Bewohner und Flüchtlinge so in Panik und Hoffnungslosigkeit verfallen, dass für viele der Tod erstrebenswerter erschien als das Weiterleben. NS-Amtsträger fürchteten Vergeltung der Sieger. Mütter ertränkten sich und ihre Kinder, ganze Familien nahmen Gift, öffneten sich die Adern, erhängten oder erschossen sich. Schätzungen gehen von 500–600 Fällen von Suizid und erweitertem Suizid aus. Ungeklärt blieb die Ursache des Großbrandes, der Demmin zur Hälfte vernichtete. Demmin war jedoch kein Einzelfall, das Phänomen des Massenselbstmordes traf viele Städte und Dörfer.

Literatur

Clemenz/Scherstjanoi 2013, Cnotka 1978, Köhler/Utpatel 2015, Schnatz 2004, Schön 2013, Senft 2011.

Anmerkung

1 Krockow 1989 S. 31.

■ 1 **Grenadiermütze Babelsberg, 1943/1944**

Requisite aus dem Film „Kolberg" von Veit Harlan.

2 Milchkanne Deutsches Reich, 1910/1945

Willi Bock vergrub diese Milchkanne auf dem Friedhof von Lebafelde/Lauenburg *Żarnowska/pow. lęborski*. Darin versteckte er Bett- und Tischwäsche.

3 Handroller Podewils/Belgard *Podwilcze/pow. białogardski*, 1947

Mit diesem Handroller (Handwagen) transportierten Beata Ott und ihre drei Kinder ihre Habseligkeiten bei der Vetreibung am 23. September 1947.

■ 4 **Else Mögelin (1882–1985) Jagdszene im Wald, 1942/1943 Stettin *Szczecin***

Die Bauhaus-Schülerin Elsa Mögelin webte den Wandteppich für das Haus des Rittergutsbesitzers Dietrich Teßmar in Albertinenhof/Kreis Saatzig *Mokrzyca/pow. stargardzki*. Er diente der Familie auf der Flucht als Innenisolierung des Pferdewagens.

XVI | „OSTMECKLENBURG" – EIN NAME VERSCHWINDET

Gunter Dehnert

GRENZZIEHUNG UND ADMINISTRATIVE AUFTEILUNG

„Aber es hat mich schon geschmerzt, dass ich das Pommernlied in der DDR-Zeit nur auf der Krumminer Wiek, auf meiner Jolle singen konnte, abends, wenn die Sonne unterging, weil es sonst verboten war." Dieser Ausspruch stammt von Friedrich Bartels, dem späteren langjährigen Leiter der Diakonie in Züssow (1974–1998), der über seine Zeit als Pfarrer auf Usedom (1969–1974), genauer gesagt in der Gemeinde Krummin-Karlshagen, berichtet. Bartels, 1936 in Greifswald geboren und in Jarmen an der Peene als Sohn eines Pastors aufgewachsen, kannte noch die ungeteilte Provinz mit Stettin als Hauptstadt und lernte in der Schule wie selbstverständlich das Pommernlied Adolf Pompes, das ansonsten nach 1945 vor allem im landsmannschaftlichen Milieu der vertriebenen Pommern in der Bundesrepublik angestimmt wurde. Bartels ist einer von zahlreichen Zeitzeugen, die in der Abteilung zum 20. Jahrhundert in der landesgeschichtlichen Dauerausstellung des Pommerschen Landesmuseums zu Wort kommen.

Die Selbstverständlichkeit, mit der Bartels auf einen klar umrissenen Pommern-Begriff rekurrierte, ist heute nicht mehr vorhanden. Die Gründe dafür liegen neben manch Versäumnissen in der Zeit nach 1989 in erster Linie in Entscheidungen der Jahre nach Ende des Zweiten Weltkrieges.

Die Ausgangslage in Pommern stellte sich zudem weniger eindeutig dar, als das in anderen historisch gewachsenen Regionen (niederschlesische Oberlausitz, das östliche Brandenburg mit der Neumark), die durch die Oder-Neiße-Linie geteilt wurden, der Fall war. Stettin lag nämlich mit seinem historischen Zentrum auf der linken Oderseite. Nach einer längeren Phase der Ungewissheit über den Verbleib der pommerschen Hauptstadt zu Polen oder zur Sowjetischen Besatzungszone wurde erst am 5. Juli 1945 die Stadtverwaltung unter Piotr Zaremba in polnische Hände übergeben. Der Befehl Nr. 5 der Sowjetischen Militäradministration in Deutschland (SMAD) vom 9. Juli legte die Grenzen der Länder in der SBZ fest. In die Grenzen Mecklenburgs falle demnach „der Westteil von Pommern – die Stadt Stettin ausgenommen". Punkt IX des Protokolls der Potsdamer Konferenz vom 2. August bestimmte wiederum, „daß bis zur endgültigen Festlegung der Westgrenze Polens, die früher deutschen Gebiete östlich der Linie, die von der Ostsee unmittelbar westlich von Swinemünde und von dort die Oder entlang ... verläuft ... unter die Verwaltung des polnischen Staates kommen und in dieser Hinsicht nicht als Teil der sowjetischen Besatzungszone in Deutschland betrachtet werden sollen." Damit war

▶ Ausschnitt aus Modell des Herrenhauses Schwerinsburg, 1955/60

aber über den Grenzverlauf unmittelbar westlich von Stettin noch nichts gesagt. Diese Grenzziehung im ehemaligen Kreis Randow wurde erst unter wesentlicher Beteiligung Zarembas und auf Druck der SMAD am 21. September im Schweriner Vertrag festgelegt. Der an Polen gefallene Bereich dieses Gebiets wird auf deutscher Seite auch als „Stettiner Zipfel" bezeichnet. Bestätigt wurde diese Grenze, die nunmehr offiziell als „Friedens- und Freundschaftsgrenze" propagiert wurde, im Görlitzer Vertrag (6.7.1950) zwischen der DDR und der Volksrepublik Polen. Zu einer letzten Grenzkorrektur kam es hingegen noch ein Jahr später, als das Swinemünder Wasserwerk am Wolgastsee bei Korswandt zu Polen kam – im Ausgleich fielen einige Hektar Ackerland im ehemaligen Kreis Randow an die DDR.

Bis zur Gründung der SMAD am 6. Juni 1945 ging die administrative Gewalt wie überall in der SBZ im Wesentlichen von den örtlichen Kommandanturen der Roten Armee aus (Abb. 2). In ihrem Auftrag übernahmen die deutschen Verwaltungen einen Großteil der Aufgaben. Das Land Mecklenburg-Vorpommern wurde im erwähnten Befehl Nummer 5 der SMAD aus dem Land Mecklenburg sowie dem bei Deutschland verbliebenen Teil Vorpommerns gebildet. Der Name „Pommern" wurde mit Verweis auf die Auflösung des Staates Preußen sowie den größeren, zu Polen gefallenen Teil der Provinz als problematisch angesehen. Am 1. März informierte der Ministerpräsident Höcker über die Verfügung der SMAD, „daß in allen amtlichen Schreiben nur noch die amtliche Bezeichnung Landesregierung Mecklenburg und Land Mecklenburg geführt werden darf." Somit galt die Bezeichnung „Land Mecklenburg" ab 1947 auch für die vorpommerschen Gebiete, die man nun ohne historischen Bezug als „Ostmecklenburg" bezeichnete (Abb. 1). So findet man auf Ansichtskarten der 1960er Jahre die Ortsbezeichnung „Ferdinandshof (Meckl.)." Durch einen Gebietstausch mit Brandenburg wurde 1950 die Gegend um Gartz (Oder) dem brandenburgischen Kreis Angermünde zugeordnet. Zwei Jahre später wurden die föderalen Strukturen in der DDR zerschlagen. Vorpommern gliederte sich dadurch in die beiden Nordbezirke Neubrandenburg und Rostock. Beide Bezirksstädte lagen somit in Mecklenburg. Erst ab Mitte der 1980er Jahre und im Zuge der friedlichen Revolution 1989 kam es im öffentlichen Raum zu einer Rückbesinnung auf Pommern. Ein Beispiel für diese Entwicklung sind die seit 1985 unter dem Dach des Kulturbundes stattfindenden „Demminer Kolloquien", auf denen, ohne „Pommern" im Namen zu führen, Themen zur pommerschen Landesgeschichte vorgetragen wurden.

POLITISCHER NEUBEGINN

Die SMAD versuchte zunächst die moskautreue KPD als führende politische Kraft aufzubauen. So trafen am 6. Mai 1945 unter der Leitung Gustav Sobottkas Funktionäre der KPD und des Nationalkomitees Freies Deutschland aus Moskau in Stettin ein. Sie bildeten die Initiativgruppe Mecklenburg mit dem Ziel, auch in Vorpommern eine Gesellschaftsordnung nach sowjetischem Vorbild aufzubauen. Sie konnten dabei in der Region nur auf wenige Kommunisten aus der Vorkriegszeit aufbauen. Obwohl sie in Mecklenburg-Vorpommern nach der Bodenreform relativ viele Mitglieder hinzugewonnen hatte, blieb die KPD in den Wahlergebnissen hinter der SPD zurück. Am 7. April 1946 fand in Schwerin der Vereinigungsparteitag beider Parteien zur Sozialistischen Einheitspartei Deutschlands (SED) statt. Innerhalb des Apparates machten auch einige aus Pommern stammende Funktionäre Karriere. Der aus einer Stettiner Arbeiterfamilie stammende Günter Mittag schaffte es beispielsweise vom Mitglied der SED-Kreisleitung Greifswald bis zum Sekretär der Wirtschaftskommission beim Politbüro und übte so großen Einfluss auf die Wirtschaftspolitik der DDR aus, etwa indem er die Schaffung von Kombinaten ins Werk setzte. Das aus Anklam stammende Mitglied des Politbüros Günther Schabowski war es schließlich, der auf der legendären Pressekonferenz vom 9. November 1989 den Fall des Eisernen Vorhangs zumindest indirekt verkündete.

REPRESSIONEN

Noch vor der Etablierung neuer politischer Strukturen wurden mit Befehl 00315 des sowjetischen Geheimdienstes NKWD vom 18. April 1945 („Säuberung des Hinterlandes") in der SBZ zehn sogenannte Speziallager eingerichtet. Darunter zählte seit Mai 1945 das ehemalige Kriegsgefangenenlager Fünfeichen bei Neubrandenburg. In dieses Lager kamen die meisten Internierten aus Pommern. Zumeist erfolgten die Internierungen willkürlich. Neben Kriegs- und NS-Verbrechen bestanden die vorgebrachten Haftgründe in Spionagetätigkeit, antisowjetischer Propaganda oder Diversion. Bis zur Schließung des Lagers 1948 waren dort ca. 15.000 Personen inhaftiert, von denen ein Drittel nicht überlebte. Nach Auflösung des Lagers wurden etwa 2.800 Internierte in die Speziallager Buchenwald und Sachsenhausen überstellt, später der DDR-Justiz übergeben und 1950 in den „Waldheimer Prozessen" verurteilt. Parallel dazu etablierten die sowjetischen Besatzungsbehörden die Sowjetischen Militärtribunale, bei denen Tausende, viele auch zum Tode, verurteilt wurden, wobei die Tatbestände von tatsächlichen Kriegsverbrechen bis hin zu harmlosen Verkehrsdelikten reichten. Somit waren diese Tribunale Teil des allgemeinen Repressionsapparates.

Am 10. Februar 1953 wurde gegen die „bürgerlich-reaktionären Kräfte" die sorgsam vorbereitete „Aktion Rose" in den Ostseebädern des Bezirkes Rostock durchgeführt. Die Besitzer von Hotels, Pensionen und Tourismusunternehmen wurden unter fadenscheinigen Beschuldigungen wie Westkontakten, Horten von Lebensmitteln, Veruntreuung von Staatseigentum und anderen vermeintlichen Wirtschaftsvergehen verhaftet und in die Strafanstalt Bützow gebracht. Dort verurteilte man sie meist zu mehrjährigen Zuchthausstrafen. Das eigentliche Ziel war die Enteignung und Verstaatlichung der Betriebe, um diese zum Beispiel als Heime für den FDGB oder die kasernierte Volkspolizei zu nutzen.

Ein besonders tragischer Fall spielte sich in diesem Zusammenhang um das „Kurhaus Binz", das erste Haus am Platz, ab, das ursprünglich im Januar 1923 vier jüdische Kaufleute aus Ungarn und Polen, von denen Adalbert Bela Kaba-Klein als Geschäftsführer eingesetzt wurde, erwarben. Schon vor 1933 wurden die Besitzer mit dem Bäder-Antisemitismus konfrontiert. Obwohl ihn seine ungarische Staatsangehörigkeit zunächst schützte, musste Kaba-Klein das Kurhaus erst verpachten und schließlich Ende 1939 Deutschland verlassen. Ein Treuhänder veräußerte das Kurhaus im Juni 1940. Nachdem Kaba-Klein in Budapest nur knapp der Deportation nach Auschwitz entkommen war, kehrte er 1947 zurück. Nach zähen Verhandlungen erklärte das Landgericht Greifswald 1950 den Verkauf als nichtig. Kaba-Klein durfte gleichwohl das Kurhaus nur treuhänderisch betreiben. Am 11. Februar 1953 wurde er im Zuge der „Aktion Rose" in Binz verhaftet, zu zehn Jahren Zuchthaus verurteilt und das Kurhaus enteignet. Der Vorwurf lautete ausgerechnet Veruntreuung von staatlichem Treuhandvermögen.

LANDWIRTSCHAFT UND INDUSTRIE

Deutschlandweit gelangten nach dem Zweiten Weltkrieg die meisten der offiziell als Umsiedler bezeichneten Vertriebenen pro Einwohner nach Vorpommern und Mecklenburg, wodurch sich die Einwohnerzahl nahezu verdoppelte. Das dünn besiedelte Gebiet schien geeignet für die Aufnahme einer so hohen Zahl, doch fehlten entsprechende Unterkünfte. Die schlechten Lebensverhältnisse in den Flüchtlingsunterkünften – häufig in Gutshäusern und Lagern – führten neben Unterernährung zu Epidemien mit hoher Sterblichkeit. So heißt es in einem Bericht des Instrukteurs der Landesleitung der KPD vom 27. Dezember 1945: „In dem Lager Ralswiek ... ist ein grauenhafter, trostloser Zustand. Moralisch wie seelisch neigen die Leute zu tierischen Ausartungen des Selbstmordes ... Das Mittagessen besteht aus einer Suppe in Wasser gekocht ... Waschgelegenheit ist überhaupt nicht vorhanden." Die einheimische Bevölkerung litt ebenfalls unter der schwierigen Versorgungslage, doch blieben die Vertriebenen

wirtschaftlich noch lange zurück. So hatte 1953 ein Vertriebener mit durchschnittlich 3,9 qm Wohnfläche weniger als die Hälfte gegenüber einem Einheimischen zur Verfügung (10,9 qm).
Diesem sozialen Sprengstoff versuchten die neuen Machthaber mit Enteignungen und Kollektivierung entgegenzutreten. Im Sommer 1945 initiierte die KPD unter dem Motto „Junkerland in Bauernhand" eine groß angelegte Kampagne zur Enteignung des Großgrundbesitzes (Abb. 3). Die Gutsbesitzer mussten sich – sofern sie nicht ohnehin bereits geflohen waren – mindestens 20 km weit von ihrem Gut entfernen oder wurden nach Thüringen umgesiedelt. Das Land Mecklenburg-Vorpommern war aufgrund seiner landwirtschaftlichen Struktur am stärksten von den Maßnahmen der Bodenreform betroffen. Das enteignete Land wurde an sogenannte Neubauern verteilt. Dadurch sollte die Bevölkerung nicht zuletzt für das neue System gewonnen werden und die „Umsiedler", die 42 Prozent der Neubauernstellen in Mecklenburg-Vorpommern erhielten, einen Neuanfang vornehmen können. Auf der II. Parteikonferenz der SED im Juli 1952 fiel der Beschluss, nach sowjetischem Vorbild die Kollektivierung der Landwirtschaft voranzutreiben. Unter zunehmendem Druck sahen sich bis 1960 die alteingesessenen Bauern sowie die erst kürzlich zu Besitz gekommenen Neubauern gezwungen, in die Landwirtschaftlichen Produktionsgenossenschaften (LPG) einzutreten. Die LPGen sowie die staatlichen Volkseigenen Güter (VEG) arbeiteten planwirtschaftlich. Die Industrialisierung der Landwirtschaft sowie die Modernisierung des dörflichen Lebens schritten mit dem Ausbau einer umfassenden Infrastruktur voran.
Ebenfalls mit der II. Parteikonferenz der SED erfolgte eine Forcierung der staatlichen Planwirtschaft zum Aufbau eines sozialistischen Staates. Für Vorpommern waren in der Folge vor allem drei Vorzeigeprojekte der DDR prägend für die Region: Neben der aus der zuvor enteigneten Kröger-Werft 1948 in Stralsund hervorgegangenen Volkswerft, die Logger und Trawler für den Fischfang fertigte und zeitweilig zu den großen Exportbetrieben der DDR zählte, sind hier das Kernkraftwerk (KKW) „Bruno Leuschner" (Abb. 6) sowie der Fährhafen Mukran zu nennen. Nach dem KKW Rheinsberg wurde im Jahr 1967 mit dem Bau des zweiten und größeren KKW der DDR in Lubmin direkt am Greifswalder Bodden begonnen. Insgesamt waren acht Kernkraftwerksblöcke mit je 440 Megawatt Leistung vorgesehen. Durch die Errichtung der Neubaugebiete Schönwalde I und II für die Tausenden von Arbeitern veränderte sich auch das Gesicht Greifswalds. Der erste Block nahm 1973/74 seinen Betrieb auf. Bis 1979 folgten die Blöcke 2, 3 und 4. Die übrigen Blöcke befanden sich 1989 im Bau oder bereits im Probebetrieb. Im Zuge der Wiedervereinigung wurde die Abschaltung des KKW verfügt, da es sowjetischer Bauart sei. Das Großprojekt der „deutsch-sowjetischen Freundschaft" deckte bis zu 11 Prozent des Energiebedarfs der DDR. Von März 1982 bis Oktober 1986 wurde nördlich von Prora auf Rügen der Fährhafen Mukran auf vier Kilometern Länge und mit insgesamt 120 Kilometern Gleisanlagen errichtet. Mit Inbetriebnahme stand eine leistungsfähige direkte Eisenbahnfährverbindung zwischen Rügen und dem sowjetischen Memel (*Klaipėda*) unter Umgehung des nach Aufkommen der Solidarność als unsicher geltenden Transitwegs über die VR Polen zur Verfügung.

FRIEDLICHE REVOLUTION

Wie in anderen Gebieten der DDR entstanden auch in Vorpommern in den 1980er Jahren unter dem Schutz der Kirche Friedenskreise und Umweltbibliotheken. Eine Keimzelle bildete dabei die Evangelische Studentengemeinde an der Universität Greifswald. Schließlich wandte sich als Reaktion auf die schlechte Versorgungslage die Belegschaft der A-Schicht des KKW „Bruno Leuschner" im Oktober 1988 direkt an den Staatsrat der DDR. Begegnete die SED-Leitung diesem Aufbegehren noch mit einer Mischung aus Druck und Ignoranz, folgten im Jahr darauf weitere Gruppierungen, die ihrem Unmut Luft machten. Wie zuvor in Mitteldeutschland fanden auch in Vor-

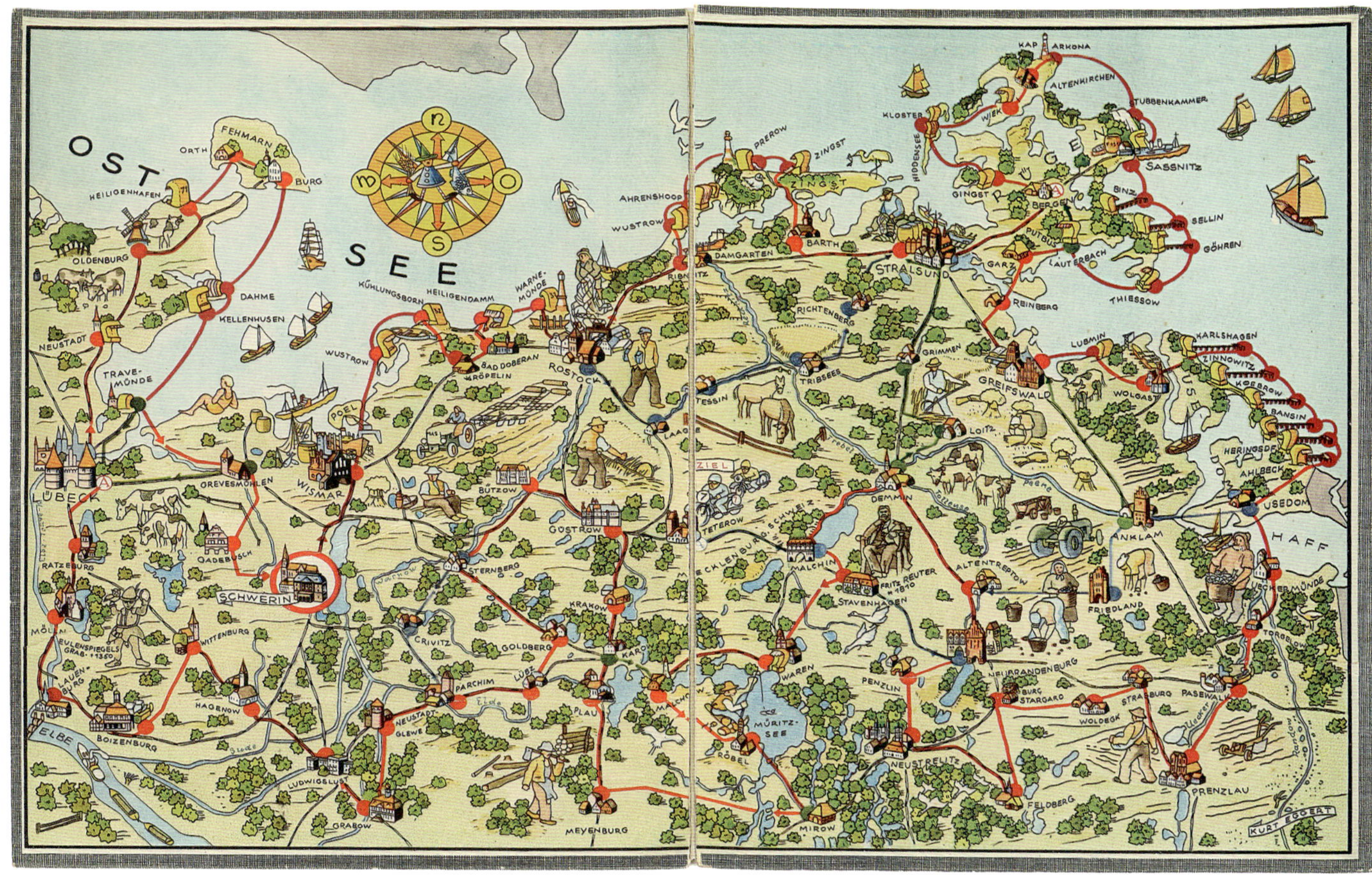

Brettspiel „Mecklenburg", Kurt Eggert, VEB (K), Dresden, 1950/52

pommern im Oktober 1989 im Anschluss an die Friedensgebete Demonstrationen durch die Städte statt. Parallel zu den Friedensgebeten fanden in der Mensa der Universität Greifswald ab dem 19. Oktober 1989 in Form eines Runden Tischs mehrere Diskussionsforen mit bis zu 1.000 Teilnehmern statt. Bei den ersten freien Wahlen zur Volkskammer der DDR am 18. März 1990 gewannen auch in den Bezirken Neubrandenburg und Rostock die Parteien der „Allianz für Deutschland". Die in PDS umbenannte SED lag deutlich über dem Durchschnitt der DDR. Die Abgeordneten der Volkskammer beschlossen im Zuge der Wiederherstellung der föderalen Strukturen die Rekonstituierung des Landes Mecklenburg-Vorpommern. Aus den Landtagswahlen vom 14. Oktober 1990 ging die CDU ebenfalls als stärkste Kraft hervor. Erster Ministerpräsident wurde der Greifswalder Alfred Gomolka.

Literatur

Aischmann 2008, Klietz 2012, Stude 2019.

■ 2 **Schild „Zutritt für Deutsche verboten"**
Greifswald, 1945

Das Schild befand sich am Eingang zum sowjetischen Quartier in Greifswald am Karl-Marx-Platz. Nur Deutsche mit einem Passierschein oder Handwerker durften das Viertel betreten.

■ 1 **Brettspiel „Mecklenburg"**
Kurt Eggert, VEB (K) Druck und Verpackung, Dresden, 1950/52

■ 3 Modell des Herrenhauses Schwerinsburg, 1955/60

Das 1720 bis 1733 im Auftrag des preußischen Generalfeldmarschalls Curd Christoph von Schwerin erbaute Herrenhaus galt als der größte Barockbau dieser Art in ganz Pommern. Das Haus wies mit Stuckarbeiten italienischer Künstler sowie Gemälden des Malers Antoine von Pesne eine hochwertige Ausstattung auf. Im Mai 1945 wurde das Gebäude in Brand gesteckt und brannte bis auf die Grundmauern nieder.

4 Schiffskompass, 1970/74

Diesen Kompass benutzte Thorvald Greif bei Versuchsfahrten, um die Flucht seiner in der DDR zurückgelassenen Familie von Usedom nach Dänemark vorzubereiten. Die Flucht im August 1974 scheiterte. Die Familie wurde aufgegriffen und zu langjährigen Haftstrafen verurteilt, die beiden Töchter in ein Kinderheim gebracht. Im Zuge des Häftlingsfreikaufs gelangte das Ehepaar in die Bundesrepublik, später folgten die Töchter.

5 Büste Prof. Dr. Gerhard Katsch
Hans Prütz, Greifswald, 1961

Gerhard Katsch (1887–1961) machte zunächst Karriere als herausragender Mediziner auf dem Gebiet der Diabetesbehandlung. Als Chefarzt des Reservelazaretts Greifswald war er als Parlamentär an der kampflosen Übergabe der Stadt beteiligt. Im Vorfeld der 500-Jahrfeier der Universität wurde Katsch 1955 das Rektorenamt übertragen. Dem politischen Einfluss auf den Lehrbetrieb stand er kritisch gegenüber.

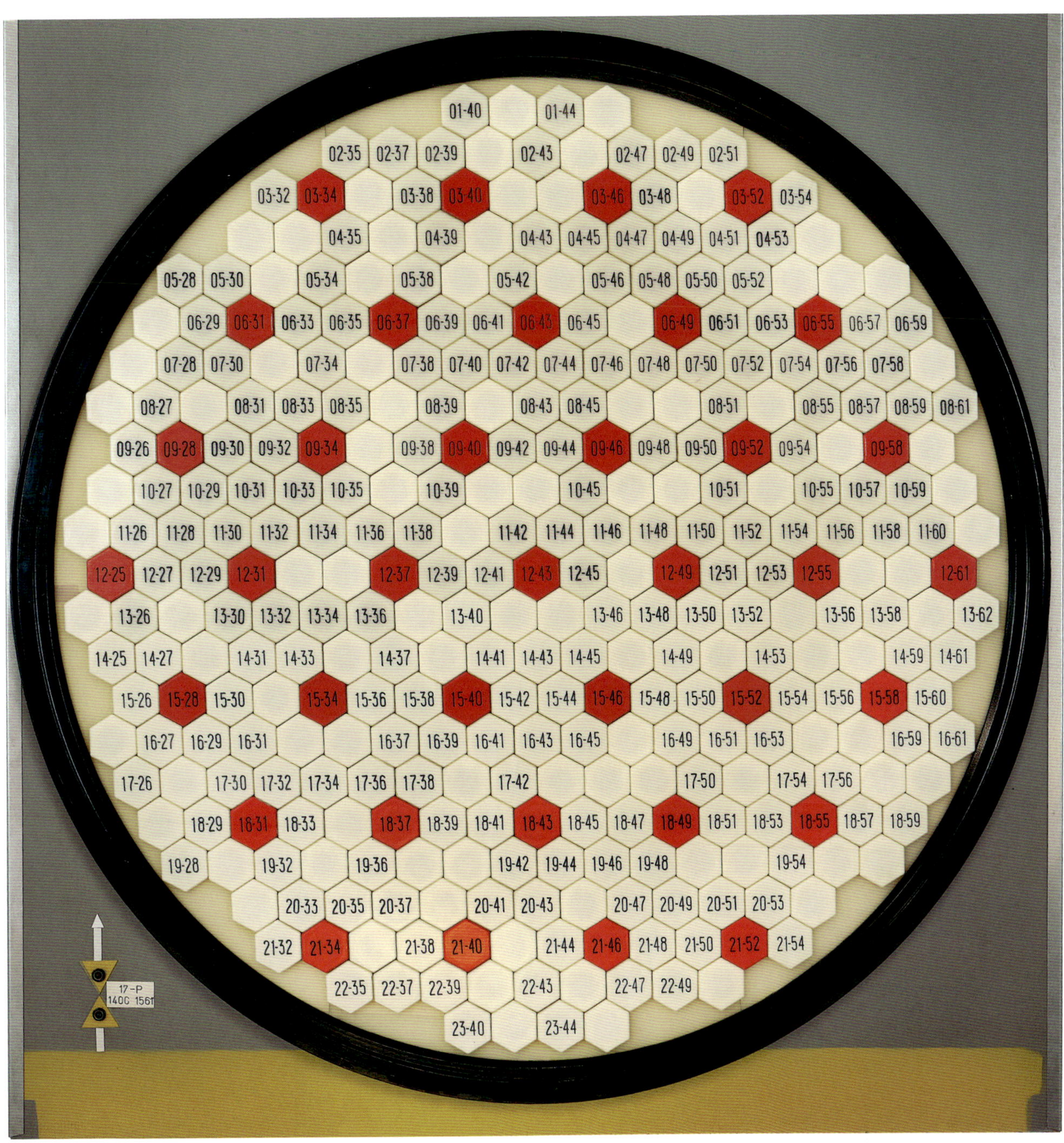

6 Reaktorschaubild aus der Blockwarte, dem Steuerzentrum des Reaktorblocks 1 des KKW Greifswald, Lubmin 1973

Über das Schaubild erfolgte die Überwachung der Brennstäbe im Reaktorkern.

XVII | NEUBEGINN IM WESTEN

Gunter Dehnert

ANKUNFT

Knapp 900.000 der rund 1,5 Millionen vertriebenen Pommern lebten 1950 in der Bundesrepublik. Mit nur wenigen geretteten Habseligkeiten wohnten sie entweder zwangseinquartiert oder auf engstem Raum in Lagern; die letzten bis in die 1960er Jahre. Mit dem Bau von Flüchtlingssiedlungen besserten sich die Wohnverhältnisse allmählich. Bedingt durch die Flucht entlang der Ostseeküste und die Vertreibung in die britische Besatzungszone im Rahmen der Aktion „Swallow" ab 1946 gelangten die meisten Pommern nach Schleswig-Holstein, gefolgt von Niedersachsen. Nur in Mecklenburg-Vorpommern fanden prozentual noch mehr vertriebene Pommern eine neue Bleibe. Im Lauf der Zeit zogen viele aus dem Norden der Bundesrepublik in den Westen und Süden, wo der Bedarf an Arbeitskräften größer war.

Zunächst standen viele Vertriebene jedoch erst einmal vor dem Problem, die nächsten Angehörigen und Nachbarn wieder zu finden, da im Zuge von Flucht und Vertreibung Hunderttausende Familienangehörige voneinander getrennt worden waren. Um die Familien wieder zu vereinen, schufen das Rote Kreuz und die Kirchen beider Konfessionen Suchdienste. Nach zunächst dezentralen Provisorien richtete man auf Basis der früheren administrativen Ordnung für die einzelnen Herkunftsgebiete zentrale Heimatortskarteien (HOK) ein, die auch als „Einwohnermeldeamt der Heimatvertriebenen" bezeichnet wurden. Die HOK für die Provinz Pommern befand sich in Lübeck (Abb. 1). Eine besondere Herausforderung stellte für die Suchdienste die Familienzusammenführung von Kindern mit ihren Eltern dar. Bilder spielten bei der Suche nach Kindern eine größere Rolle als bei Erwachsenen (Abb. S. 225). So konnten die Gesuchten häufig kaum oder keine Auskunft über ihre Herkunft, teilweise nicht einmal über ihren Namen geben. Deswegen wurden zunächst Bildplakate angefertigt, die beispielsweise in den Lagern angebracht wurden. Parallel dazu erfolgten Suchmeldungen im Rundfunk und der Presse. Trotz des beginnenden Kalten Krieges gelang es, Listen zwischen dem „Suchdienst für vermißte Deutsche" in Ost-Berlin und dem Kindersuchdienst des Roten Kreuzes abzugleichen. Kinder aus Westpreußen, Danzig und Pommern waren in einem Suchgebiet zusammengefasst. So gelang es bis 1963, von den Geburtsjahrgängen 1933 bis 1945 etwa 30.000 Kinder wieder mit ihren Eltern zu vereinen. In ca. 5.000 Fällen war dies nicht möglich. Neben Plakaten und einem „Gesamtdeutschen Kinderbildheft" geschah die Suche in Form von Kindersuchmeldungen vor den Wochenschauen in Ost und West – in der SBZ „Der Augenzeuge", in der Bi-Zone „Welt im Film".

▶ Ausschnitt aus Konvolut zum Thema „Stolper Jungchen"

SŁUPSKI CHŁOPCZYK
STOLPER JUNGCHEN
ORYGINALNA PRZEDWOJENNA RECEPTURA
Made in Poland
CAMEMBERT
SER-MILK
22% tł.
masa netto
125g
Deutscher-Doppel-Rahm-Käse
Pommern
STOLPER

Neben dem suchdienstlichen Interesse entstand im Laufe der Zeit zusätzlich das Bestreben, die Geschehnisse von Flucht und Vertreibung zu dokumentieren. Auf Beschluss der Bundesregierung erstellten namhafte Wissenschaftler von 1951–1961 die sogenannte Ost-Dokumentation. Aufgrund der unzureichenden Aktenlage basierte die Darstellung im Wesentlichen auf Zeitzeugenberichten. Das Ziel dieser ersten umfassenden Dokumentation bestand neben der Rekonstruktion des Vertreibungsgeschehens vor allem in der Aufstellung der Verluste durch einen Abgleich des Vor- und Nachkriegszustandes der einzelnen Heimatgemeinden, womit vor dem Hintergrund des Kalten Krieges auch politisch ein Instrument gegen mögliche Reparationsansprüche zur Verfügung stehen sollte. Die daraus entstandenen „Gemeindeseelenlisten" wurden häufig auch kartographisch umgesetzt (Abb. 2).

WIRTSCHAFTLICHER NEUBEGINN

Noch bis weit in die 1950er Jahre blieben die Lebens- und Vermögensverhältnisse der meisten Heimatvertriebenen deutlich hinter denjenigen der Ansässigen zurück. Nur wenige konnten ihren alten Berufen wieder nahtlos nachgehen. Besonders hart traf es die selbständigen Bauern, die mit dem Hof ihre Lebensgrundlage verloren hatten. Ausnahmen bildeten Firmen, denen es gelang, ihren Betrieb meist von Grund auf wieder zu errichten, wie der aus Rügenwalde stammende Fleischermeister Müller im Ammerland („Rügenwalder Mühle") oder der aus Streckenthin, Kr. Köslin stammende Saatguthersteller von Kameke (Abb. 3).
Um die größte Not der Vertriebenen zu lindern, wurde 1952 vom Deutschen Bundestag das Lastenausgleichsgesetz verabschiedet (Abb. 4). Die finanziellen Mittel dafür erbrachten Abgaben des einheimischen Besitzes. Die Zahlungen erfolgten zunächst vor allem als Hausratentschädigungen. Die Hauptentschädigung für verlorenen Besitz erfolgte später und nahm mit der Höhe des nominellen Verlusts prozentual ab. Überprüft wurden die Angaben der Vertriebenen durch ehemalige Funktionsträger der Herkunftsgebiete in den sogenannten Heimatauskunftstellen (HAST). Die HAST für die Regierungsbezirke Schneidemühl, Köslin und Stettin wurden durch das schleswig-holsteinische Lastenausgleichsamt in Lübeck eingerichtet.

LANDSMANNSCHAFT, PATENSCHAFTEN UND HEIMATSTUBEN

> *„Das Patenland Schleswig-Holstein bekräftigt … seine treue Verbundenheit mit den Pommern und der Pommerschen Landsmannschaft …"*
> Kai-Uwe von Hassel, Ministerpräsident des Landes Schleswig-Holstein,
> anlässlich des „Tages der Pommern", Kiel 1958

Neben dem materiellen mussten die Vertriebenen auch den emotionalen Verlust der Heimat sowie die traumatischen Erfahrungen von Flucht und Vertreibung auffangen. Die unmittelbare Existenznot in der Nachkriegszeit überlagerte häufig dieses Bemühen, zumal der Heimatverlust bei vielen nicht als endgültig angesehen wurde. Um die Heimatvertriebenen zu integrieren sowie ein politisches Signal zu senden, wurden Patenschaften auf Stadt-, Kreis- und Landesebene abgeschlossen. Das Land Schleswig-Holstein übernahm 1954 die Patenschaft für Pommern. Als zentrale Einrichtung zur Bewahrung des kulturellen pommerschen Erbes wurde 1966 vom Land Schleswig-Holstein die Stiftung Pommern in Kiel ins Leben gerufen. Diese Patenstädte stellten den Heimatvertriebenen einer bestimmten Stadt oder Region meist einen Raum im Rathaus oder anderen öffentlichen Gebäuden zur Verfügung, der zunächst vor allem als Versammlungsort bei den jährlichen Treffen der ehemaligen Einwohner dienten, war es doch seitens der Alliierten untersagt, sich aus einer Herkunftsstadt geschlossen an einem Ort anzusiedeln. Erst allmählich füllten sich diese Räume mit Erinnerungsstücken – typisch für die sogenannten Heimatstuben.
Heimatstuben entwickelten sich (nicht nur) in Pommern bereits in den 1920er Jahren als alternative Form

Blick in die Abteilung zur Bundesrepublik in der Dauerausstellung des Pommerschen Landesmuseums

lokaler Museen. Die Bauernstube diente dabei als bewusste Absetzung gegenüber der Moderne. Seit 1949 versuchten ehrenamtliche Kreisheimatpfleger an die Tradition der Heimatstuben anzuknüpfen. Eine koordinierende Rolle nahm Otto Kunkel, der ehemalige Direktor des Pommerschen Landesmuseums in Stettin, ein. Heimatstuben entstanden wie erwähnt zumeist in den jeweiligen Patenstädten. Als sich die Betreiber der Pyritzer Heimatstube, die sich im Bürgerhaus der Patenstadt von Pyritz, Korbach in Hessen befand, im Jahr 2010 genötigt sahen, ihre Heimatstube aufzulösen, hat das Pommersche Landesmuseum die Heimatstube nahezu komplett übernommen und zeigt diese nun mit ausgewählten Objekten in seiner Dauerausstellung (Abb. S. 227). Pyritz steht damit exemplarisch für eine Entwicklung, der sich viele Heimatstuben gegenübersehen, nachdem die sogenannte Erlebnisgeneration kleiner geworden ist. Ebenso präsentiert sich das übernommene Sammlungsgut typisch: Es dominieren Bücher und Dokumente. Als Objekte finden sich vor allem Modelle, Wappen, Porzellan, Heimaterde und Textilien (Trachten). Fluchtgepäck stellt hingegen nur einen kleinen Teil des Inventars. Gerade anhand der arbeitsintensiven Rekonstruktionsarbeit bei der Anfertigung der zahlreichen Modelle wird deutlich, dass die Herstellung dieser Objekte auch eine Form der Bewältigung darstellt und den Versuch verdeutlicht, Vergangenes festzuhalten.

Eng verknüpft mit den Heimatstuben waren die Gliederungen der Pommerschen Landsmannschaft, wobei sich die Vertriebenen in den westlichen Besatzungszonen erst ab Sommer 1948 organisieren durften. Nach Gründungen von Orts- und Kreisgruppen formierten sich 1949 einzelne Landesgruppen der Pommerschen Landsmannschaft; schließlich ein bundesweiter Verband. Sein erster Sprecher wurde Herbert von Bismarck. Über die Delegierten des Pommerschen Heimatkreis- und Städtetages nahm die Pommersche Landsmannschaft für sich in Anspruch, legitimer Vertreter der Interessen der vertriebenen Pommern zu sein. Die Pommersche Landsmannschaft war im Verband der ostdeutschen Landsmannschaften organisiert, der 1958 im Bund der Vertriebenen aufging. Neben sozialen Fragen und der Forderung des „Rechts auf Heimat" rückten zunehmend kultur- und erinnerungsrelevante Themen in den Vordergrund. Im Beisein des Bundespräsidenten Richard von Weizsäcker wurde 1988 in Lübeck-Travemünde die Ostsee-Akademie als Teil des Pommern-Zentrums eröffnet, um den Dialog mit den östlichen Nachbarn zu fördern. Ein Großteil der Pommern war jedoch nicht landsmannschaftlich organisiert.

Prägungen und Positionen

Trotz ähnlicher Prägungen und der gemeinsamen Erfahrung von Flucht, Vertreibung und Heimatverlust engagierten sich die in der Bundesrepublik lebenden Pommern in unterschiedlicher Form im gesellschaftlichen Leben (Abb. 5). Ebenso bezogen sie abweichende politische Positionen. Sie reichten von Forderungen nach dem Recht auf Heimat im Umfeld der Landsmannschaften bis hin zu einer aktiven Unterstützung der neuen Ostpolitik. Exemplarisch für einen divergierenden Umgang mit dem Schicksal des Heimatsverlusts stehen die Brüder Klaus und Philipp von Bismarck. Als Erbherr sollte der 1912 geborene Klaus von Bismarck die Familiengüter Jarchlin und Kniephof, beide Kreis Naugard, übernehmen. Zunächst Mitglied im deutschnationalen Stahlhelm, kämpfte er als Oberstleutnant in der Kösliner 32. Infanteriedivision bis zum Ende des Krieges.

Nach dem Krieg leitete Bismarck das Jugenddezernat des Kreises Herford und vier Jahre später das Sozialamt der evangelischen Kirche im Haus Villigst im Ruhrgebiet.

Von 1950 bis 1995 engagierte er sich im Präsidium des Deutschen Evangelischen Kirchentages, 1977 bis 1979 als dessen Präsident. Im Jahr 1960 wurde er zum Intendanten des WDR gewählt. Klaus von Bismarck gehörte 1961 neben anderen prominenten evangelischen Persönlichkeiten zu den Unterzeichnern des Tübinger Memorandums, in dem u. a. die Anerkennung der Oder-Neiße-Grenze durch den deutschen Bundestag gefordert wurde. Nach drei Amtszeiten als Intendant wurde er Präsident des Goethe-Instituts. Auf sein Betreiben entstanden die Goethe-Institute in Krakau und Warschau.

Ebenso wie sein Bruder diente der 1913 geborene Philipp von Bismarck in der wieder erstarkenden Wehrmacht. Er begann seine militärische Karriere 1935 im Infanterie-Regiment 9 in Potsdam. Während des Zweiten Weltkrieges schloss sich der Generalstabsoffizier der Widerstandsgruppe um Henning von Tresckow an. Nach dem Krieg studierte er Rechts- und Staatswissenschaften in Freiburg. Ab 1969 wurde Bismarck für die CDU für drei Wahlperioden in den Bundestag gewählt. 1970 bis 1983 war er außerdem Vorsitzender des Wirtschaftsrates der CDU. Im Anschluss wirkte er für zehn Jahre im Europäischen Parlament. Schon 1948 erfolgte der Eintritt in die Pommersche Landsmannschaft.

Von 1970 bis 1990 amtierte er als Sprecher der Landsmannschaft. Obwohl er in dieser Funktion in Bezug auf die sozialliberale Ostpolitik andere Positionen als sein Bruder besetzte, kann er doch als gemäßigter Vertreter innerhalb der Landsmannschaften gelten, indem er sich zunehmen für die Verständigung mit Polen einsetzte. 1988 wurde Bismarck Initiator und Präsident der neu entstandenen Ostseeakademie in Lübeck-Travemünde, die die Pommersche Landsmannschaft zu-

Vitrine mit Objekten aus der Pyritzer Heimatstube

kunftsfähig machen sollte. Nach der friedlichen Revolution begann er Anfang der 1990er Jahre sein ehemaliges Gutshaus Külz in eine deutsch-polnische Lehr- und Tagungsstätte umzubauen.
Mit dem Aufbau unterschiedlicher persönlicher und institutioneller Verbindungen mit den jetzigen Einwohnern des polnischen Pommern nahm er eine Entwicklung vorweg, die heute bei vielen vertriebenen Pommern und deren Nachkommen, so sie sich überhaupt noch als solche verstehen und sich für diese Herkunft interessieren, vorherrschend ist.

Literatur

Demshuk 2012, Eisler 2015, Kittel 2020.

■ 1 **Heimatortskartei Lübeck für den Regierungsbezirk Köslin**
Lübeck, 1950er Jahre

■ 2 **Ortsplan von Zachan, Stand 1938**
Gezeichnet von Rudolf Neumann, der aus Zachan stammte, 1970/1980

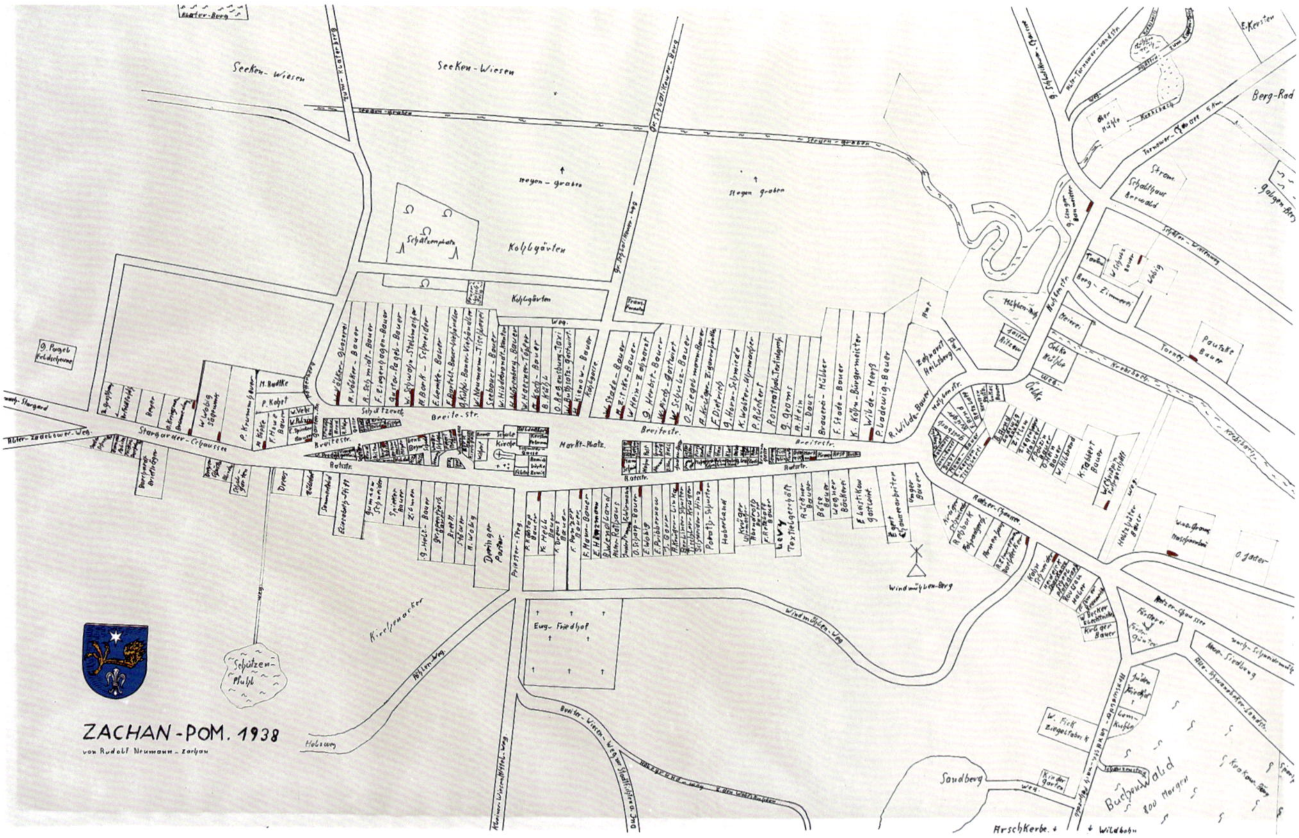

ZACHAN-POM. 1938

■ 3 Konvolut zum Thema „Stolper Jungchen"

Der Camembert „Stolper Jungchen" der 1893 gegründeten Molkereigenossenschaft Stolp war weit über die Provinz bekannt. Im Jahr 1928 wurden etwa 4,5 Mio. Stück produziert. Mit dem aus Stolp stammenden Karl Wilhelms gelangte die Originalrezeptur nach Rügen, wo der Käse seit 1948 unter dem Namen „Rügener Badejunge" in Bergen mit großem Erfolg produziert wurde. Nach der Wiedervereinigung war er zeitweise der am meisten verkaufte Camembert Deutschlands. Versuche, an die Erfolgsgeschichte des Stolper Jungchens anzuknüpfen, gab es mit geringerem Erfolg auch in der Bundesrepublik. Im August 2019 endete die Produktion des Rügener Badejungen in Bergen. Nach 1989 griff man auch in Stolp (*Słupsk*) die Tradition des Stolper Jungchens auf, der in der örtlichen Molkerei als *Słupski chłopczyk* produziert wurde.

- **Zettelbox mit Prägung „Stolper Jungchen"**
  1930/43

- **Spielkarten mit dem Werbelogo „Stolper Jungchen / Molkerei Genossenschaft Stolp e. G.m.b.H. Berlin"**
  Berlin, 1925/35

- **Werbefigur „Stolper Jungchen"**
  Porzellan, 1919/45

- **Verpackung Camembert „Słupski Chłopczyk"**
  Stolp (*Słupsk*), 2008

- **Ein in der Bundesrepublik hergestellter Holzteller mit den eingebrannten Umrissen der Werbefigur des „Stolper Jungchen"**
  Erinnerungsstück, 1960/70

■ 4 Sparbücher

1914–1945

Die Sparbücher unterschiedlicher Sparkassen aus dem späteren polnischen Teil Pommerns fanden sich im Fluchtgepäck zahlreicher vertriebener Pommern. Sie wurden u. a. im Zuge des Lastenausgleichs herangezogen, um verlorenes Vermögen zu dokumentieren.

■ 5 Hans-Albert Walter (1925–2005), Raum – Zeit I, 1969

Acrylfarben/ Leinwand, 95,3 × 95,3 cm

Der in Kolberg geborene Künstler begann seine Ausbildung an der Meisterschule für gestaltendes Handwerk in Stettin und besuchte danach von 1943/44 die Akademie für angewandte Kunst in München. Dort setzte er sein Studium von 1946 bis 1948 an der Hochschule für bildende Kunst, schließlich von 1950 bis 1952 an der Staatlichen Kunstschule in Bremen fort.
„Um die Familie zu ernähren", arbeitete er ab 1954 zunächst als Industriegraphiker, ab 1962 als freischaffender Künstler in Düsseldorf, wo er enge Beziehungen zur avantgardistischen Gruppe ZERO hegte.

XVIII | DAS POLNISCHE WESTPOMMERN

Tomasz Ślepowroński

Der Name *Westpommern*, wie Hinterpommern im Polnischen heißt, ist für die deutschen Pommern, die westlich des *polnischen Westpommerns* leben, im Allgemeinen völlig unverständlich. Auf der polnischen Seite der Grenze hingegen ist der Name selbsterklärend, was daher rührt, dass die Polen die gesamte südliche Ostseeküste als Pommern betrachten, was auch Westpreußen (Pommerellen), das als Danziger Pommern oder Ostpommern bezeichnet wird, einschließt. Dies spiegelt sich auch auf der Verwaltungsbezirksebene wider, denn von den drei pommerschen Wojewodschaften in Polen wird diejenige mit der Hauptstadt Stettin als Wojewodschaft Westpommern bezeichnet. Im Gegensatz dazu ist die Bezeichnung Hinterpommern nahezu unbekannt und wird außerhalb eines engen Kreises von Historikern nicht verwendet. Die Autoren jenes Teils der Ausstellung, welcher der Geschichte des polnischen Pommerns nach 1945 gewidmet ist, haben daher für die Bezeichnung des Landes östlich der deutsch-polnischen Grenze den Begriff *polnisches Westpommern* gewählt.

Die Übernahme Pommerns durch polnische Verwaltungsbehörden erfolgte schrittweise auf sowjetischen Beschluss, als die Front weiter nach Westen vorrückte. In Stettin dauerte die Übergangszeit und die Rivalität um die Stadt zwischen dem letzten deutschen Bürgermeister, dem Kommunisten Erich Wiesner, und dem ersten polnischen Bürgermeister, Piotr Zaremba, von Ende April bis zum 5. Juli 1945. Sie endete mit der Übernahme der Stadt durch die polnischen Behörden, was in der Ausstellung u. a. durch eine Reproduktion des Plakats „Polen, Stettin ist polnisch!" anschaulich gezeigt wird. Die Grenze zwischen dem in die Sowjetische Militäradministration in Deutschland (SMAD) eingegliederten Territorium Pommerns und dem an Polen übergebenen Gebiet wurde nach den polnisch-sowjetischen Gesprächen in Schwerin am 21. September 1945 festgelegt. In der Folge übernahm die polnische Verwaltung die Gebiete auf der Insel Usedom zusammen mit Swinemünde (*Świnoujście*) und dem sogenannten Stettiner Zipfel. Die damals festgelegte Grenze ist mit kleinen Korrekturen bis heute in Kraft geblieben und wurde durch zahlreiche deutsch-polnische Abkommen bestätigt, darunter der Grenzvertrag vom 14. November 1990. Der letzte Akt der Grenzkontroverse war der Streit um die Abgrenzung der Hoheitsgewässer in der Pommerschen Bucht zwischen der DDR und der Volksrepublik Polen in den Jahren 1985–1989. Die Ausstellung zeigt Karten mit Vorschlägen zur Lösung des Streits und zur Beendigung des nachbarschaftlichen Konflikts zwischen den beiden „sozialistischen Bruderstaaten".

▸ Helm der polnischen Bürgermiliz (MO/Milicja Obywatelska), VR Polen, 1974/89

BEVÖLKERUNGSAUSTAUSCH

Ein wichtiger Teil der Ausstellung befasst sich mit dem Problem des Bevölkerungsaustausches im *polnischen Westpommern*. Dies ist ein zentraler Aspekt bei der Beschreibung des Schicksals von Deutschen und Polen. In der polnischen Geschichtsschreibung wird der Begriff „Vertreibung" nicht verwendet, sondern es werden die weniger emotional behafteten Begriffe „Zwangsumsiedlung" oder „Umsiedlung" gebraucht. Diese Termini beziehen sich auf jene Prozesse, die nach Kriegsende sowohl in den ehemaligen deutschen Ostgebieten als auch in den polnischen östlichen Grenzgebieten, die 1945 in die UdSSR eingegliedert wurden, stattfanden. Die Ausstellung enthält Statistiken und Karten aus dieser Zeit, die die Richtungen der Migration in das *polnische Westpommern* zeigen. Bei den neuen Pommern handelte es sich hauptsächlich um Einwohner aus den Gebieten Zentral- und Westpolens aus der Vorkriegszeit, aber es mangelte auch nicht an Siedlern von jenseits der Curzon-Linie. Neben den Polen fand sich in Pommern auch eine große Gruppe von Ukrainern wieder, die im Rahmen der „Aktion Weichsel" aus Südostpolen zwangsumgesiedelt worden waren. Nach dem Ende des Bürgerkriegs in Griechenland 1949 zogen ebenfalls Griechen und Mazedonier in geschlossenen Gruppen hierher. Das polnische Stettin wurde zu einem Ort jüdischer Ansiedlung, als Juden, die den Holocaust überlebt hatten, über die Grenze der sowjetischen Besatzungszone illegal in den Westen und nach Palästina flohen. Die große Geschichte wird in der Ausstellung mit der Mikrogeschichte des Dorfes Schwolow (*Swołowo*) nach 1945 konfrontiert, auf dessen Karte die einzelnen Häuser mit dem Namen der neuen Bewohner und ihrer Herkunft dargestellt sind. Das Thema Umsiedlung wird mit Fotos illustriert, die Menschen zeigen, die arm waren, deren Zukunft ungewiss war, die aber auch froh waren, überlebt und nach den Kriegswirren ihren neuen Platz auf der Erde gefunden zu haben. Dies ist auch in den Erinnerungen von Zeitzeugen zu hören, die in den Medienstationen abrufbar sind, wo neben den Vertretern der bereits erwähnten neuen Pommern auch die Stimmen von Kaschuben zu hören sind oder eines Deutschen, der nach 1945 im polnischen Westpommern geblieben ist. Das Schicksal der Umgesiedelten wird auch durch verschiedene Ausstellungsgegenstände kommentiert: ein Bild mit der Ikone der barmherzigen Muttergottes vom Tor der Morgenröte, das aus Wilna (*Wilno/Vilnius*) mitgebracht wurde (Abb. 3), oder ein Leinentaschentuch (Abb. 2) mit dem Namen und dem Geburtsdatum eines Kindes, das es absichern sollte, falls seine Eltern verloren gingen. Der in einem anderen Teil der Ausstellung gezeigte Film über deutsche Kinder, die nach dem Krieg ihre Eltern suchten, veranschaulicht sehr deutlich das Schicksal der allerjüngsten Pommern, deren traumatische Erlebnisse, unabhängig von ihrer ethnischen Herkunft, sie oft für ihr ganzes Leben geprägt haben. Dies wird auch durch die aufgezeichneten Erinnerungen nochmals veranschaulicht.

HISTORISCHES ERBE

Im Hinblick auf die Aussiedlung, Umsiedlung und Besiedlung des polnischen Teils Pommerns ist die Frage nach dem Umgang mit dem angetroffenen historischen Erbe von zentraler Bedeutung. Für die neuen Pommern war es fremd, meist eindeutig als deutsches Erbe angesehen, das aufgrund der polnischen Erfahrung der deutschen Besatzung als feindlich empfunden wurde. Daher wurden Spuren der jüngeren Vergangenheit getilgt, Ortsnamen in ihre alten slawischen Klänge umgewandelt, Denkmäler für preußische und deutsche Herrscher und andere Erinnerungsorte abgerissen. All das kann auf den Fotografien der Ausstellung betrachtet werden. Dies betraf auch Friedhöfe, auf denen deutsche Gräber drei Jahrzehnte lang nach

▸ Ausschnitt aus Anblick der Muttergottes des Tors der Morgenröte, Wilna (*Wilno*), 1920er Jahre

Antonius O.P.f.

dem Krieg zerstört wurden. Heute versuchen polnische Pommern vielerorts, das zu finden und zu erhalten, was von ihnen übriggeblieben ist. Die kommunistische Führung Polens versuchte, die fremde historische Landschaft propagandistisch zu zähmen, indem sie die 1945 übernommenen Territorien als „Wiedergewonnene Gebiete" bezeichnete, die nun nach Jahrhunderten ins Mutterland zurückkehrten. Die neuangesiedelten Menschen sollten das Gefühl bekommen, dass sie auf altem polnischem Boden und nicht in einem deutschen Gebiet leben. Für das *polnische Westpommern* bedeutete dies, dass vor allem die frühmittelalterliche Geschichte der Region betont wurde, als das Land mit dem polnischen Staat verbunden war. Auch die Zeit der Herrschaft der Greifen-Dynastie wurde hervorgehoben, wobei der Schwerpunkt auf deren slawischen Wurzeln lag. Infolgedessen wurden die im Krieg zerstörten Relikte des Herzogtums Pommern wiederaufgebaut, so auch vor allem die ehemaligen herzoglichen Schlösser in Stettin oder Rügenwalde (*Darłowo*). Die Ausstellung zeigt auch die bemerkenswerte Restaurierung des Schlosses in Stolp (*Słupsk*), das nach 1945 seinen verdienten Glanz wiedererlangte. Schlimmer erging es jedoch den zerstörten Altstädten der pommerschen Städte, die in der Regel nicht nach ihrem historischen Vorbild wiederaufgebaut wurden. Dies war aber auch durch die enormen Kriegsschäden in den alten polnischen Gebieten bedingt, für deren Wiederaufbau die Städte und Dörfer Pommerns häufig ein Reservoir an Ziegelsteinen waren. Ähnlich verhielt es sich mit den pommerschen Gutshäusern, die oft nicht richtig instandgehalten wurden und im Laufe der Zeit verfielen. In diesem Zusammenhang ist die Haltung der polnischen Kommunisten, ähnlich wie in der DDR, gegenüber der ideologisch fremden Gutsbesitzertradition hervorzuheben, die in Form des pommerschen Junkertums für die polnischen Bauern in Pommern in doppelter Hinsicht fremd war. Eine Spur davon ist das in der Ausstellung gezeigte Fragment eines Zierbogens aus der ersten Hälfte des 19. Jahrhunderts, das aus einem heute nicht mehr erhaltenen Herrenhaus in Ossecken (*Osieki Lęborskie*) (Abb. 1) stammt.

Ein anderes berührendes Erinnerungsstück der Ausstellung ist eine Bibel aus dem kaschubischen Dorf Holzkathen (*Smołdziński Las*), die aufgrund ihrer Geschichte und als Ausdruck von Respekt für das angestammte deutsche Erbe eine besondere Bedeutung hat. Sie wurde 1740 in Halle herausgegeben und gelangte nach 1945 in die Hände der neuen polnischen Einwohner, die sie viele Jahre lang aufbewahrten, bevor sie diese nach der Gründung des Pommerschen Landesmuseums an das Museum übergaben (Abb. 4).

WIRTSCHAFTLICHER WIEDERAUFBAU

Wie in anderen Teilen der Ausstellung über die Geschichte Pommerns wird auch wirtschaftlichen Fragen viel Raum gegeben. Nach 1945 standen die neuen Bewohner des *polnischen Westpommerns* vor der Herausforderung, nicht nur Häuser und die zum Leben benötigte Infrastruktur wieder aufzubauen, sondern auch Arbeitsplätze für die ankommenden Siedler zu schaffen, ohne die die Siedlungskampagne nicht erfolgreich verlaufen konnte. Wie in früheren Jahrhunderten war die Landwirtschaft auch die Hauptbeschäftigung der polnischen Einwohner Pommerns. Diejenigen, die auf dem Lande ankamen, erhielten Bauernhöfe zur Nutzung, da der bisherige deutsche Besitz als *aufgegebenes Eigentum* in die Hände des volkspolnischen Staates überging. Das Land wurde zwar nicht als Eigentum an die Bauern übergeben, aber für viele Menschen aus den übervölkerten ländlichen Regionen Zentralpolens war der Erhalt eines Bauernhofs ein attraktiver Anreiz, nach Pommern zu kommen. Es stellte sich jedoch bald heraus, dass das unterschiedliche Klima, die qualitativ eher schlechten pommerschen Böden, der Mangel an Vieh und landwirtschaftlichen Geräten und Maschinen, die von der Roten Armee zerstört oder geplündert worden waren, dazu führten, dass die pommersche Realität nicht dem biblischen Gelobten Land ähnelte. Darüber hinaus führten die Maßnahmen der kommunistischen Führung, die seit 1948 eine Kollektivierung der Landwirtschaft in Polen anstrebte und während der stalinistischen Periode die landwirtschaftlichen Betriebe zwangsweise in Produktionsgenossenschaften zusammenlegte, zur Entmutigung der Siedler und zu einer teilweisen Aufgabe des Bodens. In den so genannten Wiedergewonnenen Gebieten, darunter auch Pommern, entstanden ebenfalls zahlreiche staatliche Landwirtschaftsbetriebe, in denen die Bauern lediglich angestellt waren und keinen Grundbesitz hatten. Diese Prozesse führten zu einer teilweisen Abwanderung von Menschen aus Pommern, was aus Sicht der Regierung ein Misserfolg war und im Widerspruch zum Propagandabild einer wiederaufgebauten, vollständig in die Gebiete des alten Polen integrierten Region stand. Die drastischsten Fälle von Zwangskollektivierung ereigneten sich 1951 in den Kreisen Greifenberg (*Gryfice*) und Dramburg (*Drawsko*), wo die Regierung ihre Politik aufgrund von Bauernprotesten und der Aufgabe von Höfen abschwächen musste. Nach dem so genannten Polnischen Oktober (1956) und der von Władysław Gomułka eingeleiteten Entstalinisierung zog sich die kommunistische Partei endgültig von der Zwangskollektivierung zurück.

Noch komplizierter war die Situation der westpommerschen Industrie, die schon vor 1939 außerhalb von Stettin nicht sehr entwickelt war, und die Kriegsschäden, Plünderungen und Demontagen durch die Rote Armee verschlimmerten diesen Zustand noch weiter. Mit dem Wiederaufbau der Werften und der Übernahme des Stettiner Hafens von den Sowjets (bis 1955) wurde die maritime Industrie wie auch schon früher zum führenden Industriezweig. Die größte Werft im *polnischen Westpommern* war die nach Adolf Warski (einem polnischen Kommunisten der Zwischenkriegszeit) benannte Stettiner Werft. Hier erfolgte der erste polnische Nachkriegsstapellauf – des deutschen Schiffsrumpfes der „Oliwa" und in den 1970er Jahren beschäftigte die Werft mehr als 10.000 Arbeiter. Die 1950 gegründete Hafengruppe Szczecin-Świnoujście hat 20 Jahre später eine der größten Umladungen unter den Ostseehäfen verzeichnen können. Die kleineren Zentren beherbergten landwirtschaftliche Verarbeitungsbetriebe oder Unternehmen aus anderen Branchen. Ein Beispiel für deren Produkte sind die in Zanow (*Sianów*) hergestellten Streichhölzer, die in der Ausstellung gezeigt werden. Das größte Exponat in diesem Teil der Ausstellung ist das Original-Motorrad „Junak" M10, das 1963 in der Stettiner Motorradfabrik gebaut wurde (Abb. 5). Hier muss eine Art Genius Loci gewirkt haben, denn das Unternehmen war in den Gebäuden der ehemaligen Stoewer-Fabrik untergebracht. Die Konstruktion basierte jedoch nicht auf deutschen Erfahrungen und Entwürfen, da diese, ebenso wie die Ausrüstung, von den Sowjets übernommen wurden. In den Jahren der Volksrepublik Polen war die „Junak" nicht nur ein Objekt der Begierde von Jugendlichen, sie stellte auch einen wichtigen Schritt in Richtung Motorisierung der Gesellschaft dar. Sie wurde zu einer Art Legende auf den polnischen Straßen und wurde für ihre Zuverlässigkeit und Leistung geschätzt. Das Motorrad hatte den Status einer polnischen Harley-Davidson.

POLITISCHE UNRUHEN

Mehr Raum als im Abschnitt über die Geschichte Pommerns in der DDR wurde den politischen Ereignissen gewidmet, die sich hauptsächlich in Stettin abspielten. Die dunkle Zeit des Stalinismus wird mit Fotos von offiziellen Kundgebungen, aber auch mit dem Bild eines der Fischkutter illustriert, die zur Flucht aus Polen ins dänische Bornholm benutzt wurden. Ein Symbol für das Ende dieser Zeit ist eine Abbildung, die das Innere des geplünderten Konsulats der UdSSR in Stettin nach den antikommunistischen Ausschreitungen vom 10. Dezember 1956 zeigt. Weitaus tragischer in der Geschichte des *polnischen Westpommerns* war der Dezember 1970, als die Stettiner Werftarbeiter, wie auch in Danzig und Gdingen, streikten und gegen die von der Regierung eingeführte Erhöhung der Fleischpreise protestierten. Die Demonstrationen, die am 17. Dezember 1970 ausbrachen, waren wirtschaftlich motiviert. Die Arbeiter forderten Änderungen der so-

Gummiknüppel der polnischen Bürgermiliz (MO/Milicja Obywatelska), VR Polen, 1956/89

zialen Lebensbedingungen und eine Verbesserung der Arbeitsbedingungen in der Werft, aber die mangelnde Bereitschaft der kommunistischen Führung, mit den Arbeitern zu sprechen, führte zu einem gewalttätigen Ausbruch der Unzufriedenheit. Die Arbeiter besetzten und zündeten das Gebäude des Wojewodschaftskomitees der Polnischen Vereinigten Arbeiterpartei an und griffen anschließend die Wojewodschaftsdirektion der Bürgermiliz (Polizei) an. In der Ausstellung sind zahlreiche Fotografien zu sehen, die diese Ereignisse zeigen. Ein Symbol für den fehlenden Dialog zwischen dem Staat und seinen Bürgern sind die gezeigten Helme eines Werftarbeiters und eines Milizionärs, zwischen denen ein Schlagstock der Miliz liegt (Abb. 6). Ein authentischer Stuhl aus dem Wojewodschaftskomitee der Polnischen Vereinigten Arbeiterpartei, der von der Decke herabhängt, scheint zu „fliegen", ganz so, als hätten ihn wütende Arbeiter aus dem Fenster geworfen. Bei den Zusammenstößen in den Straßen der Stadt wurden 16 Arbeiter erschossen. Infolge der Ereignisse an der Küste und des Massakers an den Arbeitern wurde Władysław Gomułka abgesetzt und durch den nächsten Ersten Sekretär, Edward Gierek, ersetzt. Im Januar 1971 brach ein weiterer Streik in der Stettiner Werft aus, und eine der Forderungen der Arbeiter war ein Treffen mit Gierek. Dies geschah dann auch am 24. Januar 1971, was ein beispielloses Ereignis im gesamten Ostblock war, da es das erste Mal war, dass ein Anführer eines sozialistischen Staates sich mit den Arbeitern traf und mehrere Stunden lang mit ihnen sprach, ohne dass dies inszeniert gewesen wäre.

Im August 1980 wurde Stettin neben Danzig erneut zum zentralen Ort der politischen Ereignisse in Polen, auf den sich die Augen der ganzen Welt richteten. Die erneuten Streiks der Werftarbeiter, bei denen die Forderung nach politischen Veränderungen diesmal im Vordergrund stand, führten zu einem echten Durchbruch in Polen. Im Zuge der Streikwelle fungierte u. a. auch Stettin als Geburtshelfer bei der Gründung des Unabhängigen Selbstverwalteten Gewerkschaftsbundes „Solidarność", einer von der kommunistischen Partei unabhängigen Organisation mit damals fast 10 Millionen Mitgliedern in ganz Polen. Die Ausstellung zeigt zahlreiche Exponate, die mit der westpommerschen „Solidarność" in Verbindung stehen, Briefmarken, Stempel, Plakate und Zeitungen. Zwar verhängte General Wojciech Jaruzelski, der neue polnische Staatschef, im Dezember 1981 das Kriegsrecht, um die Opposition zu zerschlagen, aber der Gedanke des Widerstands gegen das kommunistische Regime blieb im polnischen Westpommern bis Ende der 1980er Jahre sehr lebendig. Solidarność-Aktivisten gingen in den Untergrund und druckten – die Zensur umgehend – Zeitungen und Bücher und trugen so zum Sturz des Kommunismus in Polen bei. Einige von ihnen, wie Andrzej Milczanowski (ein Rechtsanwalt aus Stettin), der auf den Gefängnisfotos zu sehen ist, wurden nach dem Umbruch von 1989 sogar Minister in der polnischen Regierung. Sehr interessante Memoiren von Aktivisten der Westpommerschen Solidarność sind ebenfalls in den Medienstationen abrufbar.

NEUE NACHBARSCHAFT

Die Ausstellung über das polnische Westpommern schließt mit einer Reihe von Exponaten, die sich auf die Annäherung der beiden Teile Pommerns an der Wende vom 20. zum 21. Jahrhundert beziehen. Dies war das Ergebnis der Normalisierung der Beziehungen zwischen Polen und dem wiedervereinigten Deutschland und der Teilnahme Polens am europäischen Integrationsprozess. Pommern und die im Grenzgebiet lebenden Pommern haben von diesem Prozess selbstverständlich profitiert. Auch stieß die neuentfachte Neugier nach der Geschichte Pommerns nach dem Zusammenbruch der DDR bei den Polen auf echtes Interesse an der gemeinsamen Vergangenheit der Region. Da es nach 1990 keine Grenzprobleme mehr gab, wurden einstige Ängste ausgeräumt und frühere Tabus beseitigt. Mit der Öffnung der Grenzen und dem Beitritt Polens zur Europäischen Union im Jahr 2004 wurde die Staatsgrenze, die Pommern teilte, weniger spürbar. Gesetzliche Regelungen ermöglichten den Aufbau eines echten Grenzlandes und erleichterten die Kontakte zwischen polnischen und deutschen Pommern, was zu gemeinsamen Initiativen führte. Ein Symbol für diesen Wandel ist der in der Ausstellung zu sehende Stacheldraht von der „deutsch-polnischen Freundschaftsgrenze" (Vgl. S. 252, Abb. 1), der im Dezember 2007 anlässlich des Beitritts Polens zum Schengen-Abkommen im Jahr 2007 abgebaut wurde. Die Ausstellung über die komplizierte, jahrhundertealte Geschichte Pommerns trägt dazu bei, dass solch ein Stacheldraht Pommern nie wieder teilt.

Literatur

Kozłowski / Wątor / Włodarczyk 2066, Makowski 2006, Piskorski 1999.

■ 2 **Namensschild und Tragetasche aus Leinen**
Wilnaer Gebiet (*Wileńszczyzna*), 1939 (?)

Das Täschchen gehörte Zygmunt Wróblewski, der nach der Einnahme Wilnas durch die Rote Armee als Vierjähriger mit seinen Eltern nach Sibirien deportiert worden war. Nach dem Krieg wurde er nach Stettin „repatriiert".

■ 1 **Zierbogenfragment des Herrenhauses Ossecken/Lauenburg (*Osieki lęborskie / pow. wejherowski*)**
1. Hälfte 19. Jh.

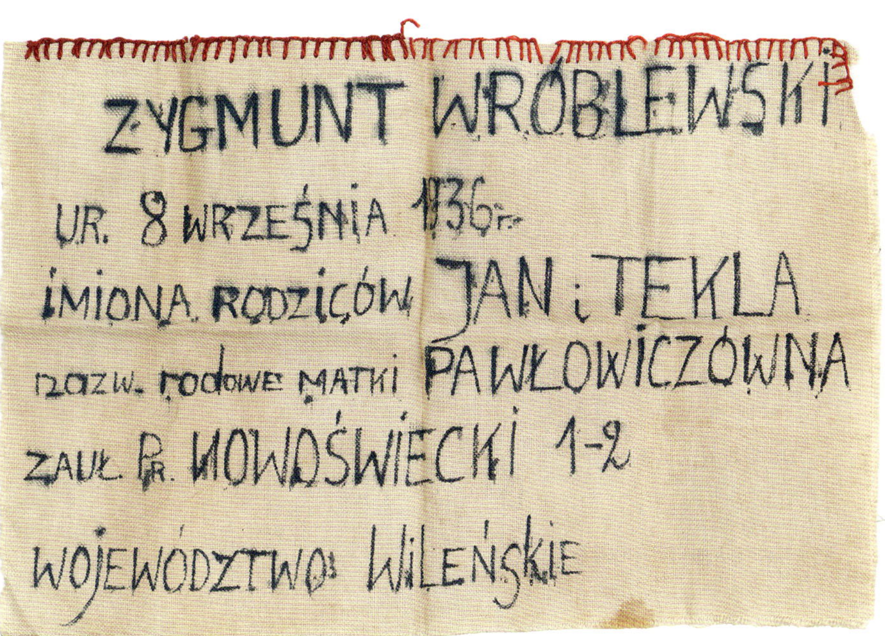
ZYGMUNT WRÓBLEWSKI
UR. 8 WRZEŚNIA 1936r.
IMIONA RODZICÓW JAN i TEKLA
nazw. rodowe matki PAWŁOWICZÓWNA
ZAUŁ. Pr. NOWOŚWIECKI 1-2
WOJEWÓDZTWO: WILEŃSKIE

■ 3 Bild mit dem Anblick der Muttergottes des Tors der Morgenröte
Wilna (*Wilno*), 1920er Jahre

Die schwarze Madonna in Wilna stellt einen der wichtigsten Marienwallfahrtsorte Polens dar. Ein Neusiedler aus Wilna brachte das Bild nach 1945 mit nach Stettin.

■ 4 **„Biblia. Das ist die ganze Heil. Schrift Altes und Neues Testament. Nach der deutschen Uebersetzung Dr. Martin Luthers"**
Halle, 1740

Die Bibel gehörte Familie Manzke aus Holzkathen/ Stolp (*Smoldzsinski Las/ / pow. słupski)*, die als „autochthon" geltend weiterhin in ihrem Heimatort gelebt hat. Die polnische Familie Kołakowsi, die zu Beginn des Krieges aus der Gegend von Mława von Deutschen vertrieben wurde, kam 1945 nach Holzkathen und lebte dort mit der Familie Manzke unter einem Dach. Nach der Auswanderung der Manzkes und dem Tod des Vaters, kehrte Familie Kołakowski in die Nähe von Mława zurück und verwahrte die zurückgelassene Bibel.

Junak

■ 6 **Helm der polnischen Bürgermiliz (MO/Milicja Obywatelska), VR Polen, 1974/89 und Gummiknüppel der polnischen Bürgermiliz (MO/Milicja Obywatelska), VR Polen, 1956/89**

Die Bürgermiliz wurde nach sowjetischem Vorbild 1944 durch den PKWN (Polnisches Komitee der nationalen Befreiung) ins Leben gerufen und übernahm polizeiliche Aufgaben. Zusammen mit dem Sicherheitsdienst (Geheimdienst) unterstand sie dem Innenministerium. Ihre Einheiten standen im Mittelpunkt der Auseinandersetzungen mit den Aufständen in der VR Polen. Bereits 1945 entstand in Stolp *(Słupsk)* ein zentrales Schulungszentrum der MO.

■ 5 **Motorrad „Junak" M10, Stettin *Szczecin*, 1963**

Von dem zweiten Modell der Junak-Motorräder wurden insgesamt 58.000 Stück verkauft.

XIX | POMMERN GRENZENLOS? POMMERNRENAISSANCE AM BEGINN DES 21. JAHRHUNDERTS

Jörg Hackmann

Nach dem Zweiten Weltkrieg bestand Pommern nunmehr aus drei Teilen: Erstens aus der jetzt polnischen Region östlich der Oder bzw. der Landgrenze zwischen der DDR und der sozialistischen Volksrepublik Polen südwestlich des Stettiner Haffs von Swinemünde im Norden bis Greifenhagen im Süden. Dieses Gebiet, Hinterpommern im deutschen Verständnis, wird im Polnischen als Westpommern bezeichnet, da östlich davon das Danziger Pommern liegt (im Deutschen: Westpreußen oder Pommerellen). Zweitens aus der Region Vorpommern in der SBZ/DDR als Teil des Landes Mecklenburg-Vorpommern, das den zweiten Namensteil jedoch bereits 1947 verlor. Allerdings behielt die Evangelische Kirche noch bis 1968 die Bezeichnung Pommern bei und seit dem Luther-Jubiläumsjahr 1983 konnte an die historische Region Pommern auch wieder öffentlich in der DDR erinnert werden. Drittens gab es ein exterritoriales, erinnertes, nicht räumlich-konkretes Pommern als Bezugspunkt für die aus der Region vertriebene Bevölkerung in der (alten) Bundesrepublik, institutionalisiert in der Pommerschen Landsmannschaft, die seit den 1980er Jahren bis 2017 ihren Sitz im „Pommern-Zentrum" in Lübeck-Travemünde hatte. Dieses erinnerte Pommern ging von der preußischen Region Pommern in den Grenzen von 1938 aus. Die Landsmannschaft erhielt den Anspruch aufrecht, die gesamte deutsche Bevölkerung Pommerns und ihr Interesse an einer Revision der Grenze von 1945 zu vertreten, etwa durch die Pommersche Abgeordnetenversammlung, sie organisierte Heimattreffen und gab auf diese Region bezogene Zeitschriften und Bücher heraus. Die Weigerung, die Grenze von 1945 anzuerkennen, wurde durch die Politik ihres langjährigen Vorsitzenden Philipp von Bismarck (1913–2006), sich für die Aussöhnung mit Polen und eine europäische Zusammenarbeit einzusetzen, abgemildert. Durch die politische Ausrichtung der Landsmannschaft fühlten sich allerdings viele aus Hinterpommern stammende Menschen nicht von ihr vertreten. Grenzübergreifende offizielle Kontakte zwischen den Institutionen und Akteuren dieser drei Teile Pommerns gab es nicht, auch wenn sich seit den 1970er Jahren persönliche Annäherungen beobachten lassen.

Mit dem Umbruch in Polen und dem Mauerfall 1989 änderte sich diese Situation jedoch grundlegend. Die Pommersche Landsmannschaft sah nun in Vorpommern einen neuen territorialen Kristallisationspunkt

▸ Ausschnitt aus Fotografie der deutsch-polnischen Grenze auf Usedom, 2009

DEUTSCHLAND
NIEMCY
POLSKA
POLEN
1/A1
WC
WC
UNBEWACHT
FKK-STRAND
HUNDESTRAND
VERLEIH

ihrer Aktivitäten und organisierte 1992 ihr jährliches Pommerntreffen zum ersten Mal in der Region, auf der Insel Dänholm vor Stralsund. Allerdings gab es auch kritische Stimmen, denen die Anreise aus Westdeutschland nach Vorpommern zu weit war und in den folgenden Jahren fanden auch wieder Treffen im Pommern-Zentrum in Travemünde statt. Insgesamt war die Landmannschaft aber nur in begrenztem Umfang in der Lage, Impulse für deutsch-polnische grenzübergreifende Aktivitäten in Pommern zu entwickeln.

Im ehemaligen Vorpommern wurde nun der Rückgriff auf die historische Region zum identitätsbildenden Kern in mehrfacher Hinsicht. Die Namen „Pommern" oder „Greif" bzw. „Greifen" als Bezug auf die Herzogsdynastie kennzeichnete – neben der Hanse – zahlreiche Institutionen, Firmen und Vereine. Umstritten in diesen historischen Rückbezügen war allerdings Ernst Moritz Arndt: während manche ihn als großen Sohn der Region verteidigten, galt er für andere als Begründer des modernen deutschen Nationalismus, der sich nicht (länger) als Identifikationsfigur eignete. Im Zentrum dieses Streits stand der Name der Greifswalder Universität, die sich 2018 ihres Patrons entledigte. Im Hintergrund ging es auch um den Konflikt zwischen „Ossis" und „Wessis", wobei die Wiederbelebung pommerscher Traditionen nicht zuletzt der lokalen Bevölkerung als Orientierung in der Wendezeit galt. Zudem gab es Versuche, die historische Region Vorpommern in administrativen Strukturen, etwa als eigenen Landesteil des Bundeslands Mecklenburg-Vorpommern, wiederherzustellen. Diskussionen über einen eigenen Regierungsbezirk oder Landschaftsverband blieben jedoch ohne greifbaren Erfolg. Auch in der Frage der Landeshauptstadt sprachen sich viele Bewohner Vorpommerns eher für Rostock als Schwerin aus, aus der Befürchtung heraus, Vorpommern werde sonst nur zu einem weniger wichtigen Anhängsel Mecklenburgs. Der Name Vorpommern ist schließlich – nach mehreren Verwaltungsreformen – seit 2011 in zwei Landkreisen enthalten: Vorpommern-Rügen und Vorpommern-Greifswald, die sich allerdings nicht mit der historischen Ausdehnung Vorpommerns nach Westen und Süden decken. Auch der Versuch, die Beschäftigung mit der Geschichte Pommerns zu institutionalisieren, gestaltete sich schwierig. So scheiterte der Versuch, die pommersche Landesgeschichte dauerhaft an der Universität Greifswald zu verankern. Die Historische Kommission für Pommern hat sich aber allmählich auch für polnische Mitglieder geöffnet. Die Errichtung eines Pommerschen Landesmuseums wurde noch bis Mitte der 1990er Jahre im Rahmen des Pommern-Zentrums in Travemünde geplant, bis dann der Beschluss gefasst wurde, es in Greifswald anzusiedeln und ihm die Sammlungen der Stiftung Pommern in Kiel zu übergeben.

Auch im polnischen Westpommern verstärkte sich nach 1989 das Interesse an regionaler Eigenständigkeit und Selbstverwaltung. Allerdings spielte dort, anders als in der DDR, der Bezug auf die regionale Geschichte auch schon eine wichtige Rolle im Rahmen der Ideologie der „wiedergewonnenen Gebiete" nach dem Zweiten Weltkrieg, wobei zunächst vor allem die Greifendynastie und insbesondere ihre Verbindung zu den polnischen Herrschern herausgestellt wurde. Zu einem zentralen Moment eines neuen polnischen Regionalismus in Pommern wurde seit den 1980er Jahren vor allem das Überqueren der zeitlichen Grenze von 1945. Wurde die Region und insbesondere Stettin durch seine Lage auf dem westlichen Oderufer in Polen in erster Linie als eine weit vom Zentrum Warschau entfernte Peripherie wahrgenommen, die auch historisch nur in geringem Maße mit der polnischen Geschichte vor 1945 verbunden war, so bildete nun der Rückgriff auf die Geschichte von der Christianisierung durch Otto von Bamberg bis zur preußischen Zeit die Grundlage für eine neue regionale Identität, die sich nicht mehr nur allein auf die frühslawische Zeit, die Greifen sowie die Geschichte seit 1945 stützte. Zu sehen ist das etwa an der 750-Jahrfeier Stettins 1993, die an die Verleihung des Magdeburger, d. h. deutschen, Stadtrechts erinnerte und mehr Aufmerksamkeit hervorrief als die 60-Jahrfeier des polnischen Stettin zwei Jahre später. Diese polnische Zuwendung zur Regionalgeschichte spiegelt sich in zahlreichen Initiativen, wie etwa dem

Internetportal *sedina.pl* oder dem Verein „Terra incognita" in Königsberg (*Chojna*). Auch der rekonstruierende Wiederaufbau der Altstädte in Kolberg und Stettin fügt sich in dieses Bild.

Vor diesem Hintergrund kam es auch zur Entdeckung einer als gemeinsam betrachteten regionalen Geschichte und zu zahlreichen grenzüberschreitenden Aktivitäten. Zu nennen sind etwa die Pommern-Konferenzen am Historischen Institut der Universität Greifswald Anfang der 1990er Jahre, aber auch unzählige Begegnungen in kleineren Rahmen. Als Beispiele für die historiographische Produktion seien zwei Bücher genannt: erstens die deutsch-polnische, zweisprachige Quellendokumentation „Stettin 1945–1946" von 1993, an der Historiker aus beiden Teilen Deutschlands sowie Polen mit Vertretern der Landsmannschaft zusammengearbeitet hatten. Das zweite Beispiel ist die historische Überblicksdarstellung „Pommern im Wandel der Zeiten", die von einem Team deutscher und polnischer Autoren und Autorinnen verfasst und auf deutsch und polnisch publiziert wurde.

Einen ersten symbolischen Schritt zur Überwindung früherer Gegensätze, aber auch von Befürchtungen einer neuen deutschen Dominanz im polnischen Pommern stellte die Gründung des dänisch-deutsch-polnischen Multinationalen Korps Nordost in Stettin nach dem NATO-Beitritt Polens im Jahr 1999 dar. Der Beitritt Polens zur Europäischen Union 2004 wurde auf beiden Seiten der Grenze emphatisch begrüßt und hat zu zahlreichen – selbstverständlich friedlichen – symbolischen Grenzüberschreitungen, etwa durch Radwege, touristische Routen oder die Strandpromenade auf Usedom mit einer deutsch-polnischen „Klammer" als Denkmal beigetragen (Abb. 2).

Die nachfolgenden Schritte – die Integration in den „Schengen"-Raum 2007 und schließlich die Einführung der Arbeitnehmerfreizügigkeit für Polen in Deutschland – haben die deutsch-polnische Grenze im Alltag weitgehend unsichtbar werden lassen, wenn man von der zeitweiligen Grenzschließung in der Covid-19-Pandemie im Frühjahr 2020 absieht. Insbesondere für Polen und Polinnen aus Stettin und Umgebung ist es attraktiv geworden, auf der deutschen Seite der Grenze in Löcknitz, Tantow und den umliegenden Orten zu wohnen. Ihre Zahl in dem dünn besiedelten Raum wird auf mehrere Tausend geschätzt. Sie arbeiten teils im grenznahen Raum oder im Großraum Berlin, viele aber auch in Stettin.

Einen wichtigen institutionellen Rahmen für die grenzübergreifende Zusammenarbeit bildet die Euroregion Pomerania, die 1995 gegründet wurde. Sie umfasst auf deutscher Seite die grenznahen Landkreise nördlich von Berlin und in Polen die 1999 gebildete Wojewodschaft Westpommern, die sich bis Köslin und Kolberg erstreckt. Von 1998 bis 2013 war auch die südschwedische Region Schonen Teil der Euroregion. Aus den Finanzmitteln der Euroregion werden zahlreiche Infrastrukturprojekte und vielfältige kulturelle Aktivitäten und Jugendbegegnungen gefördert, unter ihnen beispielsweise die Zusammenarbeit des Nationalmuseums in Stettin und des Pommerschen Landesmuseums in Greifwald bei der Entwicklung ihrer historischen Dauerausstellungen.

Seit den 1990er Jahren haben sich zahlreiche Kooperationen zwischen dem deutschen und polnischen Teil Pommerns entwickelt, von denen hier nur einige beispielhaft genannt werden sollen. Seit 2003 wird alle zwei Jahre der Preis „Pomerania Nostra" verliehen. Er wurde von einer deutschen und einer polnischen Tageszeitung und den Universitäten Greifswald und Stettin ins Leben gerufen, zu denen inzwischen auch die Städte Greifswald und Stettin getreten sind. Der Preis wird an Personen und Institutionen verliehen, die sich für die deutsch-polnische Zusammenarbeit in der Region verdient gemacht haben. Preisträger- und Preisträgerinnen waren etwa der Greifswalder Verein „PolenmARkT" und die Historikerin Anna Wolff-Powęska. Die Beschäftigung mit pommerscher Geschichte zählt zu den zentralen Aufgaben des Pommerschen Landesmuseums in Greifswald und des polnischen Nationalmuseums in Stettin, die in zahlreichen Projekten im Rahmen der Euroregion zusammenarbeiten, wie etwa bei der Stettiner Ausstellung über „das goldene Zeitalter" Pommerns im 16. Jahrhundert und der Ausstel-

▶ Ansicht in der Dauerausstellung zum Thema „Die Grenze verschwindet"

lung zur Geschichte Pommerns in Greifswald. Ein weiteres Beispiel für die grenzüberschreitende Zusammenarbeit ist das ehemals Bismarcksche Herrenhaus in Külz (*Kulice*), nordöstlich von Stettin. Es wurde zunächst auf Initiative Philipp von Bismarcks als „europäische Akademie" 1995 eröffnet. Im Jahr 2002 übernahm die Universität Stettin, die auch schon zuvor mit der Akademie kooperiert hatte, das Gutshaus. An die Stelle der Akademie, deren Leiterin Lisaweta von Zitzewitz sich mit der Universität überworfen hatte, traten dann 2015 das Tagungs- und Bildungszentrum der Universität und der Verein „Akademia Kulice". Schließlich wären zahlreiche deutsch-polnische kulturelle Initiativen und Vereinigungen, wie „Nowa Amerika" oder „Czas-Przestrzeń-Tożsamość" (Abb. 1), zu nennen, denen es um die Überwindung nationaler Gegensätze und die Bildung eines grenzüberschreitenden regionalen Selbstverständnisses geht.

Vor dem Hintergrund der zunehmenden Integration des Großraums Stettin beiderseits der deutsch-polnischen Grenze entstand 2012 die Initiative der „Metropolregion Stettin", die die Rolle der Stadt auch für die benachbarten deutschen Regionen in der Raumplanung berücksichtigen will. Trotz dieser sich intensivierenden Verflechtungen von Vorpommern und Westpommern und der zunehmenden Unsichtbarkeit der Staatsgrenze im Alltag bestehen jedoch auch weiterhin Probleme und trennende Faktoren, die nicht über Nacht verschwinden werden. Hier ist in erster Linie die Sprachbarriere zu nennen. Anders als in länger bestehenden Grenzregionen gibt es an der deutsch-polnischen Grenze keine traditionelle gemeinsame Sprache oder Dialekte, auf die die Bewohner zurückgreifen können. Tatsächlich sprechen nur weniger Deutsche in der Region Polnisch und auch wenn die Zahl der Polen, die Deutsch beherrschen, wesentlich größer ist, gibt es jedoch zahlreiche Situationen, in denen Dolmetscher erforderlich sind, da auch Englisch oder Russisch nicht zur Nationen und Generationen übergreifenden Verständigung beitragen können. Asymmetrien bestehen aber nicht nur in den Sprachverhältnissen, sondern auch im Lohn- und Preisgefüge, im Gesundheitssystem und vielen anderen Bereichen, auch wenn diese zum Teil eine grenzüberschreitende Mobilität stimulieren. Allerdings erweisen sich die unterschiedlichen Verwaltungsstrukturen häufig als Hindernisse für eine grenznahe Kooperation. Deutsch-polnische Meinungsverschiedenheiten gibt es dennoch von Zeit zu Zeit, etwa auf Usedom und in Swinemünde über die Vereinbarkeit

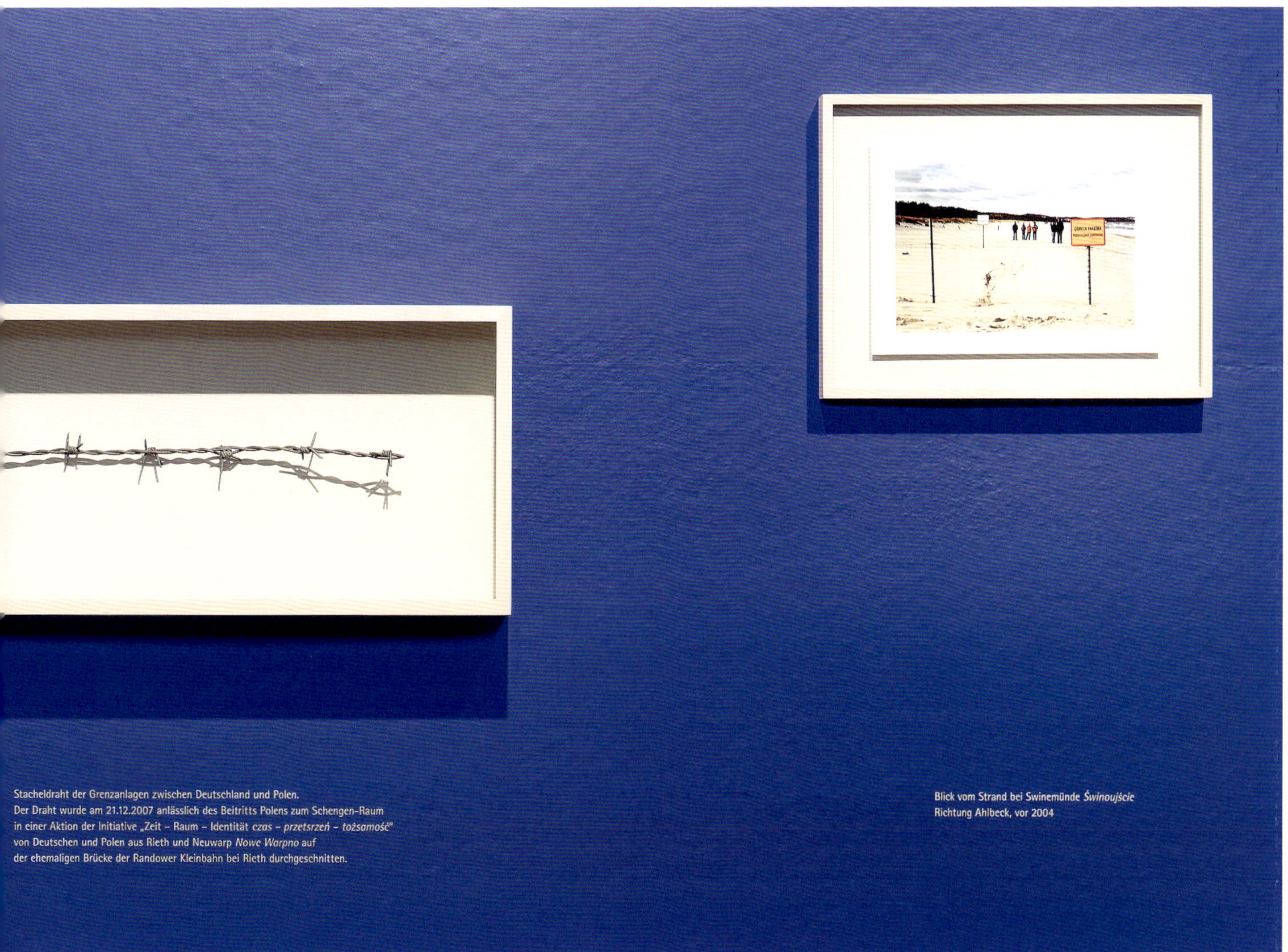

von Tourismus und Hafenausbau oder über die Kurtaxe. Dagegen haben deutsch-polnische politische Differenzen in der Region in den letzten Jahren an Bedeutung verloren. Parteien und Gruppen, die antideutsche oder antipolnische Meinungen und Vorurteile zu verbreiten versuchen, finden weder auf der deutschen noch auf der polnischen Seite Zustimmung. Vielmehr überwiegt in vielen Bereichen des Alltagslebens, aber auch etwa im Kulturbereich ein Pragmatismus, der sich auch aus einer gemeinsamen Identifikation mit der Region speist.

In seinem Dokumentarfilm von 2018 mit dem Titel „Es war einmal Pommern" wirft der deutsch-polnische Regisseur Michael Majerski die Frage auf, ob es Pommern als Region und Pommern als Selbstbeschreibung seiner Einwohner heute noch gebe. Seiner pessimistischen Antwort, dass Pommern nur noch ein historisches Phänomen sei, widerspricht allerdings das Selbstverständnis der polnischen Einwohner, die sich als „neue Pommern" verstehen, wie es Jan M. Piskorski beschrieben hat. Tatsächlich spielt für sie weniger die Frage eine Rolle, ob die heutigen Grenzen der pommerschen Regionen sich mit den historischen decken. Vielmehr geht es um ein neues regionales Selbstverständnis in Pommern, das sich aus seinem transnationalen Charakter speist.

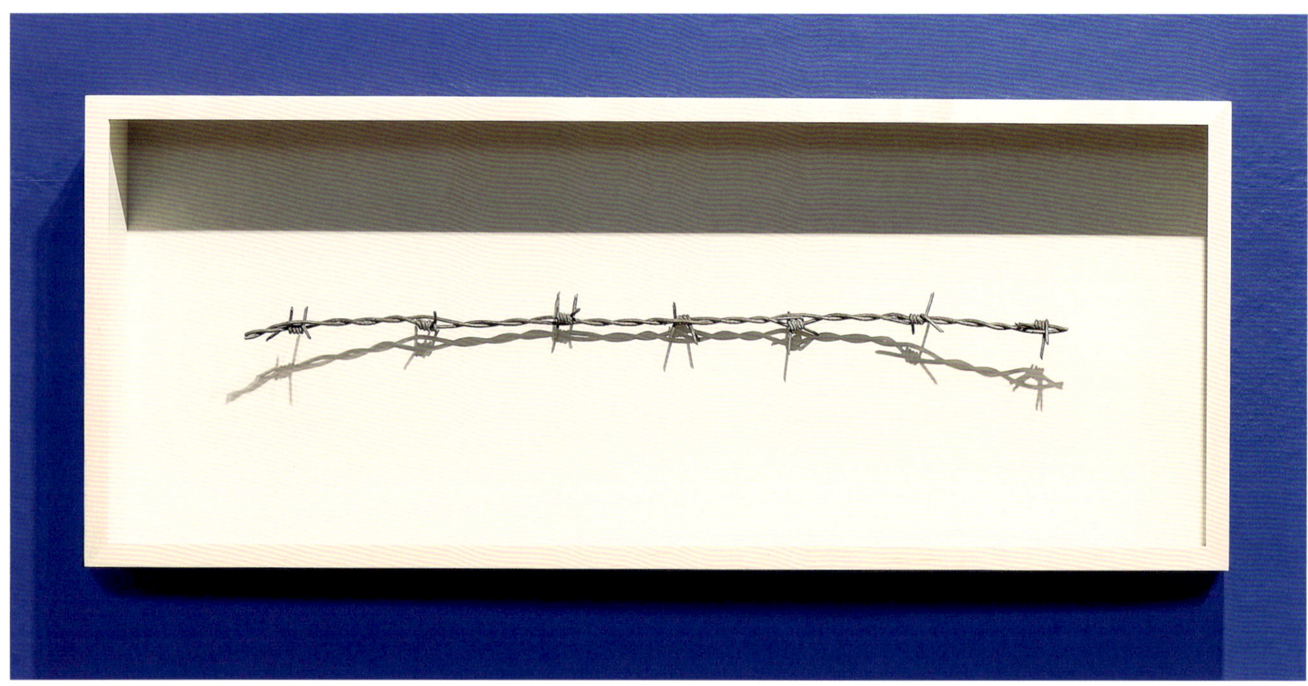

1 Stacheldraht der Grenzanlagen zwischen Deutschland und Polen

Der Draht wurde am 21.12.2007 anlässlich des Beitritts Polens zum Schengen-Raum in einer Aktion der Initiative „Zeit – Raum – Identität / czas – przestrzeń – tożsamość" von Deutschen und Polen aus Rieth und Neuwarp *Nowe Warpno* auf der ehemaligen Brücke der Randower Kleinbahn bei Rieth abgeschnitten.

■ 2 **Fotografie der deutsch-polnischen Grenze auf Usedom, 2009**

Die sogenannte Klammer auf der Grenze zwischen Polen und Deutschland an der Strandpromenade zwischen Ahlbeck und Swinemünde *Świnoujście*, 2019

3 Videoinstallation „Pommern – Pomorze – Land am Meer“ von Sylvia Steinhäuser, Berlin, 2021.

Aischmann, Bernd: Mecklenburg-Vorpommern. Die Stadt Stettin ausgenommen. Eine zeitgeschichtliche Betrachtung, Schwerin 2008.

Alvermann, Dirk (Hg.): „... die letzten Schranken fallen lassen". Studien zur Universität Greifswald im Nationalsozialismus, Köln/Weimar/Wien 2015.

Alvermann, Dirk / Garbe, Irmfried (Hg.): Ernst Moritz Arndt. Anstöße und Wirkungen, Köln/Weimar/Wien 2011.

Alvermann, Dirk/Garbe, Irmfried (Hg.): Ernst Moritz Arndt in seiner Zeit. Pommern vor, während und nach der napoleonischen Besetzung, Köln/Weimar/Wien 2021.

Auge, Oliver: Handlungsspielräume fürstlicher Politik im Mittelalter. Der südliche Ostseeraum von der Mitte des 12. Jahrhunderts bis in die frühe Reformationszeit, Ostfildern 2009.

Auge, Oliver: Hansestädte im Ostseeraum zwischen Autonomie und Landesherrschaft / Miasta hanzeatyckie pomiędzy autonomią a władzą panów ziemskich, in: Annales UMCS. Sectio F Historia 72 (2017) [2018], S. 11–30.

Auge, Oliver: Um den Sieg betrogene Verbündete? Der Stralsunder Frieden von 1370 und die norddeutschen Fürsten, in: Hansische Geschichtsblätter 139 (2021), S. 1–37.

Auge, Oliver / Hillebrand, Katja / Harlaß, Robert / Kieseler, Andreas: Vorpommern und seine Klöster, Regensburg 2023.

Backhaus, Helmut: Reichsterritorium und schwedische Provinz. Vorpommern unter Karls XI. Vormündern 1660–1672, Göttingen 1969.

Bader, Harald, Der Stettiner „Volksbote". Eine sozialdemokratische Zeitung in Pommern 1885–1933. Wien/Köln/Weimar 2021.

Baranowski, Shelley: The Sanctity of Rural Life. Nobility, Protestantism, and Nazism in Weimar Prussia. Oxford/New York 1995.

Becker, Becker und Inachin, Kyra T. (Hrsg.): Pommern zwischen Zäsur und Kontinuität: 1918, 1933, 1945, 1989, Schwerin 1999

Becker, Bert: Die pommerschen Oberpräsidenten der Revolutionsperiode, in: November 1918. Revolution an der Ostsee und im Reich, hrsg. v. Thomas Stamm-Kuhlmann, Wien/Köln/Weimar 2020, S. 209–252.

Becker, Bert: Georg Michaelis. Preußischer Beamter, Reichskanzler, Christlicher Reformer 1857–1936. Eine Biographie, Paderborn/München/Wien/Zürich 2007.

Becker, Bert: Sarnow, Johannes, in: Biographisches Lexikon für Pommern, Bd. 2, hrsg. v. Dirk Alvermann und Nils Jörn, Köln/Weimar/Wien 2015, S. 234–237.

Berg, Jan: Zwischen Höchstpreisen, Schwarzmarkt und Bezugsscheinen. Die pommersche Landwirtschaft in den Jahren 1914 bis 1918, in: POMMERN. Zeitschrift für Kultur und Geschichte, 3 (2013), S. 4–11.

Berwinkel, Roxane: Weltliche Macht und geistlicher Anspruch. Die Hansestadt Stralsund im Konflikt um das Augsburger Interim, Berlin 2008.

Bethe, Helmuth: Die Kunst am Hofe der pommerschen Herzöge, Berlin 1937

Biermann, Felix / Ruchhöft, Fred (Hg.): Bischof Otto von Bamberg in Pommern. Historische und archäologische Forschungen zu Mission und Kulturverhältnissen des 12. Jahrhunderts. Beiträge einer Tagung des Historischen Instituts der Ernst-Moritz-Arndt-Universität Greifswald, der Historischen Kommission für Pommern e. V. und der Arbeitsgemeinschaft für pommersche Kirchengeschichte e. V. aus Anlass des 875. Todestages des Pommernmissionars, 27.–29. Juni 2014 in Greifswald, Bonn 2017.

Biermann, Felix: Der pommersche Raum in der römischen Kaiser-, Völkerwanderungs- und Slawenzeit aus archäologischer Sicht, in: Joachim Wächter (Hg.): Geschichte Pommerns im Überblick, Greifswald 2014, S. 9–46.

Biewer, Ludwig: Croy, Ernst Bogislaw, Herzog von, in: Biographisches Lexikon für Pommern, Bd. 3, hrsg. v. Dirk Alvermann und Nils Jörn, Köln-Weimar-Wien 2019, S. 91–99.

Biewer, Ludwig: Pommern in Brandenburg-Preußen, in: Gesamtstaat und Provinz. Regionale Identitäten in einer „zusammengesetzten Monarchie" (17.-20. Jahrhundert), hrsg. v. Gabriele Schneider und Thomas Simon, Berlin 2019, S. 55–74.

Billwitz: Konrad Billwitz: Bodenentwicklung, Böden und Bodenschutz, in: Gertrude Albrecht (Hg.): Historischer und geographischer Atlas von Mecklenburg und Pommern, Bd. 1: Mecklenburg-Vorpommern. Das Land im Überblick, Schwerin 1995, S. 20–25.

Bloth, Hugo Gotthard: Soldat und Vermittler. Generalfeldmarschall Dubislav Gneomar v. Natzmer (1654–1739). Pommer, Pietist, Preuße, in: Baltische Studien N. F. Bd. 70 (1984), S. 81–111.

Böcker, Heidelore: Demmin – eine Hansestadt?, Beiträge zur Geschichte Vorpommerns. Die Demminer Kolloquien 1985–1994, hrsg. v. Haik Porada, Schwerin 1997, S. 237–250 (Erstabdruck in: Baltische Studien N.F. 77 [2001], S. 7–18).

Böcker, Heidelore: Die kleine Hansestadt in ihren „europäischen" Dimensionen", in: Beiträge zur hansischen Kultur-, Verfassungs- und Schiffahrtsgeschichte, hrsg. v. Horst Wernicke, Nils Jörn, Weimar 1998, S. 239-251.

Branig, Hans: Pommern als Grenzland in der Zeit der Weimarer Republik, in: Die deutschen Ostgebiete zur Zeit der Weimarer Republik (Studien zum Deutschtum im Osten, Bd. 3), Köln/Graz 1966, S. 133–149.

Bruyn, Günter de: Preußens Luise. Vom Entstehen und Vergehen einer Legende, Berlin 2001.

Busch, Michael / Kroll, Stefan / Olesen, Jens E. / Schoebel, Martin / Zölitz, Reinhard (Hg): Die schwedische Landesaufnahme von Pommern 1692–1709. Ergebnisse eines Editionsprojektes im Kontext der Forschung, Kiel 2015.

Buske, Norbert (Hg.): Die Pommersche Kirchenordnung von Johannes Bugenhagen 1535, Berlin 1985.

Buske, Norbert / Lück, Heiner / Schleinert, Dirk (Hg.): Die Stralsunder Kirchen- und Schulordnung von 1525, Schwerin 2017.

Clemens, Petra / Scherstjanoi, Elke: Das Kriegsende in Demmin 1945. Umgang mit einem schwierigen Thema, hrsg. v. Demminer Regionalmuseum, Demmin 2013.

Cnotka, Hans-Günter: Luftangriffe auf Stettin 1939–1945, in: Stettiner Bürgerbrief, Nr. 4, (1978), S. 33–38.

Conrad, Klaus: Die Auseinandersetzungen der Städte Stettin, Greifenhagen und Gollnow mit den Stettiner Herzögen nach den Frankfurter Verträgen von 1338, in: Land am Meer. Pommern im Spiegel seiner Geschichte. Roderich Schmidt zum 70. Geburtstag, hrsg. v. Werner Buchholz, Günter Mangelsdorf, Köln/Weimar/Wien 1995, S. 179–196.

Dahlenburg, Birgit: Kunstbesitz und Kunstsammlungen der Ernst-Moritz-Arndt-Universität Greifswald, 1995

Demshuk, Andrew: The Lost German East: Forced Migration and the Politics of Memory, 1945–1970, Cambridge/New York 2012.

Dietrich, Richard (Bearb.): Die Politischen Testamente der Hohenzollern, Köln/Wien 1986.

Eggers, Hans Jürgen / Stary, Peter F.: Funde der Vorrömischen Eisenzeit, der Römischen Kaiserzeit und der Völkerwanderungszeit in Pommern, Lübstorf 2001.

Eichholtz, Dietrich: Junker und Bourgeoisie vor 1848 in der preußischen Eisenbahngeschichte, Berlin 1962

Eisler, Cornelia: Verwaltete Erinnerung – symbolische Politik. Die Heimatsammlungen der deutschen Flüchtlinge, Vertriebenen und Aussiedler, München 2015.

Ewe, Herbert (Hg.): Geschichte der Stadt Stralsund, Weimar 1984.

Ewert, Erich: Der Stettiner Hafen seit Beendigung des Weltkrieges (Inauguraldissertation), Universität Köln 1932

Fenske, Hans: Die Verwaltung Pommerns 1815–1945. Aufbau und Ertrag, Köln/Weimar/Wien 1993.

Filipowiak, Władysław / Gundlach, Heinz: Wolin Vineta: die tatsächliche Legende vom Untergang und Aufstieg der Stadt, Rostock 1992.

Firle, Rudolph: Einfluß des Weltkrieges auf Schiffahrt und Handel in der Ostsee, Berlin/Leipzig 1922.

Forsgård, Nils Erik: Maktbalans och stormaktskrig 1722–1814, Keuru 2008.

Fritze, Konrad: Bürger und Bauern zur Hansezeit. Studien zu den Stadt-Land-Beziehungen an der südwestlichen Ostseeküste vom 13. bis zum 16. Jahrhundert, Weimar 1976.

Fritze, Konrad: Hansisches Bürgertum und Fürsten in der Konfrontation. Stralsunds Konflikte mit den Pommernherzögen in der zweiten Hälfte des 15. Jahrhunderts, in: Hansische Stadtgeschichte – Brandenburgische Landesgeschichte. Eckhard Müller-Mertens zum 65. Geburtstag, hrsg. v. Evamaria Engel u.a., Weimar 1989, S. 158–170.

Fritze, Konrad: Pommern und die Hanse, in: Beiträge zur Geschichte Vorpommerns. Die Demminer Kolloquien 1985–1994, hrsg. v. Haik Porada, Schwerin 1997, S. 229–236.

Garbe, Irmfried / Kröger, Heinrich (Hg.): Johannes Bugenhagen (1485–1558). Der Bischof der Reformation, Leipzig 2010.

Goetze, Dorothée: Die Friedensschlüsse der Nordischen Kriege 1570–1814, in: Handbuch Frieden im Europa der Frühen Neuzeit. Handbook of Peace in Early Modern Europe, hrsg. v. Irene Dingel, Michael Rohrschneider, Inken Schmidt-Voges, Siegrid Westphal, Joachim Whaley, Berlin/Boston 2021, S. 985–999.

Herbert Langer: Wallenstein – Kriegsmann, Machtmensch, Politiker, in: Die Blut´ge Affair´ bei Lützen. Wallensteins Wende, hrsg. v. Inger Schuberth, Maik Reichel, Dößel 2012, S. 61–83.

Heyden, Hellmuth: Kirchengeschichte Pommerns, 2 Bde., 2. verb. Aufl. Köln 1957.

Inachin, Kyra T.: Der Aufstieg der Nationalsozialisten in Pommern. Landeszentrale für Politische Bildung Mecklenburg-Vorpommern, Schwerin 2002.

Inachin, Kyra T.: Der Gau Pommern – eine preußische Provinz als NS-Gau, in: Die NS-Gaue. Regionale Mittelinstanzen im zentralistischen „Führerstaat", hrsg. v. Jürgen John, Horst Möller, Thomas Schaarschmidt, München 2007, S. 280–293.

Inachin, Kyra T.: Die Entwicklung Pommerns im Deutschen Reich, in: Deutsche Geschichte im Osten Europas: Pommern, hrsg. v. Werner Buchholz, Berlin 1999, S. 447–508.

Inachin, Kyra T.: Die Geschichte Pommerns, Rostock 2008.

Inachin, Kyra T.: Nationalstaat und regionale Selbstbehauptung. Die preußische Provinz Pommern 1815–1945, Bremen 2005.

Janke, Wolfgang: Landschaftsentwicklung und Formenschatz Mecklenburg-Vorpommerns seit der Weichsel-Eiszeit, in: Zeitschrift für den Erdkundeunterricht 48 (1996), S. 495–505.

Janke, Wolfgang: Zur Genese der Flußtäler zwischen Uecker und Warnow (Mecklenburg-Vorpommern), in: Knut Kaiser (Hg.): Greifswalder Geographische Arbeiten 26. Die jungquartäre Fluß- und Seegenese in Nordostdeutschland, Greifswald 2002, S. 39–43.

Jantzen, Detlef / Lidke, Gundula / Dräger, Jana / Krüger, Joachim / Rassmann, Knut / Lorenz, Sebastian / Terberger, Thomas: An early Bronze Age causeway in the Tollense Valley, Mecklenburg-Western Pomerania – The starting point of a violent conflict 3300 years ago? in: Bericht der Römisch-Germanischen Kommission, Bd. 95/2014 (2017), S. 13–49.

Jörn, Nils / Schleinert, Dirk (Hg.): Vom Löwen zum Adler. Der Übergang Schwedisch-Pommerns an Preußen 1815, Wien-Köln 2019.

Kabaciński, Jacek / Hartz, Sönke / Raemaekers, Daan. C. M. / Terberger, Thomas (Hg.): The Dąbki site in Pomerania and the neolithisation of the North European Lowlands (c. 5000–3000 cal BC), Rahden/Westf. 2015.

Kaiser, Knuth / Terberger, Thomas: Archäologisch-geowissenschaftliche Untersuchungen am spätpaläolithischen Fundplatz Nienhagen, Lkr. Nordvorpommern, in: Bodendenkmalpflege in Mecklenburg-Vorpommern, Jahrbuch, Bd. 43/1995 (1996), S. 7–48.

Katzung, Gerhard (Hg.): Geologie von Mecklenburg-Vorpommern, Stuttgart 2004.

Kersten, Karl: Die Funde der älteren Bronzezeit in Pommern, Hamburg 1958.

Kittel, Manfred: Eine „deutsche Vendée" gegen Weimar? Junker, Landbund und Deutschnationale in der politischen Landschaft Pommerns (1918–1933), hrsg. v. Manfred Kittel, Gabriele Schneider, Thomas Simon: Preußen und sein Osten in der Weimarer Republik, Berlin 2022, S. 229–288

Kittel, Manfred: Stiefkinder des Wirtschaftswunders? Die deutschen Ostvertriebenen und die Politik des Lastenausgleichs (1952 bis 1975), Düsseldorf 2020.

Klaje, Hermann: Ferdinand v. Schill 1776–1809, in: Pommersche Lebensbilder, Bd. IV, bearb. v. Walter Menn, Köln/Graz 1966, S. 241–266.

Klän, Werner: Die evangelische Kirche Pommerns in Republik und Diktatur. Geschichte und Gestaltung einer preußischen Kirchenprovinz 1914–1945, Köln/Weimar/Wien 1995.

Klietz, Wolfgang: Ostseefähren im Kalten Krieg, Berlin 2012.

Knapp, Georg Friedrich: Die Bauernbefreiung und der Ursprung der Landarbeiter in den älteren Theilen Preußens. 2 Bde., 2. Aufl. München 1927

Knobelsdorff-Brenckenhoff, Benno v.: Eine Provinz im Frieden erobert. Brenckenhoff als Leiter des friderizianischen Retablissements in Pommern 1762–1780, Köln/Berlin 1984.

Kocka, Jürgen: Klassengesellschaft im Krieg. Deutsche Sozialgeschichte 1914–1918 (Kritische Studien zur Geschichtswissenschaft 8), 2. Aufl., Göttingen 1978.

Köhler, Nils / Utpatel, Klaus: Einführung, in: Das Inferno von Swinemünde. Überlebende berichten über die Bombardierung der Stadt am 12. März 1945, hrsg. v. Volksbund Deutsche Kriegsgräberfürsorge e. V., Kassel 2015.

Kozłowski, Kazimierz / Wątor, Adam / Włodarczyk, Edward (Hg.): Od Polski Ludowej do III RP w Unii Europejskiej. Pomorze Zachodnie 1945 – 2005. Materiały z sesji naukowej, 29 kwietnia 2005, Szczecin 2006.

Krüger, Joachim / Lidke, Gundula / Lorenz, Sebastian / Terberger, Thomas (Hg.): Tollensetal 1300 v. Chr. Das älteste Schlachtfeld Europas, Darmstadt 2020.

Krüger, Joachim: Der letzte Versuch einer Hegemonialpolitik am Öresund. Dänemark-Norwegen und der Große Nordische Krieg (1700–1721), Berlin 2019.

Krüger; Joachim: Pommern in der dänisch-schwedisch-preußischen Zeit (1520–1815), in: Geschichte Pommerns im Überblick, hrsg. v. Joachim Wächter, Greifswald 2014, S. 75–97.

La Baume, Wolfgang: Die pomerellischen Gesichtsurnen, Bonn 1963.

Lampe, Reinhard: Lateglacial and Holocene water-level variations along the NE German Baltic Sea coast: review and new results, in: Quaternary International 133(1) (2004), S. 121–136.

Landeszentrale für politische Bildung Mecklenburg-Vorpommern (Hg.): Historischer und geographischer Atlas von Meckelnburg und Pommern, Band 2: Mecklenburg und Pommern. Das Land im Rückblick, Schwerin 1994.

Leder, Hans-Günter: Johannes Bugenhagen Pomeranus – Nachgelassene Studien zur Biographie, mit einer Bibliographie zur Johannes Bugenhagen-Forschung, hrsg. v. Irmfried Garbe und Volker Gummelt, Frankfurt am Main 2008.

Lehmann, Karin: Staatsgelder für die Vulcan-Werke in Hamburg und Stettin A. G. 1925 bis 1927. Auseinandersetzungen über staatsmonopolistische Subventionspolitik, in: Jahrbuch für Wirtschaftsgeschichte, 3 (1980), S. 25–41.

Lübke, Harald / Terberger, Thomas: Das Endmesolithikum in Vorpommern und auf Rügen im Lichte neuer Daten, in: Bodendenkmalpflege in Mecklenburg-Vorpommern, Jahrbuch, Bd. 52/2004 (2005), S. 243–255.

Lucht, Dietmar: Pommern. Geschichte, Kultur und Wirtschaft bis zum Beginn des Zweiten Weltkrieges, 2. Aufl., Köln 1998.

Makała, Rafał (Hrsg.): Złoty wiek Pomorza. Sztuka na dworze książąt pomorskich w XVI i XVII wieku [Das Goldene Zeitalter Pommerns. Kunst am Hof der pommerschen Herzöge im 16. und 17. Jahrhundert], Szczecin 2013

Makowski, Adam: Pomorze Zachodnie w polityce gospodarczej Polski w latach 1950–1960, Szczecin 2006.

Meier, Martin: Vorpommern nördlich der Peene unter dänischer Verwaltung 1715–1721, München 2008.

Mellies, Dirk: Das Stereotyp des rückständigen Pommern – Neubetrachtung am Beispiel des Regierungsbezirks

Stettin im 19. Jahrhundert. In: Blätter für deutsche Landesgeschichte 149 (2013), S. 25–40, S. 28.

Mellies, Dirk: Das Stereotyp des rückständigen Pommern – Neubetrachtung am Beispiel des Regierungsbezirks Stettin im 19. Jahrhundert. In: Blätter für deutsche Landesgeschichte 149 (2013), S. 25–40.

Mellies, Dirk: Modernisierung in der preußischen Provinz? Der Regierungsbezirk Stettin im 19. Jahrhundert (Kritische Studien zur Geschichtswissenschaft Bd. 201), Göttingen 2012

Meschede, Martin: Geologie von Deutschland. Ein prozessorientierter Ansatz, Berlin / Heidelberg 2015.

Mittenzwei, Jan: Höhepunkt der Kampfzeit – Die Pommersche NSDAP zwischen Auflösung und Machtergreifung 1931–1934, in: Studia Maritima, 27/2, 2014, S. 217–239.

Müller, Johann Christian: Meines Lebens Vorfälle und Neben-Umstände, Leipzig 2007–2020.

Oldach, Robert: Stadt und Festung Stralsund. Die schwedische Militärpräsenz in Schwedisch-Pommern 1721–1807, Köln-Wien 2018.

Petersohn, Jürgen: Der südliche Ostseeraum im kirchlich-politischen Kräftespiel des Reichs, Polens und Dänemarks vom 10. bis 13. Jahrhundert: Mission – Kirchenorganisation – Kultpolitik, Köln/Wien 1979.

Piskorski, Jan Maria: Pomorze Zachodnie poprzez wieki, Szczecin 1999.

Plantiko, Otto: Pommersche Reformationsgeschichte. Mit einem Vorwort von Victor Schultze, Greifswald 1922.

Ptaszynski, Maciej: „Beruf und Berufung". Die evangelische Geistlichkeit und die Konfessionsbildung in den Herzogtümern Pommern 1560–1618, Göttingen 2017.

Rautenberg, Hans-Werner: Zeit der großen Hoffnungen und der Niederlage: Pommern im Dritten Reich (bis 1945), in: Pommern im Wandel der Zeiten, hrsg. v. Jan M. Piskorski, Szczecin 1999, S. 305–339.

Rębkowski, Marian: Die Entstehung Pommerns. Eine archäologisch-historische Studie zur Herausbildung eines frühen Staates im Mittelalter, Wien/Köln 2023.

Reich, Mike / Frenzel, Peter: Die Fauna und Flora der Rügener Schreibkreide, in: Archiv für Geschiebekunde 3 (2/4), Hamburg 2002, S. 73–284.

Ruchhöft, Fred: Vom slawischen Stammesgebiet zur deutschen Vogtei: die Entwicklung der Territorien in Ostholstein, Lauenburg, Mecklenburg und Vorpommern im Mittelalter, Rahden/Westf. 2008.

Schleinert, Dirk: Pommerns Herzöge. Die Greifen im Porträt, Rostock 2012.

Schmeling, Kurt von: Meine Lebenserinnerungen. Potsdam 1929.

Schmidt, Roderich: Die Eingliederung Pommerns in den brandenburgisch-preußischen Staat, in: ders., Das historische Pommern. Personen – Orte – Ereignisse, Köln/Weimar/Wien 2007, S. 662–676.

Schmidt, Roderich: Pommern von der Einigung bis zum Ende des Dreißigjährigen Krieges, in: Werner Buchholz (Hg): Deutsche Geschichte im Osten Europas – Pommern, München 1990, 203–236.

Schoebel, Martin: Städtepolitik und Gerichtsverfassung unter Herzog Bogislaw X. Zur Verdichtung territorialer Herrschaft in Pommern um 1500, in: Verfassung und Verwaltung Pommerns in der Neuzeit. Vorträge des 19. Demminer Kolloquiums zum 75. Geburtstag von Joachim Wächter am 12. Mai 2001, hrsg. v. Henning Rischer, Martin Schoebel, Bremen 2004, S. 13–28.

Schön, Heinz: Pommern auf der Flucht 1945, Berlin 2013.

Schröder, Uwe: Pommern in der Zeit der Weimarer Republik, in: Pommern. Geschichte, Kultur, Wissenschaft. 2. Kolloquium zur Pommerschen Geschichte, 13. und 14. September 1991, Greifswald 1991, S. 130–138.

Senft, Stanisław: Obozy jenieckie w II OkręguWojstkowym Wehrmachtu w świetle materiałów z Archiwum Międzynarodowego Komitetu Czerwonego Krzyża w Genewie [Gefangenenlager im Wehrkreis II der Wehrmacht im Lichte der Materialien aus dem Archiv des Internationalen Komitees des Roten Kreuz in Genf], in: Zwykły Żołnierski Los. Jeńci wojenni na Pomorzu Zachodnim (193–1945) [Das Schicksal eines gewöhnlichen Soldaten. Kriegsgefangene in Westpommern (1939–1945)], hrsg. v. Centralne Muzeum Jeńców w Łambinowicach-Opolu, Gmina Borne Sulinowo i Muzeum w Stargardzie, Opole 2011.

Stamm-Kuhlmann, Thomas (Hg.): Pommern im 19. Jahrhundert. Staatliche und gesellschaftliche Entwicklung

in vergleichender Perspektive, Köln/Weimar/Wien 2007
Stude, Sebastian: Strom für die Republik: Die Stasi und das Kernkraftwerk Greifswald, 2. Aufl., Göttingen 2019.
Terberger, Thomas / Piek, Jürgen: Zur absoluten Chronologie der Steinzeit in Mecklenburg-Vorpommern, in: Bodendenkmalpflege in Mecklenburg-Vorpommern, Jahrbuch, Bd. 45/1997 (1998), S. 7–39.
Terberger, Thomas: Endmesolithische Funde von Drigge, Lkr. Rügen – Kannibalen auf Rügen? Mit einem Beitrag von Jürgen Piek, in: Bodendenkmalpflege in Mecklenburg-Vorpommern, Jahrbuch, Bd. 46/1998 (1999), S. 7–44.
Veltzke, Veit (Hg.): Für die Freiheit – gegen Napoleon. Ferdinand von Schill, Preußen und die deutsche Nation, Köln/Weimar/Wien 2009.
Völker, Eberhard: Die Reformation in Stettin, Köln/Weimar/Wien 2003.
Weitschat, Wolfgang / Wichard, Wilfried: Atlas of Plants and Animals in Baltic Amber, München 2002.
Wernicke, Horst: Anklam in der Hanse. Landesherrliche Förderung und hansische Möglichkeiten, in: Pommern 42.1 (2004), S. 10–17.
Westphal, Siegrid: Der Westfälische Friede 1648, in: Handbuch Frieden im Europa der Frühen Neuzeit. Handbook of Peace in Early Modern Europe, hrsg. v. Irene Dingel, Michael Rohrschneider, Inken Schmidt-Voges, Siegrid Westphal, Joachim Whaley, Berlin/Boston 2021, S. 929–949.
Wilhelmus, Wolfgang: Geschichte der Juden in Pommern, Rostock 2004.
Wisłocki, Marcin: Sztuka protestancka na Pomorzu 1535–1684, Szczecin [Protestantische Kunst in Pommern 1535–1684], Szczecin 2005.
Włodarczyk, Edward: Der pommersche Wirtschaftsboom: im Kaiserreich (bis 1918), in: Pommern im Wandel der Zeiten, hrsg. v. Jan M. Piskorski, Szczecin 1999, S. 257–282.
Włodarczyk, Edward: Szczecin in the 19th and First Half of the 20th Century, in: A Short History of Szczecin, hrsg. v. Jan M. Piskorski, Poznań 2002, S. 123–180.

Verzeichnis der Autorinnen und Autoren

Prof. Dr. Oliver Auge, Historisches Seminar, Regionalgeschichte mit Schwerpunkt Schleswig-Holstein, Christian-Albrechts-Universität zu Kiel

Prof. Dr. Bert Becker, Department of History, The University of Hong Kong

Dr. Ludwig Biewer, Berlin

Prof. Dr. Felix Biermann, Historisches Institut, Uniwersytet Szczeciński, Stettin / Landesamt für Denkmalpflege und Archäologie Sachsen-Anhalt, Halle (Saale)

Gunter Dehnert, Pommersches Landesmuseum, Greifswald

Dr. Irmfried Garbe, Wackerow

Prof. Dr. Jörg Hackmann, Historisches Institut, Uniwersytet Szczeciński, Stettin / Historisches Institut, Universität Greifswald

Dr. Nils Jörn, Archiv der Hansestadt Wismar

PD Dr. Joachim Krüger, Schulstiftung der Ev.-Luth. Kirche in Norddeutschland; Lehrbeauftragter am Historischen Institut der Universität Greifswald

Dr. Sebastian Lorenz, Institut für Geographie und Geologie, Universität Greifswald

Monika Frankowska-Makała, Abteilung für Alte Kunst, Muzeum Narodowe w Szczecinie, Stettin

Prof. Dr. Rafał Makała, Institut für Kunstgeschichte, Abteilung für Moderne Kunst, Uniwersytet Gdański, Danzig

Dr. Stefan Meng, Institut für Geographie und Geologie, Universität Greifswald

Dr. Tomasz Ślepowroński, Historisches Institut, Uniwersytet Szczeciński, Stettin

Prof. i. R. Dr. Thomas Stamm-Kuhlmann, Historisches Institut, Universität Greifswald

Prof. Dr. Thomas Terberger, Seminar für Ur- und Frühgeschichte, Georg-August-Universität, Göttingen

Heiko Wartenberg, Pommersches Landesmuseum

Wir danken allen Leihgebern für ihre Unterstützung der Ausstellung

Agrarhistorisches Museum (Alt Schwerin), Altstadtinitiative Greifswald, Dr. Jörg Ansorge (Horst), Archäologisches Museum Hamburg, Armémuseum (Stockholm), Joachim Graf von Behr (Essen), Dr. Henriette Bettin (Greifswald), Deutsches Historisches Museum (Berlin), Deutsches Schifffahrtsmuseum (Bremerhaven), Erbengemeinschaft von Bismarck-Osten (Natendorf / Bergisch-Gladbach), Erdölmuseum (Reinkenhagen), Universität Greifswald, Ev. Kirchengemeinde Altenkirchen, Ev. Kirchengemeinde (Groß Bisdorf), Ev. Kirchengemeinde (Gützkow), Ev. Kirchengemeinde (Morgenitz), Ev. Kirchengemeinde (Semlow-Eixen), Ev. Kirchengemeinde (Zarnekow), Ev. Kirchengemeinde (Zirchow), Freilichtmuseum Klockenhagen, Dr. Michel Goerig (Strausberg), Hansetadt Greifswald, Historisch-Technisches Museum (Peenemünde), Wolfgang Hofmann (Wolgast), Kreisheimatmuseum Demmin, Książnica Pomorska (Stettin/Szczecin), Landesamt für Kultur- und Denkmalpflege (Schwerin), Landesamt für Umwelt, Naturschutz und Geologie (Güstrow), Landesmuseum für Vorgeschichte (Dresden), Livrustkammaren (Stockholm), André Lutze (Greifswald), Hans Werner Menke (Neustadt), Holger Menzel-Harloff (Saßnitz), Militärhistorisches Museum der Bundeswehr (Dresden), Museum Lassaner Mühle, Dr. Carl H. Muendel (Wilmington), Müritzeum (Waren), Museum Kulturen (Lund), Museum für Naturkunde (Berlin), Muzeum Oręża Polskiego (Kolberg/Kołobrzeg), Muzeum w Stargardzie (Stargard), Erben Franz zu Putbus (Putbus), Inge und Rolf Reinicke (Stralsund), Eberhard Schiel (Stralsund), Lilo Schlösser (Demmin), Hilmar Schnick (Bergen), Schwedisches Naturhistorisches Museum (Stockholm), Mathias Graf von Schwerin (Werneuchen-Hirschfelde), Staatliches Museum Schwerin, Hansestadt Rostock, Matthias Ch. Ruchholz (Greifswald), Staatliche Museen zu Berlin, Stralsund Museum, Dr. Hansjörg Thude (Jena), Marie-Luise Vöge (Overath), Maria Żuk-Piotrowska (Posen/ Poznań)

Nachweis der Leihgaben und Bildnachweis

Leihgaben

Universität Greifswald: Abb. 1, S. 24; Abb. 2, S. 25; Abb. 5 a, S. 27; Abb. 6 a, 6 b, 6 d, S. 29; S. 38, Abb. 1 u. 2, S. 38; Abb. 3 u. 4, S. 39; Abb. 9, S. 43; Abb. 1 u. 2, S. 50; Abb. 3 u. 4, S. 51; Abb. 2, S. 95; Abb. 5 u. 6, S. S. 98; Abb. 2, S. 111; Abb. 9, S. 119; Abb. 11, S. 121; Abb. 12, S. 122; Abb. 13, S. 123; Abb. 14, S. 124; Abb. 15, S. 125

Universität Greifswald, Victor-Schultze-Institut: Abb. 3, S. S. 65

Schwedisches Naturhistorisches Museum Stockholm: 6 c, S. 29

Staatliche Museen zu Berlin – Museum für Vor- und Frühgeschichte: Abb. 5 u. 6, S. 40; Abb. 6 u. 7, S. 53

Staatliche Museen zu Berlin – Münzkabinett: Abb. 6, S. 82; Abb. 8, S. 83

Evangelische Kirchengemeinde St. Jakobi/Heiliggeist Stralsund: Abb. 5, S. 69

Evangelisch-Lutherische Nordkirche: S. 57, 58

Stralsund Museum: Abb. 2, S. 79

Hansestadt Rostock, Schifffahrtsmuseum: Abb. 5, S. 81

Staatliches Museum Schwerin: Abb. 7, S. 83

Muzeum Oręża Polskiego w Kołobrzegu: Abb. 9, S. 84

Universitäts- und Hansestadt Greifswald: Abb. 10, S. 84

Evangelische Kirchengemeinde Zarnekow: Abb. 1, S. 92

Dr. Ferdinand von Bismarck-Osten, Bonn: Abb. 4, S. 97; Abb. 6, S. 115

Erbengemeinschaft von Bismarck-Osten/Natendorf-Bergisch Gladbach: Abb. 1, S. 132

Archäologisches Landesmuseum Mecklenburg-Vorpommern, Schwerin: Abb. 2, S. 133

Armémuseum Stockholm: Abb. 3, S. 134; Abb. 5, S. 137; Abb. 6, S. 149

Dr. Carl H. Muendel/Wilmington, USA: Abb. 3, S. 147

Livrustkammaren/Stockholm: Abb. 4, S. 149

Evangelische Kirchengemeinde Altenkirchen/Rügen: Abb. 4, S. 178

Eberhard Schiel, Stralsund: Abb. 1 u. 2; S. 193

Historisch-Technisches Museum, Peenemünde: Abb. 3 u. 4, S. 217

Mathias Graf von Schwerin, Werneuchen-Hirschfelde: Abb. 3, S. 235

IG Heimatgeschichte (Museum) Lassan: Abb. 3, S. 245
Książnica Pomorska Szczecin: Abb. 2, S. 256; Abb. 3, S. 258

Alle anderen abgebildeten Exponate stammen, soweit nicht anders vermerkt, aus dem Bestand des Pommerschen Landesmuseums.

Bildnachweis

Evangelisch-Lutherische Nordkirche (Detlev Witt): S. 57, 58

Landeszentrale für politische Bildung, Historischer und geographischer Atlas von Mecklenburg und Pommern, Bd. 2, S.31: S. 62 – 63

Muzeum Narodowe w Szczecinie: S. 101; S. 107; Abb. 1, S. 110; Abb. 3, S. 112; Abb. 4, S. 113; Abb. 5, S. 114; Abb. 8, S. 118; Abb. 10, S. 120

Pommersches Landesmuseum (Foto: Anja Lück-Lewerenz): S. 219; Abb. 4, S. 226 – 227; S. 239; Abb. 3, S. 245

Pommersches Landesmuseum (Foto: Grzegorz Solecki): Abb. 2, S. 94 – 95

Pommersches Landesmuseum (Foto Hans-Albert Walter): S. 241

Sylvia Steinhäuser: S. 263; Abb. 2, S. 269

Universität Greifswald: Abb. 1, S. 24; Abb. 3, S. 26; Abb. 5a, S. 27

Für alle anderen Abbildungen liegen die Rechte bei: Pommersches Landesmuseum (Foto: Norman Posselt).

Umschlagvorderseite: Eilhard Lubin (1565–1621), Neue Beschreibung des hochberühmten Herzogtums Pommern, 1618 (Abb. 7, S. 116–117), Prunkvase von Eldena (Abb. S. 167)

Umschlagrückseite: Eilhard Lubin (1565–1621), Neue Beschreibung des hochberühmten Herzogtums Pommern, 1618 (Abb. 7, S. 116–117)